克 编著

The Ever-Changing
Revolution

风云变幻的革命

A Global
History

全球通史

5

中国大百科全书出版社

图书在版编目（CIP）数据

全球通史. 5 / 李克编著. -- 北京 : 中国大百科全
书出版社, 2025. 5. -- ISBN 978-7-5202-1775-0

Ⅰ. K10

中国国家版本馆CIP数据核字第2025BR2269号

出 版 人　刘祚臣
责任编辑　何　欢
责任校对　臧文文
责任印制　邹景峰
封面设计　周　亮
版式设计　北京崇贤馆
出版发行　中国大百科全书出版社
地　　址　北京市西城区阜成门北大街17号
邮　　编　100037
电　　话　010-88390790
网　　址　http://www.ecph.com.cn
印　　刷　河北泓景印刷有限公司
开　　本　710毫米×1000毫米　1/16
本册印张　20
本册字数　304千字
版　　次　2025年5月第1版
印　　次　2025年5月第1次印刷
书　　号　ISBN 978-7-5202-1775-0
定　　价　498.00元（全8册）

本书如有印装质量问题，可与出版社联系调换。

目 录

02 资产阶级革命的时代

03 工业革命及工人运动的兴起

04 西方殖民侵略下的亚非拉

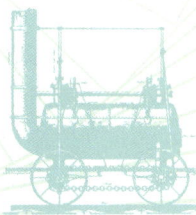

近代篇（中）

东方诸国的日益衰落

在近代欧洲资本主义迅速发展的同时，古老的东方各国依然沿着固有的封建轨道继续前进。随着时间的推移，东西方文明之间的差距也越来越明显。在亚洲诸国，封建意识十分浓厚，统治阶级依然把农业当成国家的根本，而忽视工商业，这就使得亚洲资本主义发展迟缓，亚洲各国在经济、科技等方面与西方诸国之间的差距越拉越大。与此同时，西方殖民主义者企图将亚洲的丰富资源据为己有，于是用坚船利炮击打开亚洲封建国家的大门。亚洲诸国在内忧外患的共同作用下陷入了窘境，封建统治的大厦也开始动摇。

中国：清朝中前期的统治

> 1644 年，满族人建立的大清王朝正式取代明朝，建立了全国性政权。清政府用了数十年的时间裁平内乱，实现了全国统一。此后，清朝统治者一直实行高度集权，这标志着清朝进入了中国封建王朝的巅峰时期。

明朝的覆灭与清朝的崛起

1582 年，晚明首辅张居正去世，此后不久，万历皇帝（1572—1620 年在位）朱翊钧便由于无人约束而荒怠起来。从此，大明王朝走向了万劫不复之路。

明朝晚期，朝廷政治日益黑暗。万历皇帝长期沉迷于享乐之中，不理朝政，创下 28 年不上朝的纪录；天启皇帝（1620—1627 年在位）朱由校酷爱木工，把政事全部交给宦官魏忠贤处理，致使阉党横行，朝野上下鸡犬不宁。崇祯皇帝（1627—1644 年在位）朱由检即位以后，虽然励精图治，谋求中兴，但此时的大明王朝已经摇摇欲坠、回天乏术了。

值得一提的是，这一时期的商品经济较为发达，工商业在社会经济中所占的比重有了显著增加。但是，由于受到统治阶级政策的束缚，晚明的工商业最终只停留在资本主义萌芽阶段。这是晚明的一个社会问题。

明朝实行的是典型的集权统治，缺乏自由民主的社会氛围。一方面，商业活动要严格遵循国家的法律，有时候甚至违背市场规律；另一方面，广大商人除了要承担沉重的赋税以外，还受到官府的敲诈勒索，这就大大挫伤了他们的积极性。另外，在重农抑商的封建时代，只有土地才是最值得信赖的财富。因此，很多商人在获利之后，往往不愿扩大再生产，而是选择置办田宅，以此来减少商业投资风险。在这样的社会环境下，中国资本主义的萌芽便被

万历皇帝像
朱翊钧为明朝在位时间最
长的皇帝。

扼杀了。

晚明另一个社会问题是土地兼并日益严重，大批农民失去了自己的土地，只得为地主效力，受其剥削。当时，各地的藩王宗室、土豪劣绅横行乡里，鱼肉百姓，甚至有人以杀人为乐，这引起了广大农民的不满。因此，从万历时期开始，各地就接连不断地发生农民暴动。到了1629年，陕北起义爆发，揭开了明末农民起义的序幕，战火很快就烧遍了大半个中国。

就在明朝大厦将倾的同时，在中国的东北地区，由女真族建立起来的后金政权正迅速崛起。

女真人世居东北，后来分为三部，其中以建州女真最为强大。明朝时，建州女真受朝廷管辖，但是其首领多为女真族人。1583年，女真族首领努尔哈赤被封为指挥使，随后，他经过数次战争，统一了当时分散的女真各部。

由于当时的明政府政治黑暗，腐朽不堪，努尔哈赤一心想推翻明朝统治。1605年，他开始对内称王。此后，他便不断扩充实力，并建立起一整套适合女真人发展的政治、军事制度。1616年，努尔哈赤正式称汗，国号为"金"。为了与12世纪时建立的金朝相区分，史学界一般称之为"后金"。

1618年，努尔哈赤起兵反明。次年，后金与明朝之间的关键战役——萨尔浒之战爆发，努尔哈赤以少胜多，双方的力量对比发生了根本性的变化。1621年，努尔哈赤在宁远战役中受伤，不久便离世。此后，他的第八个儿子皇太极即位。皇太极为了免除后患，在与明朝抗衡的同时，又对漠南蒙古发动了一系

皇太极画像

列战争，使其并入后金版图。

到了 1636 年，皇太极在盛京（今沈阳）称帝，改族名为"满族"，改国号为"大清"。1643 年，皇太极去世，太子福临即位，是为顺治皇帝（1643—1661年在位）。由于顺治年幼，所以由叔父多尔衮担任摄政王。

1644 年，明末农民起义领袖李自成攻陷北京，崇祯帝自缢身亡。这时，驻守山海关的明朝将领吴三桂投降清朝，引导清军南下入关，击败了李自成的农民军，占领了北京城。同年，顺治帝迁都北京，入主中原。

在此后的 20 余年间，清政府扑灭了各地的农民军，并灭掉了苟延残喘的南明朝廷，终于统一了中国。

清初的统治：恢复经济、休养生息

清朝初年，由于各地民众反抗呼声甚高，加之连年战乱给社会带来了沉重灾难，清朝统治者不得不采取一系列措施来恢复经济、休养生息，从而缓和社会矛盾，发展生产力。

第一，停止圈地。清兵刚刚入关的时候，为了满足贵族阶层对于土地的需求，政府曾经下令圈地。此次圈地延续了 20 余年，共圈占了当时全国耕地总面积的 1/30。这些土地被分给皇室成员、王公贵族、满族官员以及大批八旗

八旗盔甲

兵士。朝廷名义上是圈占没有归属的荒地和明朝贵族的官庄，但是在实际操作中，常常把私田指为荒地，把民田指为官庄。这一政策导致大批农民倾家荡产，无以为生。康熙皇帝（1661—1722 年在位）即位以后，看到圈地政策对农民、农业都造成了负面影响，于是在 1669 年下令停止圈地，使广大农民的利益得到了保障。

第二，号召农民垦荒。康熙皇帝在位期间，鼓励人民开垦荒地，以此来增加耕地面积。据统计，在 1661 年，全国共有耕地 5 492 577 顷；到了 1685 年，耕地面积增加到了 6 078 429 顷。这一政策不但使农业生产力大大提高，同时也为大批农民找到了谋生之路，从而缓和了社会矛盾。

第三，减免赋税。清朝初年，官府对徭役簿籍进行了整理，统一了赋役制度，并且核查户口，使征收额度比较适中。顺治、康熙两朝，减免赋税的政策一直在各地实行，广大人民的负担也有所减轻。

第四，推行摊丁入亩的政策。在清朝以前，人头税被称为"丁银"。1712 年，清政府宣布，以前一年的丁银额度为标准，以后即便继续增加人口，也不再多征。到了雍正皇帝（1722—1735 年在位）在位时，政府进一步实施"摊丁入亩"的措施，把康熙时代固定的丁银平均分摊到田赋银中一并征收。自此，在中国历史上延续了数千年的人头税便基本取消了，这一政策使一些无地、少地的农民减轻了负担。

以上政策的实施，极大地推动了农业的发展。在此基础上，工商业也呈现出了繁荣景象。在江南地区的丝织业中，出现了由手工业主或绸缎商人开设的

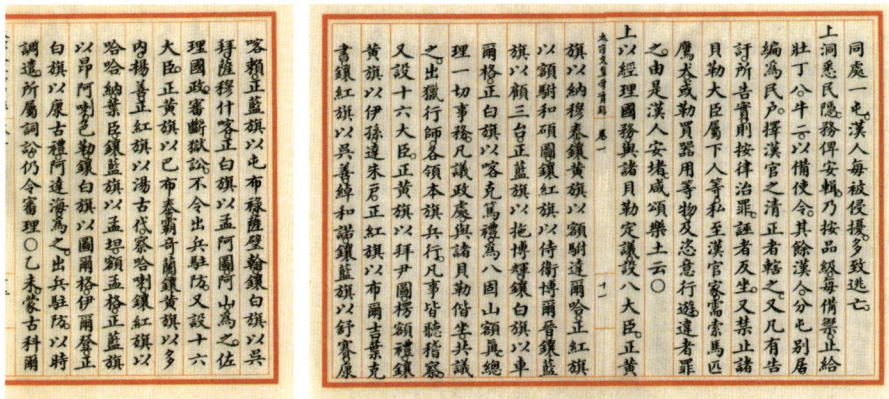

《清太宗文皇帝实录·设八大臣上谕》（局部）

手工工场，湮没于明末的资本主义萌芽有了再度滋长的势头。不过，在清政府政策的控制下，这种发展十分缓慢。

首先，清政府仍然实行重农抑商的政策，对工商业课以重税。其次，从清朝初年开始，政府就实行严格的禁海政策，只有康熙帝在位期间开放了20余年。再有，当时的农民受到地主阶级的残酷剥削，根本无力到市场上购买手工产品，因此农民大都发展家庭手工业，以实现自给自足。此外，和明朝一样，清朝的商人也用自己所获利润来置办田产，很少用于扩大再生产，这样就大大限制了手工业的发展。

清朝前期的统一战争

清王朝迁都北京以后，虽然建立了全国政权，但是国内并未完全统一，各地叛乱不断。康熙帝即位以后，通过一系列战争平定了各地的叛乱，从而使清朝的统治更加坚固。

清朝初年，朝廷对有功的降将进行封赏，其中，吴三桂被封为平西王，镇守云南；尚可喜被封为平南王，镇守广东；耿仲明被封为靖南王，镇守福建。这三家藩王合称"三藩"，逐渐形成割据势力，对清政府的统治造成了极大威胁。

康熙帝为了消除隐患，于1673年下令撤藩。这一诏令触及了三藩的利益，因此，吴三桂准备联合其他两家藩王共同起兵反清。当时，耿精忠继承了靖南

吴三桂斗鹌图

王的王位，他同意吴三桂的主张；尚可喜一向忠于朝廷，没有反叛，可是到了1676年，他的儿子尚之信投降了吴三桂，从而牵扯进这场叛乱之中。

由于三藩势力过大，康熙帝便采取了分化瓦解的策略。他首先集中力量打击吴三桂，对另外两家藩王进行招抚。结果，耿精忠、尚之信归顺了朝廷，这就大大缓解了朝廷的压力。1678年，吴三桂去世，他的孙子吴世璠即位。清军趁机发动进攻，致使叛军一蹶不振。到了1681年，清军攻入昆明，吴世璠自杀，至此，三藩之乱才宣告结束。

平定三藩之乱以后不久，康熙帝就派兵收复了台湾。台湾自古以来就是中国的领土，明朝末年被荷兰殖民者侵占。清朝初年，效忠于明朝的郑成功在东南地区继续抗清，但最终没能成功。于是，他出兵台湾，打败了盘踞于此的荷兰侵略者。此后，郑氏家族就开始了对台湾的经营。

1681年，郑成功之子郑经去世，郑氏集团发生了内讧。清政府趁此机会，

台湾风俗图

于1683年派大将施琅率兵攻打台湾。郑经的次子郑克塽投降，台湾由此重新统一于大陆。次年，清政府设立台湾府，归福建省管辖。

东南部地区局势稳定下来以后，康熙帝又把目光转向了北方的蒙古。

明末清初，居住在中国西北部地区的蒙古族分为三大部，即漠南蒙古、漠北喀尔喀蒙古以及漠西厄鲁特蒙古。康熙年间，厄鲁特蒙古的准噶尔部势力日盛，准噶尔汗噶尔丹吞并了厄鲁特各部，此后便开始进攻漠北喀尔喀蒙古。1689年，噶尔丹准备与沙俄联合攻打喀尔喀，康熙帝派兵阻截，结果失败。康熙帝认识到，如果不把噶尔丹彻底铲除，必将后患无穷。于是，他正式开始了对噶尔丹的武力打击。

经过数年征战，噶尔丹势力大大削弱。到了 1697 年，噶尔丹去世，清军随即平定了这场叛乱。

1717 年，噶尔丹之侄策妄阿拉布坦率领准噶尔部进入西藏，攻取拉萨。为此，康熙帝于 1720 年派兵远征西藏，策妄阿拉布坦兵败出逃，清政府由此建立了对西藏的直接统治。雍正皇帝即位后，于 1727 年在西藏设立了两个驻藏大臣，使西藏与中央政府的隶属关系得到了进一步加强。

总之，清朝前期的这一系列战争，使这个统一的多民族国家得到了空前的巩固与发展。

伊犁受降图
此图描绘的是康熙平定准噶尔叛乱后，伊犁群众欢迎清军的场景。

专制统治的加强

清朝前期，历任皇帝都试图通过一些政治手段来实现中央集权，加强专制统治。

皇太极在位时，仿照明朝旧制，不设宰相，而是分设六部，即吏部、户部、礼部、兵部、刑部和工部，各部尚书都直接向皇帝负责。这一政策大大强化了皇权的作用，并且贯穿了清朝始终。

1677 年，康熙皇帝设立了南书房。他设立南书房的最初目的只是为了与翰林院学士们探讨学问、吟诗作画。后来，由于出入南书房的人皆为皇帝身边亲信、重臣，因此南书房就逐渐变成了由皇帝直接控制的机要部门，皇帝的圣旨诏令多经由这里下达。随着南书房地位的不断提高，议政王大臣会议的权力有所削弱，外朝内阁的一些职能逐渐转到内廷，国家高层的权力也逐渐集中到皇帝手中。

1729 年，雍正帝设立了军机房，后来又改称"军机处"。乾隆皇帝（1735—1796 年在位）即位以后，军机处已经成为处理全国军政大事的核心权力机构，由于它直接对皇帝负责，因此，这一时期的中央集权制度达到了顶峰。

此外，清朝的地方行政机构也多沿袭明朝制度。各省设立巡抚，管理本省行政事务；一省或二三省设立一名总督，总揽辖区内的军政大权，地位远在巡抚之上。督抚制的设立，有效地协调了各省之间的关系，并且统一事权，防止各省之间互不相属、互相推诿，这也充分体现了中央对地方军政控制权的加强。

清朝是满族人建立的政权，很多汉人对此难以接受，因此从王朝建立开始，汉人反清的呼声就未曾停止。清朝统治者为了震慑反清势力，维护满族人的统治，大兴文字狱。

所谓"文字狱"，就是当权者从一个人的诗文当中摘取字句，进行歪曲解释，一旦认为其中有对朝廷不满的意思，就罗织成罪，严重者会被处以满门抄斩，甚至株连九族的重罪。

比如，1711 年，翰林院编修戴名士所著的《南山集》中叙述了南明小朝廷抗清的事实。被人告发后，他被以"大逆罪"处斩，还有 100 多人受此案株连被杀，被流放者更是多达数百人。再如，1730 年，翰林院庶吉士徐骏写奏章时一时笔误，把"陛下"的"陛"字写成了"狴"字。雍正帝大怒，下令将其免职。后来派人一查，结果在徐骏的诗集里找到了"清风不识字，何事乱翻书"以及"明月有情还顾我，清风无意不留人"的诗句。于是，雍正帝认定他对朝廷不满，最后按照大不敬罪将其处斩。

在顺治、康熙两朝，文字狱还只是个别现象。雍正在位期间，文字狱就成了一项普遍的制度。而到了乾隆年间，文字狱达到了顶峰。在他执政期间，共有 130 余件案子，其中 47 件案子的案犯被处死。

由于文字狱的泛滥，清政府的集权统治进一步强化，广大民众的思想言论自由也受到了极大束缚，造成了"万马齐喑"的不良后果。

文化科技的发展

出于维护统治的需要，清政府对文化学术实行了一系列控制措施。首先，统治者尊崇孔子和程朱理学，大力提倡八股文。其次，大兴文字狱，遏制反清思想的泛滥。此外，统治阶层还下令查禁一切对清朝不利的书籍，并通过修书的形式对不符合统治者意愿的内容加以删改。

1772 年，乾隆帝下令征集天下书籍，以编撰《四库全书》。到了 1782 年，这部中国历史上规模最大的丛书终于编成。该书保存了大量文献，具有极高的学术价值，但是在编修的过程中，统治阶层也销毁或删改了部分书籍，窜改了一些著作的原貌，这也是该书为后人所诟病的地方。

清政府的文化禁锢政策并没有完全控制学术文化的发展。在文学领域，出现了吴敬梓、曹雪芹等优秀的作家。吴敬梓出身没落官僚家庭，年轻时热衷于科举，后来屡试不第，加之生活贫困，使他对现实有了清醒的认识。他的长篇小说《儒林外史》强烈批判了封建社会士人对于功名利禄的狂热追求，揭露了科举制度的种种弊端，是一部成就卓著的讽刺小说。曹雪芹出生于大官僚地主家庭，但是在他幼年时，家道已经败落，成年以后，他饱尝了人世辛酸，对封建社会有了更加清醒而深刻的认识。正是有了这样的人生境遇，他才得以将满腹才情与激愤诉诸笔端，创作出了一部伟大的现实主义文学作品——《红楼梦》。该作品以贾宝玉、林黛玉的爱情和婚姻悲剧为主线，通过对金陵城内四大封建家族兴衰历程的描写，深刻地揭露了封建社会末期的种种社会问题，同时歌颂了封建家族的叛逆者追求自由的精神。这部作品无论是在艺术上还是在思想上都堪称世界文学史上的上乘之作。

《红楼梦》中黛玉葬花场景

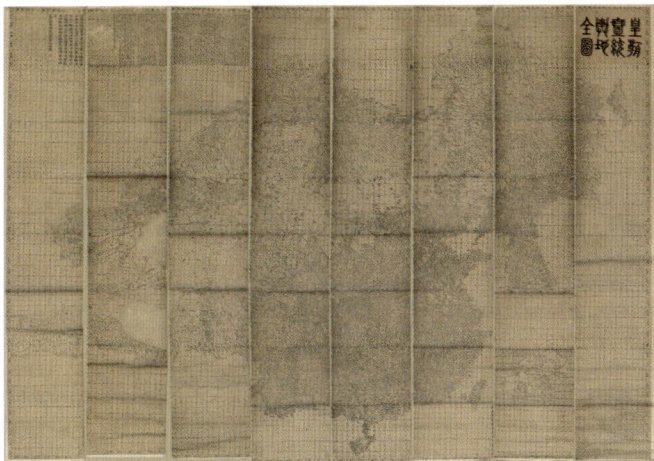

《皇朝一统舆地全图》

清朝中前期，中国的科技也有了一定发展。

在农业方面，清政府曾大力倡导改进耕作方法，推广多熟种植，从而大大提高了土地的使用效率，提高了农产品的产量。清代农学著作颇多，有《钦定授时通考》《广群芳谱》《补农书》等著作问世，对农业科技的发展起到了巨大的推动作用。

在天文历法方面，比利时人南怀仁在康熙朝担任钦天监正，负责制造天文仪器。1678年，他著成了《康熙永年历法》一书。

在医学方面，乾隆年间政府曾编撰《医宗金鉴》，其中收集了很多新的医学秘籍和医方，并且对《伤寒论》《金匮要略》等著作进行了很多考订。清代名医王清任在医学上成绩卓著，著有《医林改错》。他还通过对尸体的解剖研究，绘成了《亲见改正脏腑图》，为中国解剖学的发展做出了重要贡献。

在地理方面，康熙年间政府曾组织人力进行全国范围的地理测量，经过数十年努力，制成了《皇舆全览图》。后来，又在此基础上不断添加新资料，制成了《乾隆内府皇舆全图》《皇朝一统舆地全图》。直到今天，这些地图仍然具有极高的参考价值。

此外，西方传教士的涌入使得中西方在文化、科技方面交往频繁。一方面，传教士带来了西方的科技，为中国科技的发展提供了新的动力；另一方面，中国传统文化的输出，也对西方思想家产生了巨大影响。然而遗憾的是，在专制制度的压制下，这一阶段的文化与科技并没有实现飞跃式发展，这也是清朝后期中国落后于西方资本主义国家的原因之一。

日本：江户时代的幕府统治

江户时代（1603—1867 年），日本已经出现了资本主义萌芽。德川幕府出于维护封建统治的需要，不断对新兴资产阶级进行打压，致使社会矛盾不断激化。与此同时，西方资本主义列强也不断地用坚船利炮撞击着日本的国门，从而使德川幕府的统治变得岌岌可危。

资本主义萌芽的出现和阶级矛盾的激化

日本江户时代的经济制度以封建小农经济为主，农民为领主耕种土地，并交纳一定数量的实物地租和贡米。幕府为了提高土地收益，不断巧立名目，提高农民上税的份额，使农民受到的剥削日益加重。此外，幕府还制定了一系列的政策，将农民紧紧束缚在土地上。首先，幕府严令禁止土地永久性买卖，以防止农民从土地上流失。其次，幕府为了防止农村的生产、生活方式商业化，还于 1650 年发布了《庆安告谕》，禁止种植经济作物，并通过改革币制、垄断专卖等形式抑制商品经济的发展。

到了江户时代中后期，还是出现了农村的商品经济。农业生产力水平的提升，使一部分农民在缴纳年贡之余开始有了剩余产品，逐渐富裕起来。富农和地主除了雇佣贫雇农耕种土地之外，还在农村设立手工作坊，从事商品经营活动，以获取更大利益。农村商人还统包农村各类农产品和手工产品，将其销往外地。同时，城市商人也开始主动收购农村产品，以谋取利益。此外，封建领主为了满足生活所需和财政需要，开始鼓励农民种植一些经济作物，使得农业生产日益商品化。

随着原材料产品的不断丰富以及民众需求的不断增长，日本的手工业有了长足的发展。以京都西阵的手工业工场为例，在 18 世纪，上层社会所穿的华贵服饰和普通市民所用的布料大多出自这里。1730 年，京都西阵织造工场发生大火，损失了 3000 余台织机，可是这一数字只是全部织机的一半。由此可见当时工场实力之强。

随着资本主义萌芽的出现，新的社会矛盾也逐渐显现出来。

包括手工工场主、商人包买主在内的新兴资产阶级受到了封建制度的束缚，也受到了特权大商人的压制。早在 17 世纪，德川家康就建立了由将军幕府和藩国大名联合统治的封建制度——幕藩体制。在这一体制下，新兴资产阶级的收益当中有很大一部分需要以年贡的方式上缴给领主。同时，那些依附于幕藩的特权大商人财力雄厚，他们勾结封建领主，获得了各种专卖权，从而压制、排挤中小商人。因此，新兴资产阶级对于幕藩体制十分不满。

由于商品经济的发展，领主的生活日益奢侈糜烂，常常入不敷出，再加上国内太平无事，豢养武士成了一种负担。因此，各藩大名便开始大规模裁减武士的禄米。大批武士为了另谋生计，只好进入各种行业工作，有的从事手工业，有的经营商业，还有的甚至放弃武士籍，成为"浪人"。武士阶层的这一转变，使他们脱离了统治阶级，转而与被统治阶级站在了同一阵营。

《八桥图》
此图为日本画家尾形光琳于 18 世纪初创作的一对六折屏风画。

在农村，很大一部分农民丧失了土地，只得投身于地主或资本家，受其剥削。虽然当时大多数农民都属于拥有份地的"本百姓"，但是在领主的剥削下，他们的生活日益贫困，土地也随之贫瘠了，这导致的后果就是粮食连年歉收，经常发生饥荒，饿死者动辄数以万计。在这种情况下，广大农民十分迫切地希望通过武力形式反抗统治阶级的压迫。

从18世纪初开始，日本的农民起义便时有发生。此后，随着城市平民和新兴资产阶级的加入，起义越来越频繁。据统计，仅从1801年到1843年，日本各地的起义就多达320次，而且规模很大，动辄有数十万人参加。其中，影响力最大的一次就是发生在大阪的大盐平八郎所领导的起义。

当时，大富豪与政府勾结，任意抬高米价，一时间，城市平民处在水深火热之中。大阪的儒者大盐平八郎看到民众的境遇之后不胜悲愤，于是在1837年2月19日这天，领导大阪的手工业者、小商人和下级武士发动了起义。他们捣毁米店，火烧豪商宅邸，其声势震动了大阪全城。虽然这次起义很快就被镇压，但是它却是进步知识分子领导城市平民反抗幕府统治的一个尝试，为以后的起义作出了表率。

德川幕府对天主教的政策

早在16世纪，天主教便传入了日本。当时，深受封建统治阶级压迫的农民早已对佛教失去了信心，他们在"上帝面前人人平等"的说教下纷纷信奉起天主教。传教士为了迎合日本风俗，还纷纷穿起了僧衣。据统计，1582年前后，日本国内的天主教信徒已经多达15万人，教堂200余座。

随着天主教在日本的影响力越来越大，幕府与教会之间的矛盾也开始加深了。对于幕府来说，天主教教义在很多方面是与日本的封建统治完全对立的：第一，天主教宣称上帝是最高权威，是创生万物之主，在上帝面前人人平等，而且人们只能服从于上帝，而不应该服从父母、君主，这完全不同于当时日本以将军为最高统治者、严格按照等级行事的政治体制；第二，天主教排斥其他宗教，否定神佛信仰，这更使得以"东照大神化身"自居的德川家族统治者无法容忍；第三，天主教对日本武士阶层切腹、多妻制的传统极为反对，这又和日本传统文化对立起来。

除了上述几点之外，天主教会的活动性质也令幕府倍感恐惧。近代西方殖民主义者惯于利用教会实现其侵略扩张的目的。早在 16 世纪中期，九州地区信奉天主教的诸侯就曾向葡萄牙人开港，并把很多领地献给教会。教会将领地上的租赋作为一项重要的经济来源，并借此开展教会活动。虽然丰臣秀吉曾经禁教，但是一直到德川幕府时代前期，大批教徒结成了坚强的组织。教会通过商人向南方诸侯提供武器，严重威胁到德川幕府的统治。此外，当时信奉新教的英国商人、荷兰商人也不断煽风点火，中伤西班牙和葡萄牙的天主教士。因此，德川幕府准备通过强制手段扑灭天主教。

1612 年 3 月，幕府对直辖领地发出禁教令；次年，又面向全国禁教。幕府下令在京都、大阪等地毁坏教堂，逮捕教民，强迫他们改宗。到了 1614 年，各地都开始对教士、教民进行大规模镇压。当时，有些教民或诸侯不肯改宗，结果被施以严惩，有的被流放，有的被当街游行示众，妇女则被裸体示众，有的甚至被送到妓院。在这种严酷打压之下，诸侯和武士阶层都不敢再违抗幕府的命令，于是转而号召镇压天主教，德川幕府由此掌握了控制民众思想的实权。

残酷的镇压并没有使天主教在日本绝迹；相反，教民的反抗呼声越来越高，于是在 1637 年，爆发了声势浩大的岛原起义。

岛原、天草两地是天主教在日本的传教中心。松仓重政领有岛原以后，用种种酷刑残害天主教徒。此外，他还大兴土木，征收重赋。他的儿子松仓胜家袭封后，更加重了对当地农民的残害。与岛原一水之隔的天草领主寺泽氏，也以同样的方式迫害农民与天主教徒。

岛原起义

从 1634 年开始，岛原、天草两地就灾害不断，当地农民靠吃树皮、草根充饥，并多次向藩府借米。两地的领主根本不管农民的死活，依然用严刑逼租。1637 年 10 月，岛原南部的农民首先举起义旗，附近村民纷纷响应，天草的农民和教徒闻讯之后也行动起来。他们推举天草四郎为起义领袖，很快就控制了岛原和天草的大部分地区。幕府急忙派兵镇压，但是起义军固守原城，打退了幕府军队的多次进攻。后来，幕藩出兵 12 万围困原城，起义军因缺乏补给，最终兵败城陷。

岛原起义给德川幕府造成了巨大冲击。幕府为了缓和农民的反抗，严惩了岛原、天草两家领主。但是在此之后，幕府又开始推行更加严厉的禁教政策，促使锁国体制最终形成。

兰学的兴起

江户幕府的禁教政策极大地束缚了当时日本思想文化的发展。当时，凡是只用中文书写印刷的宣传基督教教义的书籍都被列为禁书，不得私藏或交易。不过，很多被认为不含"邪教"内容的汉译洋书仍然畅通无阻，大量输入日本。尤其是在德川吉宗解除非基督教类书籍的禁令之后，许多与西方科学有关的书籍蜂拥而至，日本国内的研究群体也不断壮大，在这种背景之下，兰学逐渐兴盛起来。

所谓"兰学"，字面意思就是"荷兰之学"，泛指西洋学术。由于在整个锁国时代，西方科学主要由荷兰人传入日本，故而得名。

大约在 18 世纪中期，日本知识界及一部分翻译人员在长崎出岛与荷兰商人交流，吸收了很多西方资产阶级的近代科学。当时的将军德川吉宗是一代英主，他鼓励实学，解除洋书之禁，并且派人学习荷兰语以及西方的自然科学。在这一政策的推动下，日本学术界获得了很多显著成果。

在医学方面，1750 年，幕府医官野吕元丈著成《荷兰本草和解》。1754 年，日本实验医学的奠基人山胁东洋开始解剖死刑犯的尸体，纠正了先前医学界的一些错误观念，并于 1759 年出版了《藏志》一书。儒学家青木昆阳对荷兰语进行了细致的研究，出版了《荷兰文字略考》一书。1774 年，青木昆阳的弟子、著名医学家前野良泽和杉田玄白又根据解剖尸体的实践经验，译出荷文版德国的《解体新书》，引发了日本医学史上的一大革新。

在物理学方面，荷语翻译家志筑忠雄于 1798 年翻译出阐述牛顿力学的物理学著作《历象新书》。志筑忠雄还创造了一些新的科学词汇，如"重力""引力"等，一直沿用至今。

在天文学方面，长崎译员本木良永于 1774 年著成《天地二球用法》一书，介绍了哥白尼的学说。

在地理学方面，地理学家西川如见于 1695 年著成《华夷通商考》。新井白石于 1708 年著成《西洋纪闻》一书，后来又著有《采览异言》。这两部著作肯定了西方物质文明的优越性，对后来日本人的西洋观产生了很深的影响。1812 年，伊能忠敬费时 20 年终于测绘出《大日本沿海舆地全图》，他也由此成为绘制日本全图的第一人。

兰学在奠定近代日本自然科学基础的同时，其自身的发展却存在一定局限性。

首先，兰学学者以其特有的科学精神对幕府政治以及朱子学加以批判，引起了统治阶级的嫉恨。因此，到了江户时代晚期，幕府加强了对洋学的限制，出现了"宽政异学之禁""西博尔德事件""蛮社之狱"等一系列镇压兰学事件，致使大批兰学学者裹足不前。

其次，兰学的传播仅限于自然科学方面，并且只在少数知识分子中间流传，在封建统治阶级的严格限制下，兰学的发展也趋于停滞，近代西方资产阶级的启蒙思想和革命理论更难以在日本民众中间传播。

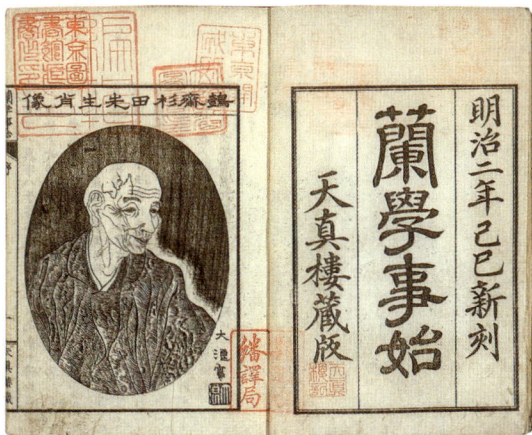

《兰学事始》
杉田玄白所撰兰学滥觞期回忆录。

但总的来说，兰学的兴起为锁国体制下的日本带来了近代新风，也为日本近代文化的发展注入了强大的动力。

江户时代的三大改革

江户时代，德川幕府共进行了三次大规模的改革，即享保改革、宽政改革和天保改革。

1716 年，德川吉宗就任大将军，此后他进行了一系列改革。由于这些改革大多在享保（1716—1735 年）年间进行，因此称为"享保改革"。

18 世纪初，随着商品经济的发展，城市生活成本激增，上至幕府下至武士都面临着财政危机。为了解决这一问题，德川吉宗实行了一系列改革措施：

第一，整顿财政。1718 年，幕府实行通货紧缩政策，统一币制。此后，又将农村的估产定租制改为定租制，以保证幕府收入稳定，同时要求年贡米收入万石的大名向幕府缴纳百石。此外，幕府还鼓励商人开发新田，鼓励种植新品种农作物。

第二，整顿幕府机构。德川吉宗大力倡导勤俭习武，并下令翻译《六谕衍义》，加强封建道德教育。1721 年，幕府设立了专管财政的"胜手方"和专管民事诉讼的"公事方"，使民事纠纷不再对正常行政事务产生影响。1723 年，

德川吉宗画像

幕府又实行了职俸制，规定低俸者担任高位官职时，须发给官职津贴，以利于选拔人才。1742年，江户幕府的第一部法典《公事方御定书》问世，进一步完善了国家法制。

第三，对商业资本加以管制。改革之初，幕府对商业资本采取抑制政策，后转而采取利用、管制政策，以协调商业资本与社会各阶层之间的矛盾。

第四，引进西方科技。1720年，德川吉宗放宽了输入洋书的禁令，为兰学的发展开通了道路。

享保改革使幕府的财政状况得到了改善，但是沉重的年贡和商业资本的盘剥，使农民的生活每况愈下，这也引起了农民的反抗。为此，德川家齐时代的老中松平定信于1787—1793年再次实行了幕政改革。由于此次改革主要是在宽政（1789—1801年）年间进行的，故而称为"宽政改革"。

除了进一步整顿财政、振兴纲纪以外，这次改革的主要内容还包括：

第一，重新建立幕府老中协议制度。首先罢免了老中田沼意次余党，然后建立了以德川本家的三个家族为核心的老中协议体制。

第二，实行重农抑商政策。幕府劝导城市游民回乡务农，禁止农民离乡进城，同时鼓励农民种植粮食作物，限制种植经济作物。同时，幕府还废除了田沼意次时代设立的铜、铁、人参等产品的专卖商行，并对御用商人加以整治。

第三，禁止异学。1790年，幕府颁布《异学禁令》，再次确立了朱子学的正统地位，规定除了朱子学以外的"异学"一律禁止。兰学的传播也受到了极大的抑制。

松平定信的这些改革措施并没有重振农村经济，因此遭到了农民、商人的强烈反对。1793年松平定信辞职，这次改革也宣告失败。

到了19世纪中期，随着资本主义生产关系的发展和自然经济的解体，德川幕府的封建统治已经到了崩溃的边缘。为了维护封建统治，幕府于天保（1830—1843年）年间后期再次进行改革，史称"天保改革"。

这次改革的重点是维护幕藩领主的封建统治，因此，它对内依然延续宽政改革的经济政策，进一步抑制商品经济的发展。在对外政策方面，幕府除了实行富国强兵政策，巩固海防之外，还撤销了先前执行的《异国船驱逐令》，发布《燃料淡水供给令》，声称只要外国船只有要求，就可以提供燃料、淡水等物资，以此来缓解与西欧列强之间的紧张关系。

由于此次改革的对内政策严重违背了资本主义发展的客观需要，因此实行不到两年便宣告失败。这次改革的失败，也预示着德川幕府时代即将终结。

西方势力的入侵

19世纪中期，在日本国内局势日益恶化的同时，西方资本主义列强也为了争夺资源而用坚船利炮打开了日本的国门。最先对日本发动侵略的是美国。

1853年，美国海军少将佩里率领一支舰队登陆日本，以武力相威胁，要求日本政府在一年之内开放港口，这一事件史称"佩里叩关"。次年，他又率领军队要求日本开港。幕府不敢发动民众抵抗外敌，只好答应开港。1854年3月，日美双方在神奈川签订了《日美和好条约》（又称《神奈川条约》），条约规定，日本政府将开放函馆、下田等港口，为美国人的贸易提供便利条件。

《日美和好条约》签订后不久，英、法、俄、荷诸国也强迫日本签订类似的条约。然而，日本政府的一再妥协并没有使西方列强满足，相反，还使列强的贪欲进一步增加。1858年，美国再次强迫日本签订新的条约。这一条约具有更加明显的不平等性，其中规定：向美国人开放更多的港口，确认美国在日本享有治外法权，减少日本从美国进口商品的税率。很快，英、法等国也纷纷强迫日本签订同样的不平等条约。

这一系列不平等条约的签订，给日本带来了极为严重的后果。进口商品税率大幅度降低，使得外国商品充斥着日本市场，沉重地打击了日本国内的手工业，大批手工业者的生活状况急剧恶化。同时，外国商人又低价收购日本的粮食及原料，造成了粮食恐慌。

当时，日本国内的金银比价为1：5，而国际金银比价为1：15，外国商人利用日本金价低于国际标准这一事实，从日本大量套购黄金运往国外。据统计，仅1859年下半年，从日本流出的黄金就多达上百万两。随着黄金的大量流失，日本国内货币严重贬值，物价飞涨，使下层民众的生活日趋困顿。

在签订不平等条约以后，日本的各开放港口都有类似租界的洋人居留地。江户及其他重要港口，都处在外国军事威胁之下。列强动辄制造借口，把军舰驶入港口，对日本进行恫吓。1863年，长州藩炮击美国、法国、荷兰的舰船，为了报复，英、法、美、荷组成了联合舰队，于次年9月炮轰下关，并在登陆后肆意烧杀。当地的武装力量无法与之抗衡，只好向联军求和。四国向日本索取300万银元巨款作为赔偿，这场风波才算平息。

后来，法国还积极帮助幕府策划加强封建统治的所谓"改革"。幕府也妄想依靠外国势力，通过发展新式工业，改革军制、税制的手段来挽救自己濒临灭亡的命运。法国向幕府提供了大量武器，并派遣教官训练幕府的洋枪队。这样一来，幕府就成了法国人的傀儡。

此时的日本，在政治、经济等方面已经具备了资产阶级革命的基本条件，而国外资本主义势力的入侵使得日本民众的反抗决心日益增强，从而加速了日本资产阶级革命的到来。

印度：莫卧儿帝国的衰落

> 阿克巴在位期间，正处于黄金时代的莫卧儿帝国已经显现出了一丝危机。奥朗则布即位以后，本欲通过强有力的手段强化伊斯兰教统治，结果却适得其反，使原本强盛的帝国逐渐走向衰亡，印度也因此陷入四分五裂的状态。和亚洲其他国家一样，印度也遭到了众多西方殖民者的觊觎。最终，英国人以武力击败了所有竞争者，使整个印度变成了自己的殖民地。

奥朗则布与莫卧儿帝国的衰落

1658 年，奥朗则布（1658—1707 年在位）在激烈的皇位争夺战争中囚禁了父亲，击败了兄弟，最终登基称帝，开始了对印度长达半个世纪的统治。

即位以后，奥朗则布发动了一系列战争，扩张了莫卧儿帝国的版图，从而使帝国进入了鼎盛时期。然而，也正是这样一位有着雄才大略的君主，最终却由于宗教改革而使莫卧儿帝国走向衰落。

奥朗则布是一位虔诚的伊斯兰教徒，企图按照《古兰经》的信条将这个长期以来一直信奉印度教的国家变成逊尼派伊斯兰教帝国。为此，他完全抛弃了阿克巴时代的宗教宽容政策，一面竭力维护少数伊斯兰封建主的利益，一面迫害占国家人口绝大多数的印度教教徒。

骑马的奥朗则布

　　起初，他下令在宫廷中取消印度教习俗，以树立伊斯兰教的正统地位，这
使印度教徒极为震惊。后来，他就开始对国内的伊斯兰教徒和印度教徒采取不
同的经济政策。1665 年，为了减轻伊斯兰封建主的债务负担，同时增加国库
收入，奥朗则布颁布法令，规定伊斯兰教商人只需缴纳 2.5% 的内地关税，而
印度教商人的税率为 5%。两年以后，他又下令，伊斯兰教商人不必缴纳关税，
而印度教商人则继续维持原来的税率。

　　然而，这项带有宗教迫害性质的法令并没有改变伊斯兰教封建主在经济上
的颓势，也没能充实国库。于是，奥朗则布把目光转移到了印度教寺院。他下
令没收印度教寺院的土地和财富，这引起了印度教徒的强烈反对。此后，不断
有印度教徒在公开场合抨击他的这一政策。为了进一步打压印度教，奥朗则布
于 1669 年下令，毁掉异教徒的所有庙宇和学校。1679 年，他又下令对印度教
徒恢复征收人头税，印度教徒若改信伊斯兰教则可以免缴此税。这一政策给印
度教农民带来沉重的负担，当他们奋起反抗时，奥朗则布就用残酷手段镇压。

　　奥朗则布恢复人头税的政策，严重破坏了莫卧儿人与拉吉普特人的联盟，
动摇了帝国的基础。同时，这一政策也激怒了马拉特人，引起了他们的强烈反
对。然而，奥朗则布根本无视印度教徒的反抗，继续推行他的宗教迫害政策。
1671 年，他下令将绝大多数信奉印度教的官员逐出国家衙署和税收机关，让
穆斯林官员取而代之。1695 年，他又下令禁止除拉吉普特人以外的所有印度
教徒穿着绸缎，乘坐良马、大象和携带武器。如果印度教徒胆敢违反禁令，就
会遭到严惩。

　　奥朗则布推行的这一系列宗教政策，不仅严重削弱了莫卧儿帝国的经济实力，同时也在政治上把少数伊斯兰教封建主和多数印度教居民及王公、僧侣、官员、商人对立起来。这一方面使帝国的社会基础大大削弱，另一方面也使国家机器失去了精明强干的印度教官吏的支撑，从而引起了管理上的混乱。

　　为了扭转局面，奥朗则布一面镇压各地起义，一面号召伊斯兰封建主节约开支，不使用奢侈品。他本人更是以身作则，下令解散宫廷乐舞队，拆掉皇宫里的黄金装饰，同时勤于政事，经常早起晚睡。然而，这些措施并没有发挥明显作用，奥朗则布不得不寻找新的出路。于是，他准备通过武力手段掠夺印度南部的疆土，以缓解国内的危机。

　　1681 年，奥朗则布率领军队南下征伐马拉特人。此后 20 余年的时间里，他遭到了马拉特人的顽强抵抗。在这场旷日持久的战争中，他耗费了大量财力，军队也疲惫不堪。1707 年 3 月，89 岁高龄的奥朗则布去世。他死后不久，各地总督就纷纷宣布独立。

　　此时的莫卧儿帝国已经四分五裂，根本无法抵挡周边游牧民族的入侵。从 1740 年到 1761 年，莫卧儿皇帝先后成为波斯人、阿富汗人和马拉特王公的傀儡，这意味着曾经盛极一时的莫卧儿帝国已经名存实亡。

莫卧儿王朝的细密画

晚年的奥朗则布出巡

西方殖民者的入侵

从莫卧儿帝国建立时起，西方殖民势力就不断地向印度渗透。

早在16世纪初期，葡萄牙殖民者就在南印度的马拉巴尔海岸建立据点，垄断了印度与欧洲之间的海上贸易。进入17世纪，荷兰、英国和法国相继涌入，为争夺殖民优势而展开斗争。1600年，英国东印度公司成立；1602年，荷兰东印度公司成立；1664年，法国东印度公司也宣告成立。这些公司成为欧洲殖民主义者侵略印度的重要工具。

这些国家的殖民者在印度建立了很多据点，不断以低价收购当地土特产，运往亚欧市场销售。他们还经常勒索附近的封建王公，劫掠印度的海上船只，甚至掳掠沿海地区的居民，把他们卖为奴隶。通过这些罪恶行径，西方殖民者大发横财。

到了18世纪中叶，英、法两国为了争夺印度，发生了一系列冲突。

法属印度总督杜布雷为了加强对印度的控制，率先推行了"用印度人打印度人"的政策。他招募了大批印度人，把他们武装起来，使其成为自己的侵略工具。此外，他还利用德干地区各土邦王公之间的矛盾，与他们缔结"军费补助金条约"。该条约规定，印度王公必须同意在其国内驻扎东印度公司的军队，同时，国库还要拨出一大笔资金以补充军费。可见，这一时期的印度王公已经成为法国殖民者的附庸。

1740年，奥地利王位继承战争爆发，英、法成为敌对国。两国的东印度公司为了攫取利益，也趁机开战。起初，法国人占有优势，他们占据了包括马德拉斯在内的许多据点，并且击败了被英国控制的卡那提克的军队。但是，1748年，奥地利王位继承战争结束以后，根据英国、法国、荷兰、奥地利四国签署的《亚琛和约》，法国又被迫将马德拉斯还给了英国。

1757年，普拉西战役在英、法殖民者之间打响。最终，英国殖民者克莱武率领少数军队击败了数倍于己的敌军，他本人则当上了东印度公司驻孟加拉省督。从此以后，印度便逐渐沦为英国的殖民地。

1761年，英军占领了本地治里、马埃等法国殖民者的据点。1763年，七年战争结束以后，根据《巴黎和约》的规定，法国在印度只保留本地治里等5个城市作通商之用，并且不得设防。此后，法国殖民者在印度的地位一落千丈，英国则在此站稳了脚跟。从这时起，英国东印度公司就成了一个集商业强权、军事强权、政治强权于一身的殖民机构。

英国殖民者设计的迈索尔皇宫

英国殖民者在孟加拉的大肆掠夺，激起了当地人民的反抗。1763 年，孟加拉王公米尔·卡西姆率领军队两万人发动起义，反抗英国殖民者，此举得到了手工业者和农民的响应。他们捣毁英国商馆，痛击殖民者，其声势令英国人极为震惊。然而，由于指挥的失误，加之起义军配合不当，米尔·卡西姆在 1764 年的布克萨尔战役中大败。此后，封建主就不再以武力反抗殖民者，只有农民继续坚持战斗。

到了 1774 年，起义军被彻底击溃，英国东印度公司进而利用孟加拉的财力和人力向其他地区扩张。

当时，印度中部的马拉特联盟和南部的迈索尔是两个比较强大的独立国。为了消灭这两支力量，英国殖民者采用了各个击破的策略。从 1767 年到 1799 年，英国殖民者发动了 4 次侵略迈索尔的战争。在此过程中，他们不断施展阴谋，拉拢马拉特、海德拉巴等邦的王公，让他们出兵帮助自己打击迈索尔。迈索尔灭亡以后，殖民者又利用马拉特各邦之间的内讧，将其逐一击破，于 19 世纪 20 年代占领了印度腹地德里。

进入 19 世纪 40 年代，东印度公司又开始向印度西北边境扩张，相继吞并了信德、旁遮普。至此，印度完全被英国殖民者所侵占。

莫卧儿帝国的社会文化

莫卧儿帝国的上层文化是以宫廷为中心的，在统治者的带动下，国家上层的文化艺术事业呈现出繁荣昌盛的局面。阿克巴在位时，就对宗教、哲学颇感兴趣，并且吸引了亚洲各地的大批学者。另外，阿克巴的祖母和奥朗则布的女儿都非常热衷于绘画、文学和建筑。

由于莫卧儿帝国的君主深受西亚、中亚地区文化的熏陶，因此他们在建筑方面把这两者同印度民族特色融为一体。

在绘画方面，由于波斯、莫卧儿画风的影响，印度派绘画衍生出了拉吉普特形式。从现存画作可以看出，当时的作品不仅结构严谨、色彩鲜艳，而且内容十分丰富，涵盖了印度社会各个层面的生活状况。

在建筑方面，印度教－伊斯兰教建筑艺术得到了进一步发展，形成了包含波斯、印度、土耳其等地建筑艺术的综合风格。受当时奢华风气的影响，莫卧儿帝国的建筑大多气势宏大、雍容典雅。比如国都法地布尔·西格里古城，就是将伊斯兰教与印度教风格融会贯通的经典范例。泰姬陵、阿格拉红堡以及克什米尔的莫卧儿花园等，也都表现出了极高的审美水平。在阿克巴时代，受宗教信仰自由政策的影响，印度教传统庙宇建筑也有所发展。此外，德干地区的

泰姬陵

建筑艺术也丝毫不比莫卧儿人逊色。

在莫卧儿帝国时代，音乐艺术放射出了夺目的光辉。从阿克巴时代开始，音乐就受到了统治阶级的重视，由此涌现出了一批杰出的音乐家。到了奥朗则布时代，宫廷禁止音乐演出，但是各地王公依然把音乐当作日常生活的重要组成部分。值得注意的是，尽管当时伊斯兰教上层都很重视音乐，但是在北印度社会上，音乐却被视为"贱业"，这样就形成了专业音乐与民间音乐的差别。在南印度，音乐家地位较高，一些大音乐家借此进入了印度社会的最高等级——婆罗门。直至今天，音乐依然是印度社会各阶层的共同财富。

莫卧儿帝国统治阶级的生活极度奢侈，这一点在饮食、服饰等方面也多有体现。当时，伊斯兰教贵族阶层的食物主要是添加了香料的波斯食品，而印度教贵族也开始用域外的豪华盛宴代替简单的食品。稀有的果品、秘制的名酒、精致的调味品等迅速传入印度，受到上层社会的欢迎。另外，当时社会上流行的服饰风格也有了很大变化。早在16世纪，如果印度教徒穿着伊斯兰教徒的服饰，人们大多无法接受；可是到了17世纪，各地印度教贵族的服饰已经与伊斯兰教没有什么分别了，只有那些下层民众依然缠着腰布。总而言之，这时的印度教上层已经普遍接受了伊斯兰教生活方式。

莫卧儿帝国时代，伊斯兰教文化与印度教文化不断地相互交流。但是在思想领域，这种交流具有明显的单向性：外界的伊斯兰教文化对印度教产生了巨大影响，而印度教却没有出现对伊斯兰世界主流文化有重大影响的哲学、宗教和文学著作。

莫卧儿帝国的历史学成就十分显著，这主要得益于宫廷年代志作者的努力。

莫卧儿帝国的微缩版《古兰经》

他们详实地记录了各个时代的历史事件，尽管多有对皇帝歌功颂德之语，但是其中也不乏史料价值。例如，巴道尼的《历史选集》，就从批判的角度，叙述了被官方隐瞒的阿克巴时代的历史。另外，阿克巴还在回忆录里详细记载了自己的生活，文采斐然。到了奥朗则布执政时期，他下令废除皇史官，同时严禁私人撰写历史，因此，莫卧儿帝国的这段时期缺少直接记载，研究者不得不根据他死后的秘密记载来推测当时的情况。

从17世纪后期开始，在内忧外患的综合影响下，印度文化开始衰落，同时也开始向复杂化方向发展。

奥斯曼土耳其：奥斯曼帝国的衰落

1566年，苏莱曼一世去世以后，如日中天的奥斯曼帝国开始放缓了对外扩张的脚步。此后的一段时间里，由于帝国内部问题重重，加之欧洲诸国纷纷崛起，致使奥斯曼帝国长久保持的霸主地位受到动摇。为了重振帝国雄风，当政者也进行过一些改革，但这仍然无法阻止帝国大厦的倾覆。

苏莱曼一世死后的帝国皇权

从奥斯曼一世（1299—1326年在位）到苏莱曼一世（1520—1566年在位），奥斯曼帝国的君主都以雄才大略扬名于世，可是自从苏莱曼一世去世以后，情况却发生了明显变化：新即位的苏丹多为庸碌无能之辈，整日不理朝政，沉湎于糜烂的宫廷生活之中，致使皇权日益衰落。

1566年，苏莱曼一世之子谢里姆二世（1566—1574年在位）继承了皇位。他沉迷于酒色，被人称作"酒鬼谢里姆"。他在位期间并无作为，国家政务主要靠宰相索库鲁负责。也正是在索库鲁的努力之下，帝国的余威才得以维持。

　　谢里姆二世去世后，穆拉德三世（1574—1595 年在位）即位。受奥斯曼帝国文化的影响，穆拉德三世的权力被大大削弱了，尤其是皇太后的干政，致使君权旁落。这也成为此后一个多世纪的时间里后宫主政传统的源头。

　　穆拉德三世去世后，穆罕默德三世（1595—1603 年在位）即位。穆罕默德即位之初，就将 16 个弟弟处以绞刑，其恶名也由此流传开来。他为人十分懒散，因此在位期间主动把政务交给皇太后负责。

　　穆罕默德三世去世后，艾哈迈德一世（1603—1617 年在位）即位。与之前三任君主相比，艾哈迈德一世的执政能力明显高出他的前辈。他即位以后，国内政局不稳，各地暴乱不断。为了维护统治，他权谋、武力并用，最终平息了叛乱。此外，他还惩治了一大批贪官污吏，从而稳定了人心，使政局有所好转。

　　1617 年，艾哈迈德一世病故，穆斯塔法一世（1617—1618 年，1622—1623 年在位）即位。穆斯塔法一世是艾哈迈德一世的哥哥，根据史料记载，他可能是弱智人士或患有精神疾病。

　　1618 年，在众人的拥戴下，艾哈迈德一世之子奥斯曼二世（1618—1622 年在位）即位，穆斯塔法一世被罢免。年轻的奥斯曼二世充分显示了治国的才能。他看到了作为苏丹近卫军的新军的弊端，因此准备抑制新军，并建立一支真正效忠于自己的部队。但是，此举引起了新军的不满，他们发动了政变，最终杀死了奥斯曼二世。

　　奥斯曼二世去世后，穆斯塔法一世重新登基，但是他在位仅一年，就被奥斯曼二世的弟弟穆拉德四世（1623—1640 年在位）夺去皇位，并被囚禁起来。

　　穆拉德四世即位之初，年纪太小，其母亲垂帘听政。这一时期，奥斯曼帝国处于无政府状态，波斯人便趁机入侵伊拉克。与此同时，国内政局也很不稳定，叛乱时有发生。为了避免重蹈奥斯曼二世的覆辙，穆拉德四世决定夺回君权。

　　1632 年，在近卫军和法官们的支持下，穆拉德四世平定了新军的叛乱，使国内秩序得以稳定。他随即下令解散原有的军队，重新组建新军。此后，在他强有力的政治手腕的掌控下，帝国逐渐摆脱了先前的颓废局面，开始向好的方向发展。

　　穆拉德四世下定决心整治由来已久的腐败问题。他推行了一系列政策，如限制资源的使用。他下令在首都伊斯坦布尔严禁酒精、烟草、咖啡等物，违者将会被处死。在军事方面，穆拉德四世也取得了很多成就。1633 年，他

奥斯曼帝国第 17 位苏丹穆拉德四世

派遣军队占领了叙利亚、黎巴嫩沿岸的所有港口，然后就经由陆路向黎巴嫩地区的伊斯兰教德鲁兹派据点发起进攻，并于 1635 年以反抗帝国的罪名将该地领主处死。他还两次亲征波斯，充分展现了他卓越的军事才能。然而可惜的是，这样一位雄主竟然英年早逝，在 1640 年死于肝硬化，最终没能实现重振帝国雄风的理想。

此后，易卜拉欣一世（1640—1648 年在位）、穆罕默德四世（1648—1687年在位）相继为帝，皆为无能之辈。

统治者的昏聩无能，是奥斯曼帝国走向衰落的直接原因。

科普鲁律家族统治下的奥斯曼帝国

穆罕默德四世即位时年仅 6 岁，因此朝政先后由他的祖母及母亲主持。当时，国家政治极其腐败，各地叛乱频繁，苏丹的统治岌岌可危。

为了扭转奥斯曼帝国衰颓的局势，一些有识之士认识到，此时必须要有一个才能出众、有胆有识的人来出任宰相，以重振帝国雄风。就这样，到了 1656年，在穆罕默德四世的母亲的支持下，祖籍阿尔巴尼亚的穆罕默德·科普鲁卢以 80 岁高龄出任宰相，此后，国家的政局才有所改观。

穆罕默德·科普鲁卢上任以后，采取严厉手段整顿朝政。他在担任宰相的

5 年之内，处决了 3 万多名贪官污吏、叛乱分子和不法军人，使国内秩序得以恢复。此外，他还将宗教基金改作世俗之用，在一定程度上缓解了奥斯曼帝国的财政危机。

1661 年，穆罕默德·科普鲁卢去世，他的儿子继任宰相之职。此后的半个世纪，奥斯曼帝国的宰相一职都是由科普鲁卢家族的成员担任，他们都以苏丹的名义治理国家。

科普鲁卢家族认为，巩固政权、镇压国内叛乱的根本方法就是恢复奥斯曼帝国的军事实力，并发动新的掠夺战争。可是，一些对苏丹政权漠不关心的封建主对这一政策表示反对，他们常以宫廷政变的形式与当政者对抗。这样一来，封建统治阶级的内部危机就显得愈发严重。

科普鲁卢家族无力解决这一问题，于是频频发动对东欧和俄国的战争，试图通过这一手段来转移国内矛盾、恢复帝国实力。

奥斯曼帝国于 1663—1664 年发动对奥地利的战争；1672 年发动对波兰的战争；1677—1678 年发动对俄战争。1683—1698 年，奥斯曼帝国又发动对奥地利、波兰等国联军的战争，最后以失败告终。科普鲁卢家族的宰相也因此被苏丹斩首。

1699 年，奥斯曼帝国作为战败国被迫与奥地利、威尼斯、波兰签订了《卡尔洛维茨和约》，并与俄国签订了休战协议。按照和约的规定，奥斯曼帝国将相当一部分领土划给了 3 个战胜国。也正是从这个时候开始，奥斯曼帝国先前

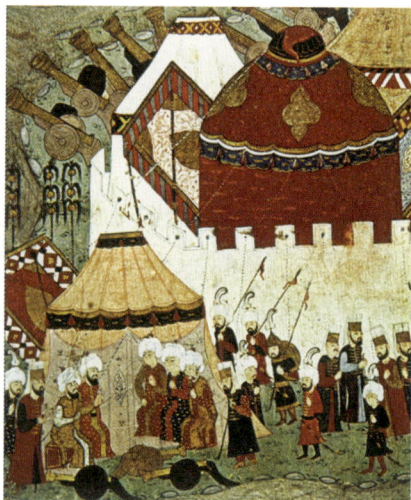

奥斯曼帝国军队攻打维也纳

所征服的领土开始一点点地割让给异教敌人，苏丹对欧洲的政策也被迫从进攻转为防守。

奥斯曼帝国在向欧洲大陆扩张的进程中所遭受的这些挫败，只是它快速走向衰落的众多表现之一。从17世纪开始，由于荷兰、英国不断向亚洲进行殖民主义扩张，加之世界贸易逐渐转向公海，奥斯曼帝国的对外贸易也受到了巨大冲击，原本异常活跃的地中海东部几乎变成了一潭死水，这也预示了奥斯曼帝国日后的悲剧命运。

伊斯坦布尔起义

奥斯曼帝国苏丹艾哈迈德三世（1703—1730年在位）生活极其腐化，这也使得奢靡之风遍布整个上层社会。统治阶级对下层人民横征暴敛，以满足自己的私欲，致使国内贫富差距迅速扩大。

当时，首都伊斯坦布尔约有60万人口，其中有很多专职的手工业者，也有一些充当短工的无业游民和破产农民。这些下层平民不仅要负担沉重的赋税，面对不断上涨的食品价格，同时还要忍受日益猖獗的高利贷的压榨。他们时刻处于饥饿的边缘，因而对统治阶级的怨恨与日俱增。在这种情况下，普通民众与统治阶级的斗争一触即发。

1730年1月，奥斯曼帝国在对伊朗的战争中失利，使首都伊斯坦布尔的气氛骤然紧张起来。苏丹为了缓和国内矛盾，连忙下令停止修建宫殿，并拆毁尚未完工的建筑。然而，这些措施并没有达到预期效果，起义还是不可避免地爆发了。

1730年9月17日晚间，在商贩出身的巴特罗纳·哈利尔的领导下，首都伊斯坦布尔的贫民、手工业者、小商人，以及部分新军共计3000多人聚集在艾特－美丹广场，要求艾哈迈德三世下令审判深受人民痛恨的宰相伊布拉金、神学家及其他高级官员。伊布拉金请求派宫廷卫队镇压起义，但是艾哈迈德三世担心此举会加重矛盾，因此没有执行。到了第二天，首都的新军全部参加了起义，起义队伍已经扩大到一万余人。苏丹见形势不妙，于是下令将伊布拉金及其他几名官员处死，并将他们的尸体交给起义者处理。10月10日，在起义者的强烈要求下，艾哈迈德三世被迫让位给自己的侄子、穆斯塔法二世之子马哈茂德一世（1730—1754年在位）。

马哈茂德一世

苏丹的这一微小让步使起义军首领巴特罗纳·哈利尔等人认为，国内的一切灾难都是由昏君佞臣引起的，只要有一位仁慈的苏丹主持朝政，国家的灾祸就会消除。马哈茂德一世利用起义领袖的这一心理，开始积极谋划如何将他们除掉。

11月14日，巴特罗纳·哈利尔及其助手受到苏丹的邀请，进宫参加军事会议，随即在宫中被害。紧接着，苏丹便下令对起义者展开屠杀。仅仅在一天之内，就有400多名起义者遇难。随后，苏丹又下令：凡是在起义期间名列新军军籍的人，都将被遣散回乡。到了1731年2月，他又下令只对服役多年的新军士兵发放军饷。

苏丹的这些措施并未平息人民的反抗运动。1731年3月13日，300多名新军因停发军饷一事再次发动起义。苏丹派兵镇压，起义者便进入军营进行顽强抵抗。到了4月底，这次起义才被镇压下去。8月，苏丹政府又发现有人密谋反抗，于是又有300名密谋者被杀害。

直到1732年，伊斯坦布尔的秩序才得以恢复，在这两年的镇压行动中，共有5万人被杀。尽管这次起义以失败告终，但是这也表明奥斯曼帝国的大厦已经动摇，苏丹政权面临着重重考验。

到了18世纪后期，奥斯曼帝国的被压迫民族又掀起了独立战争的热潮。18世纪60年代，巴尔干地区各族人民纷纷组织武装起义，阿拉伯各国以及亚美尼亚、高加索等地的民众也纷纷展开斗争，其中以1769年的埃及人民起义规模最大。18世纪80年代以后，叙利亚、亚美尼亚、阿尔巴尼亚、格鲁吉亚等地区也都相继发生了起义。

在这种形势下，一些地方总督无视苏丹的权威，开始割据一方，有的甚至与欧洲诸国建立了外交关系。埃及、叙利亚、阿尔及利亚、突尼斯、伊拉克等地区的封建主摇身一变，成了独立或半独立的诸侯。甚至在小亚细亚地区，也出现了很多"山谷之王"。这些割据势力拒不服从苏丹的命令，中央政府也只得对他们采取妥协态度。到了18世纪末19世纪初，苏丹实际拥有的权力基本上仅限于首都及其周边一带，奥斯曼帝国面临着解体的危险。

伴随着奥斯曼帝国内部危机的加重，欧洲列强也开始蠢蠢欲动，企图分享这份"土耳其遗产"。

对俄战争的失败

进入18世纪，俄国成为奥斯曼帝国最强的敌人。俄国频频南下侵扰，给土耳其人造成了严重威胁。

1711年，俄国为了争夺克里米亚地区，在普鲁特河沿岸与土耳其军队展开了激战。在这场战争中，克里米亚地区骁勇善战的鞑靼人发挥了巨大作用，对俄军造成了沉重打击。因此，这场战争以奥斯曼帝国的胜利宣告结束。战后，双方签订了《普鲁特和约》。根据和约规定，俄国船只在黑海停留的特权被取消，俄国还要将亚述及其周边地区归还给奥斯曼帝国。

这次战争的胜利，暂时阻止了俄国侵略者的脚步，使危机重重的奥斯曼帝国有了喘息的机会。

但是，俄国并没有就此罢休，而是积极备战，企图对奥斯曼帝国发动新一轮打击。

1735年，俄军再次向奥斯曼帝国宣战，企图夺取黑海北岸和克里米亚半岛。1736年，俄军攻占了亚速。1737年，奥地利参战，与俄国结成联盟。到了1739年，俄军在斯塔武恰内战役中击溃土耳其军队，并将摩尔达维亚地区划归俄国。但就在此时，俄、土双方的形势却发生了变化：俄国面临着瑞典入侵的威胁，而它的盟友奥地利又退出了战争。面对这种不利局面，俄国只好与奥斯曼帝国签订了《贝尔格莱德和约》，再次把亚速还给奥斯曼帝国。

1763年，欧洲七年战争结束以后，俄国便正式着手实施侵略波兰的战略计划。

俄国此举引起了奥斯曼帝国的强烈反对。1768年，奥斯曼帝国正式对俄宣战，可是面对俄军咄咄逼人的进攻，土耳其人节节败退。1770年，在切什梅海战中，俄军的分舰队击溃了土耳其舰队，从而取得了在爱琴海的制海权，并且完成了对达达尼尔海峡的封锁。随后，俄国海军势如破竹，攻克了多个要塞，并于1771年占领了克里米亚。

俄军舰队在地中海地区所取得的胜利，直接引起了1771年埃及和叙利亚地区阿拉伯人反土起义的爆发。面对陆战、海战的失败，奥斯曼帝国只得于1772年与俄国签订停战协定。随后，俄国又与克里米亚签订条约，宣布克里米亚将脱离奥斯曼帝国的统治，成为俄国的保护国。

这次战争结束以后，奥斯曼帝国被迫在政治、军事、外交、商业、宗教等各个方面赋予俄国特权，这是自彼得一世（1682—1725年在位）以来，俄国在俄土战争中所取得的最辉煌的战果。

然而，俄国并没有满足于此。1783年，俄国征服了克里米亚的鞑靼人。沙皇叶卡捷琳娜二世（1762—1796年在位）对条约自行解释，指出奥斯曼帝国与克里米亚之间只存在宗教关系，并且于1787年威胁奥斯曼帝国放弃对佐治亚、摩尔达维亚等地区的统治权。结果，两国在1787—1792年间再次发生战争。最终，俄军在陆战和海战当中都取得了胜利，奥斯曼帝国被迫承认克里米亚和格鲁吉亚归俄国所有，黑海也成了俄国的永久出海口。

俄罗斯罗曼诺夫王朝第12位沙皇
叶卡捷琳娜二世

经历了 18 世纪的频繁失败以后，进入 19 世纪，奥斯曼帝国只能利用亚欧各国之间的斗争来获取战争筹码。

1806 年，在拿破仑一世（1804—1814 年，1815 年在位）的支持下，奥斯曼帝国再次与俄国开战。当时，俄国正与法国、伊朗交战，奥斯曼帝国企图趁此机会夺回被俄国人占据的要塞。但是，在俄军强有力的反击之下，土军不但没能如愿以偿，相反，还节节败退，失去了更多的要塞。1812 年，战败的奥斯曼帝国将比萨拉比亚和西格鲁吉亚划给俄国，土军与拿破仑的盟友关系也就此终止。

此后，奥斯曼帝国的政治危机因希腊独立运动而进一步加深。1827 年，俄、英、法联合舰队为保护希腊自治权击败了奥斯曼帝国和埃及的联合舰队。后来，奥斯曼帝国苏丹获知同盟国之间矛盾激化，于是在 1827 年宣布对俄发动"神圣战争"。次年 4 月，俄国正式向土军宣战。只用了几个月的时间，俄军主力就逼近了伊斯坦布尔。奥斯曼帝国只得请求和谈，并将黑海东岸和多瑙河河口一带割让给俄国。

至此，土耳其人更加清楚地认识到自身存在的问题，这也为帝国日后的改革做好了铺垫。

帝国经济和文化的衰落

18 世纪到 19 世纪初，奥斯曼帝国的经济、文化呈现出十分明显的衰退趋势，这正是帝国衰落的内在原因。

18 世纪后期，奥斯曼帝国的封建土地所有制发生了剧变，军事封建采邑制度遭到了严重破坏。从 17 世纪开始，大采邑领主、高级军官和苏丹亲信中间就逐渐分化出一个显贵阶层。这些显贵在大城市周围夺取了很多采邑，有的多达数十个。另外，苏丹还不断向他们分封大块封地。尽管这些土地名义上仍归苏丹所有，但实际上，显贵们早已把封地变为自有财产了。他们使农民失去了世代相传的土地，并且多半不再对苏丹政府履行义务，转而更多地依赖自己所在的省份。这样一来，奥斯曼帝国的离心倾向就大大增强了。

奥斯曼帝国的瓦解根本上是由于农村经济的衰落。欧洲各国的科技水平迅速提升的同时，奥斯曼帝国工农业仍然停留在原有水平上。农民依然用原始工具和方法经营土地，原本用于扩大再生产的利润完全被封建主剥夺。封建主只注重租税，全然不在乎农民的福利与土地的保养，结果对农民进行了灾难性的剥削。当时，这些封建主在农村制定了连环保制度：如果一户农民死亡，就要由其邻居分担他家的义务；如果全村的农民全部逃亡，就要由邻村承担原本由该村承担的租税。在这一制度的压榨下，许多村庄的耕地都因无人耕种而成为"死地"。据统计，到了18世纪末期，这类"死地"占了全国耕地总面积的一半以上。

在农业日渐衰落的同时，奥斯曼帝国的工商业也陷入低迷阶段。在当时，发家致富的首选途径并不是从事经济活动，而是从政，因此富商只能算作国家的二等公民，在政治上受到各种限制。政府只注重军事掠夺和对民众进行剥削，根本不注重发展工商业。由于封建制度牢牢地禁锢着工商业的发展，因此帝国在经济上逐渐与欧洲各国拉开了距离。

除了经济衰落以外，奥斯曼帝国的思想文化方面也出现了危机。土耳其人在继承古典伊斯兰文明的同时，也把缺乏接受外来文化能力的传统继承了下来，因此从一开始就无视欧洲文明。即便是在欧洲资本主义势力迅速崛起的时候，土耳其人仍然对工商业持漠视态度，这严重阻碍了奥斯曼帝国文化的发展。

奥斯曼帝国是靠军事征服建立起来的，在强大军事实力的鼓舞下，伊斯兰各民族人民都对自身文化持有很深的优越感。然而，随着帝国在军事上不断失利，民众的心理也受到了极大冲击。从18世纪末到19世纪初，土耳其人的文化生活一直陷于困顿之中。统治阶级大力倡导文学创作的鼎盛时代已经远去了。诗人们的创作主题，主要是对时政的抨击和对社会危机的揭露，他们的作品在一定程度上反映了广大民众对于前途的悲观情绪。

由于奥斯曼帝国在体制、文化方面江河日下，致使民众反抗呼声甚高。面对这一情况，统治阶级不得不思考对策，以扭转不利局面。

奥斯曼帝国的各项改革

18世纪初期，奥斯曼帝国的内忧外患引起了一大批有识之士的高度关注。他们试图通过改革使帝国走上富国强兵之路，以避免国家解体。

当时，由于对改革的看法不同，帝国上层大致上分为两个派别：一个是改革派，另一个是守旧派。当时，奥斯曼帝国有很多封建官吏、商人和知识分子受到欧洲资产阶级革命思潮的影响，这些人和后来兴起的资产阶级坚决地站到了改革派这一边。守旧派的主要力量来自享有封建特权的大封建主、近卫军和伊斯兰教阿訇。

当时，帝国统治阶级当中的很多人已经看到了国家的危机，但是他们的阶级性质决定了他们不可能真正认识到国家衰落的本质原因。他们只是把目光停留在国家危机的外部表现上，比如军事失败、财政困难、官员腐败、近卫军叛乱，以及被统治民族发动解放战争等。因此，他们试图在军事、财政、行政等方面进行一些改革，以此来挽救濒临崩溃的奥斯曼帝国。由于奥斯曼帝国是亚非诸国当中在地理上最接近欧洲资本主义强国的国家，因此它利用这一得天独厚的条件，较早地吸收英、法等国的科技、文化成果，以促进国内改革。

率先进行改革尝试的是 1718—1730 年在任的宰相达马德·易卜拉欣。他曾指示驻巴黎大使详细考察欧洲的资本主义文明，将有益的执政措施引入国内以促进帝国的改革。在文化方面，首都伊斯坦布尔于 1727 年设立了第一家印刷所，负责刊印各类土耳其书籍。可是到了 1742 年印刷所被关闭之时，所刊印的图书也不过 17 部。在军事方面，1720 年，伊斯坦布尔成立了一支消防队。1734 年，又建立了一所几何学校，用来训练炮兵军官，但是由于遭到近卫军的反对，这所学校很快就关门了。另外，帝国政府对海军也进行了改组。

以上改革措施无关痛痒，并没有对国家的政治经济产生太大影响。

第一个真正对帝国进行有建设性的改革的人物，当属苏丹谢里姆三世（1789—1807 年在位）。1792—1796 年间，他颁布了一系列法令：没收拒服兵役的封臣们的采邑；按照欧洲国家的方式训练忠于苏丹的常备军；对海军进行改组；开设新式军事学校培养陆军、海军人才，并聘请法国教官执教；组建"十二人委员会"对宰相进行监督；设置财政局，对烟、酒、咖啡等商品收税；向国外派遣常驻使节，缓和与各国之间的关系等。

谢里姆三世的这些改革措施遭到了帝国贵族、高级阿訇以及近卫军的强烈反对。他们频繁发动武装叛乱，迫使苏丹在改革问题上作出让步。

马哈茂德二世（1808—1839 年在位）时期，由于国内民族独立运动的大规模兴起，奥斯曼帝国再次面临土崩瓦解的危险，因此这一时期改革派又有所抬头。他们主张解散近卫军，组建新军，这一提议得到了高级阿訇的认同。于是，马哈茂德二世于 1826 年 5 月下令组建新军，按照欧洲方式进行训练并邀请埃及军官训练新军。另外，他还在 1831 年宣布废除军事采邑制度，把采邑变成一般的私有财产，由国家对其征缴土地税。在行政方面，他参照欧洲各

马哈茂德二世

国的做法，成立了内政部、财政部、外交部、陆军部等机构，并建立了地方
行政长官直接听命于苏丹的制度。在文化方面，他下令开办邮局，出版报纸，
派遣留学生。

　　尽管马哈茂德二世的改革力度很大，但是当时统治阶级内部一些受过欧洲
正统教育的官吏认为，这些改革依然无法挽救帝国的危亡。他们认为，一场新
的、更加深入的改革势在必行。

02

资产阶级革命的时代

18世纪末到19世纪初，欧洲和北美迎来了一个革命的年代。美国独立、法国大革命、紧随其后的拿破仑时代，以及19世纪上半叶欧洲其他国家普遍发生的革命，成为这一时期欧美历史的主要脉络。

❦

美国独立

从 16 世纪初开始，因为自身发展的需要，以及英国
统治者一连串失误的政策，英国在北美建立的 13 个殖民
地在 18 世纪末发起了一场独立运动，这就是美国独立战
争。最终殖民地人民的抗争以胜利告终，北美大地上出
现了一个新的国家——美利坚合众国，这也是美洲第一
个获得独立的国家。

英属北美殖民地社会

在西班牙之后来到美洲拓展殖民地的还有英国和法国，英国人最早的立足
点是北美大陆的东北海岸。从 1607 年英国建立第一个殖民地弗吉尼亚开始，
到 1733 年佐治亚殖民地的建立，英国一共在大西洋沿岸建立了 13 个殖民地。
这 13 个殖民地按地理位置可以分为三大区域：新英格兰、中部殖民地和南部
殖民地。新英格兰包括马萨诸塞（建立于 1630 年）、罗得岛（建立于 1679 年）、
康涅狄格（建立于 1679 年）、新罕布什尔（建立于 1679 年）；中部殖民地包
括纽约（建立于 1664 年）、宾夕法尼亚（建立于 1681 年）、新泽西（建立于
1702 年）和特拉华（建立于 1664 年）；南部殖民地包括弗吉尼亚、马里兰（建
于 1634 年）、北卡罗来纳（建于 1711 年）、南卡罗来纳（建于 1711 年）和佐
治亚。这 13 个殖民地从最北边的马萨诸塞到最南边的佐治亚，呈带状排列在
北美洲大陆的东海岸。

居住在这些土地上的移民成分非常复杂，有本地的原来居民——印第安人，
有从欧洲来的移民，还有被欧洲来的移民从非洲贩运过来的黑人。欧洲移民刚
到美洲的时候，曾因为不适应这里的气候等原因，生活非常困苦，说是饥寒交

北美印第安人

迫也不为过。对此，他们的印第安邻居伸出援手，向他们传授生产技术，为他们的生活提供各种各样的帮助。现在美国和加拿大的感恩节，据说最早就是起源于英国移民为感谢印第安人对他们的帮助而举行的活动。但是，欧洲移民在北美大陆站稳脚跟以后，却恩将仇报，开始夺取印第安人世世代代居住的土地。他们凭借自身技术上的优势，对印第安人采取野蛮的种族灭绝政策，大肆屠杀、驱逐印第安人，霸占他们的土地。欧洲移民的暴行激起了印第安人奋勇反抗，发生于 1675 年的"菲利普王战争"就是他们最英勇的反抗斗争之一。所谓的"菲利普王"是英国殖民者对印第安人万帕诺亚格部落酋长梅塔科迈特的称呼。英国殖民者强占印第安人土地的暴行激起印第安人的普遍反抗，1675 年 6 月，梅塔科迈特联合数个印第安部落一同起兵，共有 1 万多人。他们摧毁了很多殖民据点，势力范围一度扩展到康涅狄格和罗得岛，给予殖民者重大杀伤。后来英国殖民军大举反扑，1676 年 8 月，梅塔科迈特牺牲。这次抗英战争最终失败。当时印第安人的社会发展水平比较落后，不是欧洲移民的对手，屠刀下幸存的印第安人大部分被驱逐到了阿巴拉契亚山脉以西的地方。

欧洲移民中，从国籍来看，以英国人最多，还有一些法国人、德国人、瑞典人、荷兰人、瑞士人、爱尔兰人以及少数犹太人。从身份上看，他们中的一小部分是贵族、绅士和进行投机的特权商人，绝大部分在本国就属于中下层平民，他们中有为逃避政治和宗教迫害的人，有破产的农民和工人，还有一部分抱着发财致富梦想的人。他们大部分是在本国郁郁不得志、而想到新大陆开始新的生活的下层劳动人民。

这里的黑人是被当作奴隶从非洲贩卖来的，早在 1619 年，弗吉尼亚就有黑奴了，他们来自西印度群岛。进入 18 世纪以后，黑奴大量输入。在 1750 年，整个英属北美殖民地的人口约为 238.4 万，其中黑人为 38.4 万。黑奴是社会的最底层，南方的大种植园是黑奴最集中的地方，那里集中了 90% 的黑奴。在那里，他们甚至没有被当作"人"看待，在种植园主眼中，他们只是一群会说话的牲畜罢了，每天从事着重体力劳动，大约要劳动十八九个小时。奴隶主可以随意处置他们，惩罚、杀死、转卖等，真的是和牲畜一样的待遇。

纵观英属北美殖民地的社会，这是一个金字塔形的结构，站在社会最顶端的是大商人、大种植园主，比他们稍差一些的是小地主、小工厂主、技师、自耕农等；再往下是雇农、佃农、工人、学徒等，属于普通劳动大众。处在最底层的是黑奴和契约奴，至于印第安人，在殖民者的眼中他们就不应该出现在殖民地上，因此他们是被屠杀、剿灭的对象。契约奴都是从欧洲来的移民，他们是白人。契约奴中有一部分是因为欠债而无力偿还的，被法院判为奴隶，以劳动还债；还有的是想来北美而出不起路费的英国贫民，只好卖身为奴，以此获得路费。还有一部分是被拐骗的乞丐、儿童以及英国流放到北美的罪犯。他们的奴隶身份一般都是有期限的，期限满了便可以重获自由。

英属殖民地的经济

英属北美殖民地的社会结构复杂，经济成分也很复杂，既有资本主义经济成分，又有半封建的大庄园土地租佃制，还有奴隶制度。从总体上来说，农业是殖民地经济的主体，工商业也有一定的发展。因为殖民地的南北地区自然环境存在差异，因此，在经济上也有不同类别的发展。

在南方，种植园经济是主要的经济形式。每个种植园都有几百甚至上千英亩的土地，黑奴以及契约奴在其中劳动。种植园除了生产稻米等粮食作物以外，还生产烟草、蓝靛等经济作物。从单个种植园的角度看，种植的作物单一，又几乎不施肥料，也不用轮种等让土地恢复肥力的方法，因此土地从肥沃到贫瘠的时间很短，种植园主们获得新土地的要求非常强烈。

在北方则不一样，这里有一定程度的资本主义。新英格兰地区土地贫瘠不适合农业耕种，气候相对寒冷，冬季漫长，所以这里没有发展起以农业为主的经济。这里的居民转向工商业，新英格兰地区的捕鱼、造船、航运、面粉加工、纺织等行业都有一定发展，虽然还是资本主义经济较为初级的手工工场，但是它们代表了先进的经济发展方向。

中部地区，占主导地位的是大庄园土地租佃制。这基本是从英国照搬来的，大地主占有大量土地，比如纽约殖民地的大地主约翰逊占有 5 万英亩的土地，他们大多原来是英国的贵族。大地主们再将土地分成小块，让佃农来耕种，收取地租。在中部地区，佃农人口占多数，纽约的有些地方甚至 8 成以上人口是佃农。中部地区的谷物品种齐全，产量丰富，因此有"面包殖民地"的美誉。

这种带有封建色彩的租佃制也只在中部的一些地区存在。这是因为北美殖民地地广人稀，有大片的土地还没有开发，劳动者完全可以不用忍受大地主的残酷剥削，通过自己的劳动占有一小块土地。因此在新英格兰和中部地区的一些地方，农民占有土地的小土地所有制占据主体地位，占有土地的农民既是土地的所有者，也是劳动者。这些农民虽然没有地租的压迫，但是却要承受大农产品商人的剥削。这些商人往往以极低的价格从他们手中收购农产品，然后再以较高的价格在市场上出售，赚取中间的差价。农民获得的利润很少很少。

殖民地上的任何一种经济形式都存在剥削，阶级斗争和阶级矛盾自然存在，有黑奴和契约奴发动的暴动，有雇农、佃农反抗大地主残酷压榨的斗争，也有工场工人反抗资本家的罢工活动。从殖民地建立起，到 1776 年美国独立战争爆发，各种各样的阶级斗争从来没有停止过，仅有文字记载的黑奴暴动就有250 次。

英属北美殖民地的漫画

略带民主的政治生活

英国政府为了更好地统治英属北美殖民地，在这里建立了一整套管理机构。当时有两套机关负责管理英属北美殖民地，一套是英国政府下设的贸易局，负责管理殖民地，另一套是以总督为首的英国派驻北美的殖民官吏体系。不过总督等殖民官吏只在"王家殖民地"才有，这涉及英国政府对殖民地的控制程度不同的问题。按照控制程度划分，13个殖民地最初可以划分为4种类型，分别是王家殖民地（又称英王直辖殖民地）、公司特许殖民地、业主殖民地和自治殖民地。在1752年以后，4种类型变为3种。王家殖民地扩展为8个：马萨诸塞、弗吉尼亚、新泽西、纽约、新罕布什尔、南卡罗来纳、北卡罗来纳和佐治亚。业主殖民地3个：宾夕法尼亚、马里兰和特拉华。所谓业主，即由英王赏赐了北美大片土地的宠臣、大贵族。自治殖民地2个：罗得岛和康涅狄格。业主殖民地的总督由业主选出，自治殖民地的总督由有产者选出，都需要经过英王批准。总督是殖民地的最高首脑，拥有军、政、财大权，下设参事会协助其进行管理。参事会成员由总督遴选出来，经英王任命。

在北美殖民地的政治生活中，渐渐产生了一些民主因素，从长远来看，这是不利于英国殖民者的统治的，当然也是他们不愿意看到的。民主因素的产生，是和这里极其特殊的政治、经济以及地理环境分不开的。

首先，地广人稀的地理环境，决定了这里的议会制度民主程度更高。英属北美殖民地议会出现得很早，早在1619年，弗吉尼亚就出现了维护资产阶级和种植园主利益的议会，此后其他殖民地纷纷成立自己的议会。移民多来自英国，议会制度也是照搬英国，但这种制度在北美却有些不同。每个殖民地对选民的资格都设置了财产上的门槛，一般拥有年收入至少40先令的土地的人才可以成为选民，这在英国也许是较高的门槛，但是在北美却不是这样：这里地广人稀，大片的土地等待开发，只要肯辛勤劳动，就有较大的机会拥有一块土地，当然面积可能不大，但是满足成为选民的资格足够用了。所以，这里的成年白人男子大多都有选举权。其次，殖民地的选举制度也较英国先进、合理，比如在对待新兴城市的居民态度上。在18世纪中叶，英国有不少新出现的城市不在选区之内，这里的居民也就没有选举权。这样的事情在北美没有出现，只要一个居民点的人口达到一定数量，立刻就会成为选区。殖民地的议会拥有如下权力：在不违背英国政府法律的前提下，颁布法律、征税、分配经费等，殖民地的立法机关上院由参事会兼任，议会作为下院，代表殖民地的居民的利益。可以说，议会日益成为殖民地居民维护自身权益的机构，议会和代表英国政府的总督的斗争几乎贯穿了独立战争之前的殖民地历史，议会胜果颇丰，不仅拥有财政权和立法权，还掌握了一部分的行政权。

地广人稀的地理环境不仅决定了移民们获得政治权利相对容易，也决定了这里的贫富差距不会太大。下层民众通过自己的劳动，或者一技之长致富的可能性相对较大，即便成不了富人，做一个小土地所有者的机会也很大。即便是那些因为还不起债而变成契约奴的白人，在期满以后也有机会获得小块土地和农具。同时，北美没有国王、大贵族，也就没有家财万贯的大富翁，所以北美殖民地的贫富差距不算大。

白人契约工
原为奴隶的白人谢德拉克与宾夕法尼亚农民詹姆斯·莫里斯签署的契约证明书。

北美没有国王、大贵族这一点更重要的效果是，这里没有各种封建特权以及等级制度，"没有中世纪的废墟拦路"。这里的社会虽然也分阶层，但是这样的阶层划分是通过经济实力，而不是靠世袭、门第。欧洲的上流贵族社会的标签是僵化、腐朽、坐吃山空、游手好闲，而这里则是另一番景象：充满活力，昂扬向上，奋发图强。

综上所述，北美殖民地的社会产生了一定的民主因素。需要指出的是，这样的民主是相对于宗主国英国的民主程度而言，这样的社会在民主上仍有不少不合理的地方，比如议会代表的分配偏向于总人口少但是富人聚居的东部、这里还存在奴隶制度这种极端不民主的制度等。但是，从历史进步的角度看，当时的殖民地自由、平等风气蔚然成风，人人爱好自由，反对外来干预。

宗教是产生民主因素的另一个重要原因，英国殖民者试图用宗教控制殖民地人民的思想，但是人民在反对宗教控制的过程中提高了思想觉悟。殖民地人民几乎都是基督教徒，不过他们有的是清教徒，有的是英国国教徒，还有一些是别的小教派的信徒。北部地区清教徒居多，南方则国教徒势力更大，中部为过渡地带，各教派杂居。殖民当局用所谓"官方教会"控制教徒，北部为清教徒的"公理会"，南方为国教的"圣公会"。这些官方教会对异教徒持打压政策，最开始强迫本地居民改宗自己的教派，后来虽然不再强制，却对异教徒征税，还以各种形式对他们进行迫害。富于民主精神的殖民地人民就信仰自由、反对迫害曾进行了长期斗争，这其中以18世纪30、40年代的"大觉醒运动"最具代表性。这是一场反对宗教专制的思想解放运动，口号是"灵魂自由""民主平等""信仰自由"等，对官方教会的教义展开批判，有"美国的宗教改革"之称。这场运动最终虽然没有彻底打倒官方控制下的教会势力，但是人们已经在这场运动中提高了思想水平，进一步提高了民主意识。

美利坚民族的形成和启蒙思想的传播

在漫长的发展过程中，北美各个殖民地的居民逐渐形成了一个新的民族——美利坚民族。英属北美殖民地大部分居民来自英国，政治制度、法律、宗教、风俗习惯等处处可见英国的影子，而且一直到18世纪中叶，从感情上说，北美殖民地的居民对英国还是有归属感的，因为他们中的大部分毕竟都是从英国而来，那里是他们的乡土。当时殖民地还需要英国的军队进行保护，而南方的种植园经济又和英国关系密切，这些现实的情况，也将北美殖民地和英国紧紧联系在一起。

然而，在这种紧密联系之下，北美殖民地人民还是呈现出独有的一种精神面貌，将他们最终和宗主国区分开来。新大陆的宽广无边、资源丰富让居住在这里的人们乐观、向上，精神上积极进取，他们希望用自己的双手、通过自己的辛勤劳动创造幸福生活，在新大陆创造奇迹，这样的精神面貌与宗主国以及整个老欧洲都截然不同，可以说，这种积极的精神是美利坚民族形成的主观条件。

欧洲大陆如火如荼的思想启蒙运动，也传播到了北美大陆，英国的平等派思想，约翰·洛克等人的思想，法国伏尔泰、孟德斯鸠等人的理论都对北美社会产生了不小的影响。这里也产生了属于北美殖民地的启蒙思想家，以本杰明·富兰克林和托马斯·杰斐逊为杰出代表。

富兰克林（1706—1790 年）出生于波士顿的一个手工业家庭，他的父母都是英国移民，以生产蜡烛和肥皂为业。从 12 岁起，富兰克林就在印刷所里当学徒，做过排字工和印刷工，此后常年和印刷行业关系密切。1731 年，富兰克林在费城创办一家公共图书馆，这是北美第一家公共图书馆，1751 年创办费城学院（宾夕法尼亚大学的前身）。富兰克林的研究兴趣广泛，自然科学也是他的研究领域之一。富兰克林是美国电学研究先驱之一，他著名的"风筝实验"脍炙人口。此外他在热学、植物学、地理学等方面也颇有建树。富兰克林还是个发明家，摇椅、双焦距眼镜、高架取书器、宾夕法尼亚火炉、避雷针等都是他的发明。

思想上，富兰克林赞美勤劳，认为一部分懒惰的寄生虫的存在，是社会贫困的祸根。富兰克林歧视工商业而重视农业，认为农业才是财富的源泉。后来他的思想有一定转变，对工商业的态度有所好转，同时强烈抨击宗主国英国对殖民地工商业的打压。富兰克林同情劳动人民，主张废除奴隶制度，北美洲第一个反奴组织"被非法奴役的自由黑人救援会"就是他在 1775 年创立的。他主张黑人、白人还有印第安人一律平等。对于殖民地和宗主国的关系，富兰克林维护殖民地人民的利益，但是他并不主张彻底和英国脱离关系，他主张殖民地统一，在不独立的前提下实现自治。他这样不彻底的思想在美国独立战争爆

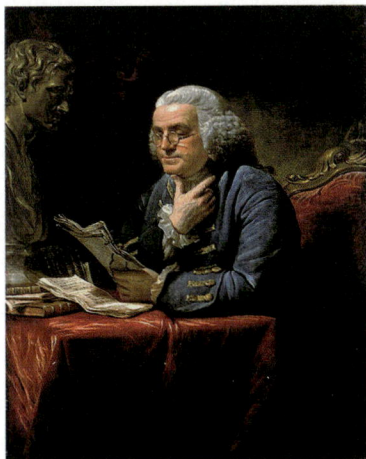

本杰明·富兰克林画像
画面中富兰克林拿着亚历山大的一幅画像。由于富兰克林的姿势，这幅画被称为"拇指肖像"。

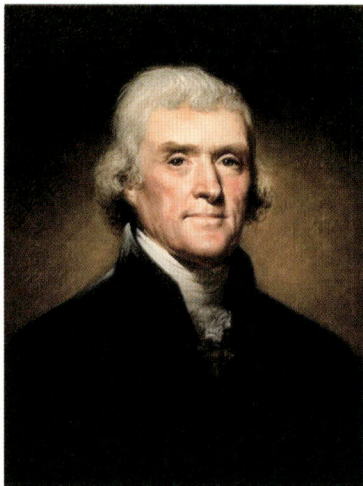

托马斯·杰斐逊画像

发以后有所转变，他转而坚决主张殖民地独立。

杰斐逊（1743—1826 年）是另一位杰出的思想家，也是美国开国领袖之一。杰斐逊出生于弗吉尼亚的一个种植园主家庭，从小便接受了良好的教育，广泛阅读了政治、法律、哲学、文艺和数学等方面的书籍，尤其受约翰·洛克的思想影响。杰斐逊主张思想解放，个人的宗教信仰不应受到他人干涉。政治上，杰斐逊主张给予人民充分的政治权利，建立参政范围广泛的共和国。杰斐逊对奴隶制度深恶痛绝，主张解放奴隶。

综上所述，宗主国英国政府准备严密控制殖民地，却没有达到预期的牢固效果，但是从思想上，殖民地人民已经形成了自己独特而积极向上的思想，这也为独立战争的爆发和最终取得胜利奠定了基础。殖民地和宗主国之间最终出现裂痕，并且越来越大，还是因为经济上的原因。

英国对殖民地的经济控制

在英国政府眼中，北美殖民地是工业品的销售市场，是廉价原料的产地，是他们榨取、掠夺的对象。为了确保这一点，而不至于朝不利于宗主国的方向发展，英国政府采取了一系列的措施，主要目的就是限制殖民地的经济全面发展。比如，为了使北美成为英国的廉价原料供应地，英国政府在 1660 年颁布了《列举商品法》，规定殖民地的烟草、砂糖、棉花、靛青等要运往英国以外的地方，也要先运到英国，再由英国商人运往别的国家。为了保证英国商品独占北美市场，英国政府在 1663 年颁布《主要商品法》，规定大部分外国商品运往北美，要先运到英国征税，然后再由英国船运往北美。后来，英国政府觉察到北美殖民地的工业发展迅速，他们生产的商品对英国的商品形成了威胁，又通过法律强行打压殖民地的工业。比如，1669 年颁布法律禁止羊毛和毛织品在殖民地之间流动，次年为了提高本国产品竞争力，更是取消了羊毛织品的出口税；1732 年，又禁止帽子在殖民地之间流动，甚至还规定生产帽子的作坊学徒不能超过两人，这是因为北美的波士顿、纽波特和纽约等城市制帽产业发达，对英国的制帽业产生了威胁。

在 1763 年之前，虽然有相关的法律限制，但是英国政府并没有严格执行，也就是说，并没有重视对北美殖民地工商业的打压。这是因为英国一方面在和法国进行全球范围的争霸战争，没有更多的精力控制北美；另一方面，对法战争也需要北美殖民地的支持，因此虽有限制政策，但却没有严格执行。北美殖民地的工商业资本家们趁此良机大举发展，使得这里的经济蒸蒸日上，一片繁荣。以大规模手工工场为生产形式的造船厂、锯木厂、酿酒厂、铁厂、玻璃工场等蓬勃发展。在纺织业中，虽然家庭手工业还是比较多，但是他们中的一部分是从商人那里获取棉花等原料，加工好之后收取报酬，他们和商人之间的关系实际上是剥削与被剥削的关系。在钢铁产业上，生铁和铁条的出口量逐年增加，1745 年为 2000 吨，1771 年已增长至 7500 吨，独立战争以前已经超过了英国。这里的铁制品不仅在殖民地内部销售，还出口到西印度群岛。工业中发展最为迅速的是造船业，以新英格兰为中心的北美造船业工场生产的船舶物美价廉，就连作为老牌航海大国的英国都从这里大量购买。1775 年，英国海上贸易船队的船，有近三成产自北美。

尽管农业在殖民地整体经济中还占有很大的比重，但是从某个角度看，这里的工商业发展得已经足以和英国平起平坐了。同时，双方有很多产业是相同的，是有竞争性的，比如造船业和捕鱼业，但是英国却利用宗主国的身份对殖民地加以限制。很多殖民地的工商业资本家便对此心有不满，这也为独立战争的爆发埋下了伏笔。

经济发展的另一个成果是促进了 13 个殖民地之间的往来，桥梁、渡船、公路网等将各个殖民地、各大城市联系在一起，北方的工业产品南下，南方的农产品北上，一派繁荣景象。波士顿、费城和纽约成为殖民地的政治经济文化中心。

　　这一切在 1763 年迎来了转折点。为什么这一年会成为转折点？因为英国在这一年通过七年战争彻底击败了缠斗多年的对手法国，正式坐上全球贸易霸主的宝座。外敌已去，自然可以集中精力处理自己的殖民地问题了。而此时的北美殖民地，经济上工商业发展足以和英国分庭抗礼，政治上以议会为代表的代言机构也可以和英王的代表——总督相抗衡，总体来说，这里已经具备一个独立国家的条件了。不得不说的是，当时这里的大部分居民还没有产生彻底脱离英国的殖民统治而独立的想法，即便是富兰克林也是如此，他曾将英国比成"一个聪明而善良的母亲"，英国本土和印度、北美等各殖民地组成的大英帝国是一个"大家庭"，缺少任何一个部分都意味着对这个大家庭的削弱。由此可见，尽管当时的北美殖民地已经具备了独立的条件，但是尚未产生独立的动机。

　　不过很快，英国政府就用他们算不上明智的行为，让殖民地人民迅速产生了独立的想法。1763 年以后，英国政府开始收紧尺度，严格执行过去宽松执行的法律，限制殖民地经济发展，尤其严查走私活动。北美的海边游弋着英国军舰，专门查禁走私的船只。之前很多的北美商人都是趁英国监管不严的机会大行走私之道，但现在英国严查走私令他们损失惨重。同年，英国政府的另一道命令更是引发了殖民地社会各阶层的普遍不满：阿巴拉契亚山脉以西的土地被宣布为英国皇室的产业，殖民地的居民不许越过阿巴拉契亚山脉向西迁徙。英国政府制定这条命令的原因是，它们还没有制定好关于西部土地的政策，所以暂时不许殖民地居民前往，以免产生麻烦。但是殖民地居民却认定英国政府这是让英国商人独占和西部的印第安人的毛皮贸易。同时，当时殖民地社会上上下下都有想去阿巴拉契亚山脉以西的要求：底层劳动者想去那里谋生，南方的种植园主想到那里开辟新的种植园等。不过这一切都成为不可能。

英国和殖民地矛盾的激化

　　英国政府在七年战争结束后，另一项对殖民地的政策是大肆敛财。这是因为英国虽然是战争的最后赢家，但是连年的战争让英国花费巨大，债台高筑，同时管理刚刚从法国夺来的法属加拿大也需要大笔的费用，因此不堪重负的英国政府想到了富庶的北美殖民地，决定通过征税的方式加紧搜刮，以弥补财政上的缺口。

1765 年 3 月 22 日，英国国会通过《印花税法》，北美殖民地的印刷厂的所有印刷品，包括报纸、书刊、契据、执照、文凭、纸牌、入场券等都要加贴印花税票，税额最低 2 便士，最高几英镑。11 月起生效。这一项条例招致殖民地人民的强烈反对，他们首先拒绝英国议会通过和自己有关的征税决定，认为没有通过北美各殖民地议会就不能征税。殖民地人民以举行示威游行、抵制英国货、捣毁税务机关、焚烧印花税票等形式表达自己的反对，他们还把税吏抓起来，在他们身上涂上柏油、沾上羽毛，游街示众。10 月，在纽约召开了全殖民地反对征收印花税的大会，通过了拒绝缴纳印花税等决议。殖民地抵制英货的行为令英国对殖民地出口量锐减，英国经济遭遇打击，还有不少债权人因为自己在北美放出的贷款而损失惨重，30 个英国城市的商人等联合上书，要求撤销征收印花税。迫于压力，英国政府不得不在 1766 年 3 月 18 日宣布废除《印花税法》。北美人民的斗争取得了初步胜利，这次抗印花税的斗争中有一点值得注意，那就是殖民地人民关注的不是宗主国征税的多少，而是是否具有征税的权力。殖民地人民的思想上了一个新的台阶。

在抗印花税的斗争中，殖民地人民成立了一些群众团体，比如著名的"自由之子社"，从这里走出了美国独立运动的领导人塞缪尔·亚当斯（1722—1803 年）等。

1767 年，英国政府又通过 4 项向北美殖民地征税的法案，这些法案因为由英国财政大臣唐森德提出，故而被统称为唐森德税法。这些税法规定，从英

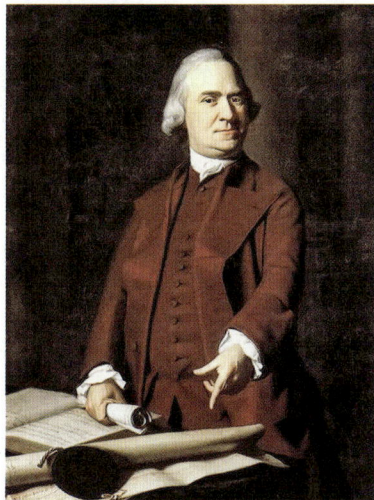

塞缪尔·亚当斯画像

国运往北美的纸张、玻璃、铅、颜料、茶叶等商品，一律要缴纳进口税。同时赋予英国的关税税吏进入殖民地民宅、货栈、店铺搜查违禁物品和走私货物的权力。这些法令再次激起殖民地人民的强烈反抗，抵制英货的行动再次兴起，并以武力抵抗英国税吏的强行搜查。抵制英货让英国经济再受打击，1770 年 3 月，英国政府被迫取消了唐森德税法中的大部分条令，只保留了对茶的征税。

1770 年 3 月发生的波士顿惨案更是激化了英国和殖民地的矛盾。为了镇压殖民地人民的反抗行动，英国在北美派驻军队，其中在波士顿的两团军队胡作非为，和当地居民冲突不断。5 日，当地民众走上街头举行游行，号召赶走英军，赶来镇压的英军开枪打死 3 人，打伤 6 人，其中 2 人伤势过重在次日去世。这一事件让民众的反英情绪更加高涨，总督被迫下令撤军，审讯开枪的士兵。

英国政府宣布废除唐森德税法中的大部分条令以后，殖民地人民并没有就此屈服，他们继续着抵制英国茶叶的活动，发起"不饮茶"运动。同时为了更好地组织抵抗活动，在塞缪尔·亚当斯、托马斯·杰斐逊、帕特里克·亨利等人的倡议下，首先在马萨诸塞，随后在弗吉尼亚等殖民地纷纷建立了"通讯委员会"，通过这个组织，殖民地各地之间、各个殖民地之间保持密切联系，在以后的抗英运动中发挥了重要的作用。

1773 年，原本控制了印度殖民地的英属东印度公司因为经营不善等原因已是举步维艰，濒临破产。当时东印度公司积压了近 1800 万磅茶叶急于脱手，为了避免其破产，英国政府允许东印度公司到新英格兰倾销茶叶，还退还关税。这样一来，这些茶叶甚至比从荷兰走私来的茶叶还要便宜。殖民地人民对这件事非常愤怒，决心拒绝这批茶叶进入北美市场。1773 年 11 月，7 艘装载着这些茶叶的商船前往殖民地，其中 4 艘开往波士顿，另 3 艘分别开往纽约、查理斯顿和费城。纽约和费城的茶商拒不接货，这两艘船只得又返回英国，运往查理斯顿的茶叶被存进了当地的货舱。为了阻止茶叶上岸进入市场，塞缪尔·亚当斯等建立了一个秘密组织"茶党"，在 12 月 16 日趁夜化装登上商船，将 342 箱茶叶倒进大海，这就是著名的波士顿倾茶事件，又称波士顿茶党事件。

英国政府暴怒一场，在 1774 年的三四月间颁布了数项强制法令，主要内容有取消马萨诸塞的自治地位、封锁波士顿港、在波士顿市内驻军等，进行报复。这些法令被殖民地人民称为"不可容忍的法令"。

波士顿人民没有屈服，其他殖民地的人民也纷纷向被封锁的波士顿提供各

波士顿倾茶事件

种人力、物力的支持，并肩作战。7 月，马萨诸塞通讯委员会倡议 13 个殖民地派代表召开会议，一起"商讨各殖民地不幸的现状"，响应者众多。9 月 5 日，这次会议在费城召开，除了佐治亚殖民地的代表因为当地总督的阻挠而没有到场，其余 12 个殖民地共 56 名代表参加了会议，他们来自地主、资本家和种植园主阶层，同时分成了以亚当斯、亨利等为首的激进派，和以迪金森、杰伊为代表的温和派、妥协派。前者观点十分激进，主张立即对英国采取行动，后者主张保守，只取消现在的高压政策，对英国继续效忠，并不脱离其而独立。会议上温和派占了多数，最后通过决议，要求政府取消对殖民地的高压政策和各种限制法令，在英国政府接受要求之前，断绝和英国所有的贸易往来。这就是第一次大陆会议，尽管这次会议最终决议的革命性不够彻底，但是它在团结北美独立进步力量方面起到了不可估量的作用，同时也为建立革命政权奠定了最初的基础。

"莱克星顿的枪声"和独立战争初期的形势

　　尽管第一次大陆会议做出的决议很温和，但还是被英国政府所拒绝。英国政府积极调动军事力量，准备用武力解决。殖民地人民针锋相对，积极组织民兵作为自己的武装力量。当时有一支民兵队伍称"一分钟人"，意思是行动迅速，一分钟之内就能组织起来。各地的民兵队伍还修建了军火库，储存了不少枪支弹药。到 1775 年，英属北美殖民地已是全民皆兵、同仇敌忾的局面，人民群众决心用武力的方式还击英国的横征暴敛，捍卫自己的自由。

当时英国马萨诸塞总督、北美英军总司令托马斯·盖奇也严密观察着殖民地的形势，派出大量情报人员四处收集情报。1775 年 4 月 18 日，盖奇接到情报，离波士顿 32 千米的康科德，藏有大量武器装备。盖奇派出两个团约 700 名士兵出动，前往康科德，准备捣毁这个武器库，并且要抓捕当地反抗运动的领袖、通讯委员会的领导塞缪尔·亚当斯和约翰·汉科克。不料这一计划被通讯委员会的情报人员保尔·瑞维尔和威廉·戴维斯得知，他们迅速将这个消息通知了通讯委员会。民兵们迅速组织起来，转移了武器库中的大部分武器弹药。19 日早 5 时左右，英军在经过莱克星顿附近时，遭遇少部分民兵阻拦，英军首先开枪，随后进抵康科德，遭遇"一分钟人"等民兵组织的伏击。英军狼狈不堪，只好逃回波士顿，在逃跑的路上又不断遭到埋伏的民兵的袭击。在这场战斗中，英军死伤 273 人，而民兵方面只有 90 多人伤亡。在莱克星顿发生的战斗，被称为"莱克星顿的枪声"，标志着北美独立战争的开始。

"莱克星顿的枪声"之后，各地民兵迅速集结，不到 3 天就组成了一支 2 万多人的队伍，将英军的老巢波士顿包围。

1775 年 5 月 10 日，在费城召开了第二次大陆会议，这一次 13 个殖民地都派了代表参加。尽管下层民众要求开展武装斗争的呼声很高，但是温和派占

"莱克星顿的枪声"
这场战役拉开了北美独立战争的序幕。

多数的大陆会议代表们对此却热情不高，直到最后各地的人们自发武装斗争如火如荼之时，大陆会议才在 6 月任命乔治·华盛顿为大陆军总司令。大陆军是大陆会议直接领导的一支正规军，多为各殖民地的民兵队伍改编而成。

美国独立战争，从"莱克星顿的枪声"开始，到 1781 年 3 月约克镇的英军投降，大致可以分为 4 个阶段。第一个阶段到《独立宣言》的发布为止。战争爆发初期，大陆军为了防止英军可能从其加拿大殖民地直接南下纽约、占领哈得孙河流域地区，曾在 1775 年下半年出兵远征加拿大，一度占领蒙特利尔，但是在 1776 年进攻魁北克失利。春天，大陆军撤出加拿大，远征计划失败。这次远征失败，主要是因为大陆军在加拿大没有获得当地居民的支持，加拿大人民对反抗英国统治不感兴趣。不过这次远征还是取得了牵制英军相当一部分兵力的作用，对殖民地内部战场提供了支援。1776 年 3 月，被大陆军围攻长达 11 个月的波士顿英军撤出，退往加拿大新斯科舍的哈利法克斯。

当时殖民地的情况比加拿大要好一些，但是也还不够坚决，他们虽然拿起了武器和英军战斗，但是大部分人的目的是通过战斗让英国让步，撤销对殖民地的高压政策，然后双方还要握手言和。英军的暴行无情地击碎了他们的幻想：自从"莱克星顿的枪声"以后，英军开始武力镇压北美人民的斗争，手段非常血腥，所过之处，一片血海。同时，1776 年 1 月出版的一本小册子，更是让殖民地人民的头脑彻底清醒。这本小册子就是《常识》，它的作者是汤姆·潘恩（1737—1809 年）。潘恩对当时的抗英斗争形势非常清醒：虽然已经开始战斗，但是目标却很迷惘，尤其对英王乔治三世抱有幻想。潘恩在《常识》中透彻地指出了被英国统治的诸多坏处，揭露英国统治者不过是将北美殖民地作为一片拿来掠夺的土地，从未考虑过殖民地人民的利益，同时他还对乔治三世进行了犀利的批判，说他是"冷酷的、脾气恶劣的法老"，"大不列颠的戴王冠的野兽"，殖民地人民以为罪魁祸首是英国内阁而不是英王的想法是错误的，内阁不过是乔治三世手中的工具，是受他操纵的，因此他才是暴虐的英国殖民者的总后台。

《常识》在短短的 3 个月时间里就销售了 12 万册，要知道当时的北美殖民地的人口还不到 300 万，足见其火爆。它也彻底扭转了人们的思想，扭转了舆论形势，"我们需要独立"成为一个常识，成为人民反抗斗争的不二目标，对此，潘恩功不可没。

《独立宣言》的发表和萨拉托加大捷

由温和派控制的大陆会议，经过长达数月的徘徊、犹豫，最后在人民群众的呼声推动下，同时也是出于争取外援的考虑，终于在 1776 年 7 月 4 日走出决定性的一步。

1776 年 7 月 4 日，大陆会议正式通过《独立宣言》，宣布英属 13 个殖民地脱离英国而独立，这一天后来也被美国定为独立日。《独立宣言》主要由著名启蒙思想家、独立运动的领导人托马斯·杰斐逊起草。《独立宣言》分为三部分，首先论证了资产阶级的自然权利和人民主权思想，认为所有人生而平等，拥有生存、自由以及追求幸福的权利，政府是为了保障这些权利才建立的，一旦其有损害这些权利的行为，那么人民就有权将其推翻。随后，《独立宣言》又历数了以英王为首的英国政府对殖民地的压迫、掠夺的种种事实，从而顺理成章引出第三部分：北美人民在忍无可忍的情况下被迫拿起武器，郑重宣告北美殖民地脱离英国而独立，自由而独立的美利坚正式成立。《独立宣言》被马克思称为第一个"人权宣言"。《独立宣言》的发表，极大地鼓舞了殖民地人民的革命斗志，他们斗志昂扬地为自己的自由、独立而战斗。

当时北美殖民地人民所面对的，是世界上头号资本主义强国、世界贸易霸主——英国。当时的英国拥有世界一流的陆军、最强大的海军和国内强大的工业基础。可以说，这是一场严重不对等的战争。但是，独立战争的领袖们有的是追求自由独立的渴望，有的是在过去十余年间和英国政府打交道时所观察到

《独立宣言》

的、大英帝国的无能、昏庸，这让他们既有着破釜沉舟的决心，也有必胜的信念。光有信念还不够，战场上需要的是真刀真枪的实力。乔治·华盛顿在就任大陆军总司令以后，请来普鲁士军官协助自己训练军队，提升了军队的战斗力。

　　在《独立宣言》宣布的时候，英军攻势骤然加强，独立战争也进入第二阶段。1776 年 7 月 2 日，英军新统帅威廉·豪率领数千英军登陆纽约州的斯塔登岛，随后大量英军在这里集结，到 8 月，这里的英军已经有 3.2 万之多。随后英军登陆长岛，进攻纽约，华盛顿虽然也有 2 万军队，但是全是民兵，所以在英军的强大攻势下节节败退，损失惨重。为了保存实力，华盛顿不得不在 11 月率余部退往新泽西，渡过特拉华河。英军于是占领了纽约。英军追击华盛顿到特拉华河便扎营过冬。华盛顿抓住战机，在 12 月 25 日也就是圣诞节的晚上东渡特拉华河，奇袭特伦顿英军，俘敌千人，华盛顿方面只有 5 人伤亡。次年 1 月 3 日，华盛顿在普林斯顿再败英军，这两场战役的胜利极大地提升了美军的士气。

　　1777 年夏天，已经控制了一部分重要城市和海岸线的英军力求速战速决，因此制定了一个三路出击、打通尚普兰湖 – 哈得孙河谷、全歼华盛顿军队的计划。这三路兵力准备在奥尔巴尼会师，其中两路出自加拿大：一路由巴利·圣杰莱率领登陆安大略湖的南岸，但是沿莫霍克河东进时遭民兵袭击，退回加拿大；另一路 7000 人由约翰·伯戈因率领，沿尚普兰湖南下，准备和威廉·豪将军指挥的从纽约出击的第三路英军会师奥尔巴尼。但是威廉·豪却率领 1.8 万军队南下，直扑大陆会议的所在地费城。三路夹击最后的结果是伯戈因一路孤军冒进，最后在 10 月被大量美军重重包围在萨拉托加，10 月 17 日，6000 名英军向美军投降，美军取得了萨拉托加大捷。

　　萨拉托加大捷成为美国独立战争的转折点，对于殖民地人民来说，非常重要的一点是，法国、西班牙、荷兰等国家先后和美国结成联盟，共同对抗英国。北美殖民地和英国实力相差悬殊，因此争取外援是必要的，同时也是可行的。英国在夺取世界殖民霸主的路上，先后击败了西班牙、荷兰和法国，这三个国家都对英国仇恨不已，因此它们是殖民地天然的盟友。早在 1775 年 3 月，通讯委员会就派代表到法国探路，法国人表示不会为不彻底脱离英国而独立的殖民地提供帮助，这也成为大陆会议痛下决心宣布独立的原因之一。1776 年 1 月，富兰克林等人作为美国代表前往法国，争取法国的支持，但是在开战之初，大陆军接连失利的事实，又让法国政府对美国的实力不太放心，所以没有正式承认美国独立，也没有给予公开支持，只是秘密地向美国提供金钱和武器上的

萨拉托加大捷

支援，在英国那里却严守中立。萨拉托加大捷让法国人的态度彻底转变，1778年2月，法美签订同盟条约，联合作战。随后法国又将自己的盟友西班牙拉了进来，共同对付英国。1780年，又一个英国的老对手荷兰也加入反对英国的行列。1780年，俄国和普鲁士成立武装中立同盟，以防止英国侵犯中立国的利益，此后丹麦、瑞典、奥地利先后加入。

　　法国、西班牙和荷兰的支持，使得美国有了和英国在海上抗衡的力量，当时美国还没有自己的正式海军，而英国海军是世界上最强大的海军，但是在法、西、荷诸国海军的帮助下，双方的力量开始趋于平衡。在陆上战场，美国还需要自己的武装力量，法国也派出了军队参战。

独立战争的最终胜利

　　萨拉托加大捷以后，美国独立战争进入第三阶段——战略相持阶段。萨拉托加战役英国惨败，英军统帅威廉·豪主动辞职，由亨利·克林顿将军接任了他的职务。法国舰队到达北美以后，英军担心受到海陆夹攻，于是在1778年

6 月 18 日主动放弃费城，固守纽约。当时北方的大陆军虽然想解放纽约，但是并没有充足的实力，因此北方战场就此陷入僵持。此后，英军主帅克林顿施行新战略，企图利用南方的亲英分子比较多、又靠近英属西印度群岛等有利条件，力主南下，想先占领南方各殖民地，然后和北方的纽约南北夹击。南方各殖民地至此成为独立战争的主战场。

1778 年年底，英军攻占佐治亚殖民地的萨凡纳，开始在南方发起猛烈攻势。进入 1779 年，英军基本控制了佐治亚。9 月，南部美军统帅本杰明·林肯将军曾联合法国舰队围攻萨凡纳，受挫且损失惨重。英军继续北上入侵南卡罗来纳，1780 年 5 月攻占查尔斯顿，林肯将军率领 5000 余美军投降，这是美国独立战争当中美军损失最惨重的一场战役。6 月 8 日，英军统帅克林顿将军率领一部分军队北上纽约，留查尔斯·康沃利斯率领 7000 余英军继续留在南部。康沃利斯将军在南部的战事并不顺利，被迫于 1781 年 7 月率部继续北上，8 月 16 日在南卡罗来纳的坎姆登大败南方美军主力。此后他继续向前推进，进展却不是很顺利。

南方战局在换帅以后得以扭转。1780 年 12 月，大陆会议任命纳撒尼尔·格林为南方美军总司令，南下指挥作战。纳撒尼尔·格林等将领针对康沃利斯的英军采取灵活多变的游击战术，迅速猛打和迅速后退，先后在考彭斯、吉尔福德等地痛击英军。英军被迫从内地撤往沿海，入侵弗吉尼亚。

1781 年 4 月，战争进入美军的战略反攻阶段。北方的华盛顿率军南下，8 月，康沃利斯在重重压力之下被迫将英军主力集中在弗吉尼亚半岛上的约克敦。华盛顿决定海陆两路夹击，消灭这支被包围的英军。在华盛顿的要求下，法国海军从西印度群岛调来一支由 28 艘军舰组成、由德格拉斯伯爵率领的舰队，进入切萨皮克湾，击败赶来增援的英国海军，切断了约克敦英军海上对外联系，康沃利斯将军从海上逃跑的计划破产。9 月 28 日，秘密南下的大陆军和法国陆军会师，1.6 万名美法联军对 8000 名英军形成海陆包围。此时纽约的英军克林顿将军迟迟不予支援。10 月 19 日，康沃利斯将军率英军投降。此役过后，北美战争基本没有再发生大的战事，英军败局已定。约克敦的失败令英国内阁倒台，此后双方开始议和。1782 年 11 月 30 日，双方签订停战协议，次年 9 月 3 日，英美签订《巴黎和约》，英国正式承认美国独立。

美国独立战争最终以殖民地人民的胜利而告终。新生的美国，西以密西西比河为界，和西班牙属的路易丝安那为邻；北方边界为五大湖，五大湖以北为英属加拿大；南方以北纬 31° 为界，和西班牙属佛罗里达接壤。

《康沃利斯将军的投降》

约翰·特鲁姆贝尔创作的的布面油画，现存于华盛顿特区美国国会大厦的圆形大厅。

美国政治制度的初步确立

早在《独立宣言》发布之前，独立运动的领袖们就在考虑建立新兴国家的中央政府问题了。1777 年 11 月，大陆会议通过《邦联条例》，规定建立美利坚合众国，该国由 13 个殖民地（后改称"州"）组成，相当于一个松散的州际联盟。这个条例直到 1781 年才为所有 13 个州所接受。新国家正式定名"美利坚合众国"，邦联政府取代了大陆会议的位置，名义上掌握着立法、行政、司法大权，但是各项大事还是需要所有州的代表进行投票，9 票及以上同意才能通过。邦联政府的机构也非常简单，只有一个邦联国会，由各州派出的代表组成。可以说，当时中央政府权力相当小，大部分权力还掌握在各州手中。

在独立战争期间，大部分州都制定了州宪法，而且是成文宪法，尽管这些宪法的制定，并没有经过最民主的程序，比如成立专门的制宪会议而制定。这些宪法有可能是直接由州议会或州代表会议代劳而成，但是能制定宪法，而且是成文宪法，这已经是一项非常了不起的民主成果了。一部成文宪法可以在一定程度上限制专制乃至暴政的出现，古代王权政府之所以可以肆无忌惮侵犯民众权益，就是因为没有宪法的约束。英国虽然很早就有了宪法，但是没有成文宪法，因此美国各州制定成文的州宪法，是世界历史上的民主的里程碑。

各州政府均实行共和制，州政府的官员由选举产生，包括州长，州长相当于殖民地时期的总督。和殖民地时期相比，州长的权力远较总督小，总督原来有的否决权州长也有，但是有很多限制。在北卡罗来纳州，州长干脆没有否决权，在纽约州，否决权则由一个由州长及数名法官组成的"修正委员会"行使。州宪法还限制了州长的官员任命权。而议会的权力大增，大部分州议会分成上下两院。上院议员通过选举产生；议会选举时期缩短为 1 年；宾夕法尼亚州以北的诸州实行比例代表制；选举范围也有所扩大，大部分州下调了选民的财产资格要求。这些都是比以前更加民主的地方。原来殖民地时期的参事会也被改造，原来的参事会还兼有立法机关的上院的任务，同时还有司法权力。新的参事会更名为州务会议，不再兼当上院，也不具有司法权力，成员由议会或选民选出，地位较殖民地时期要高。

大部分州废除了维护大地主所有制的"限定嗣续法"及"长子继承法"。中部各州的租佃制开始瓦解，在独立战争中，不少大地主同情英国，甚至直接为英军效力。战后不少州政府没收了他们的土地，分成小块拍卖，有不少劳动者获得了土地。不少州实现了宗教自由。奴隶制度也受到了冲击，北部和中部诸州先后制定法律，废除奴隶制度。但是美国奴隶制的大本营在南方诸州，北部和中部诸州的条件本就不适合大规模奴隶制的发展，因此奴隶制也不发达。南方奴隶制也有一定松动。比如，弗吉尼亚立法会议在 1782 年通过法律，允许个别奴隶主解放自己的奴隶，到 1790 年，已有 1 万名奴隶被自己的主人给予了自由。不过从整体上来说，整个美国离彻底废除奴隶制度还有很远的距离。

美国经济上的问题和谢斯起义

新生的共和国在经济上面临着不小的困难。首先是货币贬值问题，当时的中央政府权力不大，没有向各州征税的权力，导致国库空虚，中央政府又债台高筑，外债 800 万美元，内债高达 3200 万美元。在对外贸易方面，英国仍然对美国采取敌视的政策，所以美国和西印度群岛也只有走私等方式的贸易。还有一部分美国商人另辟蹊径，和太平洋方向的夏威夷、中国和东印度群岛开展贸易往来。美国立国之初，工业不振，英国的廉价商品大量流入，导致财富大量外流。

另一个没有得到合理解决的问题是土地问题，这个问题在殖民地时期就存在，当时英国殖民者禁止居民向阿巴拉契亚山以西迁移。独立战争以后，根据签订的条约，美国的西界是密西西比河。也就是说，阿巴拉契亚山以西的大部分领土被视为美国的领土，面积比 13 个殖民地足足大了一倍。这些新获得的土地怎样分配就成为一个很棘手的问题。当时社会上的民众普遍要求公平分配这些土地，但是中央政府出于解决财政困难的考虑，在 1785 年通过《土地法令》，将这些土地划分成 640 英亩的单元，每单元以 1 美元的价格出售。这样的政策对渴望获得土地的广大劳动人民非常不利，640 英亩的面积对他们来说太大，1 美元的价格也太高，他们根本买不起，能买得起的只有大种植园主和土地投机商，因此阿巴拉契亚山以西的大量土地落到了他们手中。独立战争期间，士兵们曾领到土地券，战后可以在西部凭券获得小块土地。但是很多士兵都很穷困，急于得到现钱的他们在之前就把土地券便宜出售了，又有不少土地券落到了土地投机商手中。1787 年，邦联政府又通过了《西北法令》，规定阿巴拉契亚山以西、俄亥俄河以北的地区将来可以建立 3 到 5 个州，某一地区的成年男性公民超过 6 万人时，即可以一个州的身份加入合众国。

广大农民的处境更糟。战争结束以后，没有了军队对粮食的巨大需求，导致市场上的农产品价格骤降，农产品不能以合理的方式出售，导致很多劳动人民无钱偿债。一部分州政府规定，无力还债者，可以将其土地、牲畜等财产低价拍卖还债，否则就要被捕入狱。同时，农民们身上的赋税负担也很沉重，再加上物价飞涨、货币贬值的经济环境，广大农民的处境非常悲惨。因此，不少州发生了农民起义，一些无法忍受的农民被迫铤而走险，其中影响最大的是 1786 年的谢斯起义。

1786 年 8 月，马萨诸塞州以退役老兵丹尼尔·谢斯为首的数百名武装农民举行起义，从康科德出发，前往波士顿，包围当地法院，强行打断对欠债农民的审判；打开监狱，释放无辜被囚的劳动人民。起义者们提出了废除债务、废除迫害人民的法令、平均财产权等要求，到 12 月，起义军已经发展到 1.5 万人之多。1787 年 1 月，起义军一度进攻斯普林菲尔德的军械库，但是没有得手。统治阶级调集大批政府军进行镇压，2 月，政府军的统帅以谈判为名诱使起义军放松警惕，随后发动突然袭击，起义军损失惨重。后来谢斯等领导人先后被捕，被判处死刑，起义最终失败。政府在强大的压力下，被迫对之前的政策进行了一些改革，降低了人头税和财产税，不再逮捕还不起债的人等。后来谢斯被赦免。

美国的统治者竭尽全力终于将谢斯起义镇压了下去，但是这次起义所造成的不安、恐慌，还是令那些大资产阶级、大奴隶主们胆战心惊。他们认识到现在的中央政府没有能力保护他们的利益，没有履行国家机器的专政职能。另外，没有什么实权的中央政府不能征税，因此偿还国债成了难题，也没有实施保护国内工业的关税政策，导致英国廉价商品畅通无阻等。美国的大资产阶级、工商业的所有者等都看到了一个没有什么实权的中央政府的弊病，因此迫切希望制定一部新的宪法，废除原来的宪法，加强中央集权，加强国家机器的力量。

1787年宪法的制定

1787 年 2 月，邦联国会邀请各州代表到费城集会，准备修改原来的宪法《邦联条例》。5 月 25 日，除了罗得岛州以外的其余 12 个州的 55 名代表齐聚费城，他们一致认定有必要制定一部新的宪法。这 55 名代表当中，大部分是保守派，代表着资产阶级和种植园奴隶主的利益，以亚历山大·汉密尔顿为首。民主派代表只有 3 人，他们是富兰克林、路德·马丁和乔治·梅逊。民主派和保守派、大州和小州、南方诸州和北方诸州之间都存在矛盾，因此这个会议一直开了近 4 个月，才在 9 月 17 日通过新的宪法草案——史称"1787 年宪法"，提交各州批准。这次会议也被称作"费城制宪"。

代表们的矛盾主要集中在两点：国会代表名额的分配问题，还有征税时计算人口的问题。前者是大州和小州之间的矛盾，大州主张国会的代表名额分配，应当与各州的人口占全国比例相吻合，这样人口较多的弗吉尼亚等大州就会获得较多的代表名额；人口较少的州坚决反对，他们主张各州无论人口多少，都应该拥有同样多的代表名额。后者是南方州和北方州之间的矛盾，南方的种植园奴隶主主张，在对各州按人口数征税时，不应当将黑人奴隶算在人口之内，因为奴隶是财产，这样他们可以少纳税。但是，在上一个问题，也就是国会代表名额的分配上，他们又主张按人口比例分配，黑奴也要算在内，这样他们可以获得更多的代表名额。北方诸州的代表的主张正好相反，他们主张在征税时要算黑奴的数量，在选举代表时则不算。从大方向上看，参加会议的代表基本持有一致的意见，分歧是小部分：要加强中央政府的权力，建立一个强有力的中央政府；反对给予人民太多的民主，甚至有极端分子认为，"过度的民主"是国家不幸的根源。有人甚至想建立君主制，拥戴华盛顿为美国国王，但是被华盛顿拒绝了。这是因为从反抗英王暴政的战争中走出来的华盛顿从心底就是仇恨君主制的，同时他也认识到，恢复君主制已经是逆历史潮流而动的行为，注定会不得人心。经过全国范围内的漫长而激烈的讨论，最终在 1789 年 3 月 4 日，美国第一届联邦国会宣布通过《美利坚合众国宪法》，1787 年宪法正式生效。

这部宪法明确了美国的资产阶级民主共和政体，规定实行联邦制，以立法、司法、行政三权分立为原则，建立国家机器。相比于之前的宪法，新宪法最引人注目的地方，就是中央政府的权力大大加强，表现为拥有征税、征兵、发行货币、规定度量衡、制定经济政策、制定军事外交政策、对外宣战和媾和等大权。

以总统为首的行政机构执掌行政大权，权力非常大。美国总统是国家元首，是武装部队的最高统帅，战时拥有独裁大权。总统领导的内阁不需向国会负责，总统及其内阁不用在国会的不信任票下辞职。同时，总统可以否决国会通过的法案，除非国会再次以 2/3 以上的票数通过法案，否则这一法案就将作废。总统通过选民间接选出，任期 4 年，可以连选连任，没有任期限制。总统的权力如此之大，因此杰弗逊称美国总统制是新版的君主制。

国会为立法机关，由参议院和众议院组成。参议院的议员由各州议会选出，每州2名代表，任期6年，每2年改选1/3。众议院议员由选民直接选出，众议院代表名额根据各州人口比例分配，任期2年。期满后全部改选。各州计算选民人口时，每个黑奴按"0.6个人口"折算。法律经国会通过、总统批准后即生效。国会有宣战、征税、调整贸易政策、征兵以及紧急事情征调民兵等权力。

最高法院作为最高的司法机关掌握司法权。最高法院的大法官由总统任命，但是要经过参议院的同意，没有具体任期，终身任职。最高法院有权解释一切法律、条约，包括宪法，如果它认定某项法律违宪，可以宣布其无效。

华盛顿在费城制宪
会议

美国的统治者秉承的"三权分立"的宗旨之一是立法、司法和行政三种权力相互制衡。比如，立法机构（国会）有权制定法律，但是行政权的代表（总统）有权否决法律；司法权的代表（最高法院）可以宣布国会通过、总统批准的法律违宪，但是总统和参议院可以联手任命法官，国会也可以控告法官，在一定程度上限制最高法院的裁判权。这样，三种权力相互制衡，不会出现哪一种权力独大的局面，也就在一定程度上防止了暴政的产生。这是具有一定的进步意义的，但是也应该看到三权分立的另一面。国会议员，主要是众议院的议员，是由选民直接选出的，从某个角度看，可以说是为了限制代表人民的众议院的权力，宪法制定者分出司法权和行政权，还在众议院上面设置参议院。实际上是掌握制宪大会大权的保守派们反对给予人民太多民主的思想的体现。另外，三权制衡，只是资产阶级手中掌握的三种权力之间的制衡，广大人民的权利被忽略了。同时，黑奴按 0.6 个人口计算这种条款实际上是种族歧视，是违背了《独立宣言》中"人生而平等"的精神的。

　　总而言之，这部宪法是调和统治阶级矛盾的产物，确立强力中央政府的理念是正确的、先进的，三权分立的原则在一定程度上可以限制专权的出现，具有进步意义，但是它对人民民主权利的无视也是需要注意的。1789 年 4 月，美国联邦政府成立，华盛顿当选为美国第一任总统，约翰·亚当斯当选副总统。华盛顿任命杰斐逊为国务卿，汉密尔顿为财政部长。4 月 30 日，华盛顿在临时首都纽约正式就职。

乔治·华盛顿画像

　　早在独立战争当中，领导独立战争的阵营内部就出现了政治理念上的分歧，即前面已经提到过的民主派和保守派，前者代表人民群众的呼声，主张实现资产阶级的民主，给予人民更多的政治民主和权利；而后者代表大资产阶级、种植园奴隶主的利益，反对给予人民民主权利，主张维护他们政治经济上的现有地位。从一开始，后者就占据绝对的优势。以杰斐逊为首的民主派也为自己的主张而奋力抗争，最初的宪法和 1787 年宪法中为数不多的民主成分便是他们抗争的结果。这样的争斗持续到了华盛顿就任总统期间，主要是汉密尔顿和杰斐逊两人的斗争，以汉密尔顿为首形成了联邦党，以杰斐逊为首形成了民主共和党，开美国党争之先河。

波澜壮阔的法国大革命

比美国独立战争稍晚，在欧洲大陆封建制度最为根深蒂固的法国，也爆发了一场资产阶级革命，即"法国大革命"。这场革命以其持续时间长、关系错综复杂、动荡起伏剧烈而闻名于世，在当时也吸引了整个欧洲的注意力，包括兵力。

法国大革命之前的法国经济

18世纪的法国从表面上看，还是一个非常风光的国家，这个国家拥有2500万左右的人口，有着强大的军事力量，在列强林立的欧洲也算是几大国之一。以首都巴黎为首的诸多法国城市，比如马赛、里昂、波尔多、南特等都是世界名城，凡尔赛宫对欧洲所有的贵族都散发着无与伦比的魅力，令其心向往之。当时欧洲只要是受过教育的人，皆以讲法语、看法国书、学法国人的习俗为荣耀、为时尚。总而言之，这个国家的一切都是那样的光鲜亮丽。

不过，光鲜亮丽的只是表面，处在这一切之下的是一个腐朽的封建社会最后的夕阳。18世纪末的法国最大的社会矛盾，就是日益发展的资本主义经济和腐朽的封建制度之间的矛盾。此时的资本主义经济已经有了相当大的发展，资本主义的手工工场大量出现，其中最多的要数采矿业、冶金业、奢侈品工业和纺织业。位于勃艮第的克勒佐公司是这其中最杰出的代表。这家公司是欧洲最大的冶金企业之一，拥有4座高炉、2家冶铁工场，还有自己的煤矿，这也是欧洲屈指可数的几家用煤而不是炭作为燃料的企业之一，当时这是非常先进的。像冶金业一样，法国不少工业部门已经初步使用机器，也有一些法国人发明了一些新的机器。阿尔萨斯的色布和印花织品，里昂的丝织品，巴黎的服装、化妆品、家具、工艺品等都是畅销国际市场的商品。工业的发展为商业的繁荣奠定了基础。1716年，法国出口贸易总额为8900万锂，到了1789年，这一数字增长到了2.26亿。

比工业和商业更发达的是金融业，主要是包税业和银行业。包税业即保税人和王室签订包税合同，除去缴纳王室的税款，还可以获得巨大的利润。购买公债是法国银行业的主要经营项目，巴黎贴现银行、拉博德银行、拉维尔银行等都是当时实力雄厚的大银行。

资本主义经济的发展让资产阶级富裕了起来，他们成为法国社会最富裕的阶层，将游手好闲、坐吃山空的贵族们远远甩在身后。贵族中的一部分思想开明的人也参加到资本主义经济中来，有的在海外拓展殖民地、经营种植园，有的在国内经营采矿、冶金等行业。

法国的农业当中也产生了资本主义成分。当时法国的封建土地所有制已经有瓦解的迹象，原来只有贵族领主和教会占有土地的现象出现了多元化的趋势。领主们控制的土地，一部分出售了出去，多半卖给了商人。另一部分没有售出的土地，基本上划分成小块出租，教会和那些购买了领主土地的商人也是如此。一个新兴的成分是"永佃田"，这种制度的本质实际上是土地的所有权和使用权的分离。原来的农奴获得人身自由，变成自由农民，原先他们的份地转换成"永佃田"，即农民永久获得这块土地的耕种权，也可以继承、出售、出租，不过这是以承担一定的义务为前提的，农民要向领主缴纳货币贡赋和一定的杂税，有的地方还要缴纳一定的实物。这实际上是领主所有权的体现，也是"没有无领主的土地"的封建法规的体现。

此外，在法国还有一部分土地掌握在农村公社手中。在法国大革命爆发之前，法国的所有土地，贵族掌握的占25%，教会占10%，资产阶级商人不到25%，农村公社占5%，剩下的为农民的永佃田，约占1/3。资本主义的因素也产生在永佃田当中，当时商品经济的发展，促进了对农产品，主要是粮食作物和经济作物的需求，因此发展农业是一件有利可图的事情。一部分条件较好的自由农民积极扩大生产经营，通过租地或者是买地，然后雇佣日工、短工进行生产，这和英国的农场经济差别非常大，这主要是因为英国和法国的国情不同。这些以资本主义的经营方式进行农业生产的自由农为农村中的富农，虽然他们

在所有农户中不过只占 1/10 多一些，但是影响力却远超这个比例。这些富农
是法国农业中资本主义力量的代表，他们的存在，决定了法国大革命中的土地
问题，将会通过相对民主的方式得到解决。

法国大革命之前的社会状况

腐朽的封建制度是资本主义经济发展的最严重阻碍，无论是城市中的资本
主义工商业、金融业，还是乡村中的农业。工业发展上的主要障碍是封建的行
会制度，一家手工业作坊的工匠和学徒数目、生产规模等都有严格的规定，在
这样的制度下，手工业作坊想进一步发展为手工工场是非常困难的。专制政府
丝毫看不到改革的迹象，他们要极力维护这个制度，有了这个制度他们才能对
手工业者进行大肆盘剥压榨。法国各省之间、各城市之间还设有大量对过境商
品征税的关卡，这也是封建残余的体现。层层剥皮的制度令商品的成本大大增
加，虽然最后的价格高了，但是多出来的部分大多落到了层层的关卡手中。此
外，当时法国各省还有着自己的司法系统、自己的度量衡系统，这些也为商品
在全国范围内的流通造成了人为的障碍。

《舟发西苔岛》
法国洛可可画家华托的代表作，主要描绘了当时法国上流社会的奢侈娱乐生活。

农业中的封建关系起到的阻碍作用，比工商业中的封建残余对资本主义经济发展的消极影响更大。当时的封建地主为了保证自己作威作福的奢靡生活，对农民进行大肆盘剥，大量农民处于赤贫状态，每年的收成不够缴纳地租是非常常见的事情。法国人口中的90%都是农民，赤贫的他们自然不会有钱购买工商业产品，因此法国人口总量虽然不算少，但是国内市场却非常狭小，资本主义工商业的产品，绝大部分法国人都买不起，这也是资本主义经济受到的最大的限制。

一部分资本家以及农村中的富农虽然通过自己的经营致富，甚至比那些贵族还要富有，但是他们的地位却和经济状况严重不符，这是因为在当时的法国还有强大的封建等级制度。

法国的等级制度共分三个等级：天主教的教士处于第一等级，贵族为第二等级，资产阶级、小资产阶级、广大农民、手工业者等属于第三等级。天主教是以国王为首的封建统治者的精神支柱，他们利用宗教麻痹广大人民的思想，让人们安于现状，打击迫害一切"异端"，就此巩固封建统治。天主教会掌握大量土地，不到全国0.5%的天主教教士掌握着全国10%的土地。除了地租以外，天主教会还以什一税的形式对广大人民进行剥削，但是他们却享有免税权等特权。天主教士内部可以分为高级教士和低级教士，大主教、主教和修道院长是高级教士，教区神甫等属于低级教士。前者出身"高贵"，教会剥削搜刮所得大多被他们所挥霍，生活奢靡腐败。低级教士多出身平民，收入菲薄，因此他们对高级教士一般都有不满情绪，同情底层劳动人民。

贵族是这个国家的主要统治阶级。贵族又可以分为两大类："佩剑贵族"和"穿袍贵族"。"佩剑贵族"多为世袭贵族，出身"高贵"，他们中的显贵者一般不住在自己的领地，而住在凡尔赛宫，每天在宫廷中和国王过着歌舞升平的日子。这样的大贵族约有4000家，他们靠着领到的年金过活，靠着封建特权垄断了大部分的军政要职，但是却尸位素餐，无所作为。他们每日的生活就是狩猎、宴会、观剧等，只顾及时享乐。法王路易十五有一句名言："我死后哪怕洪水滔天"。"佩剑贵族"中的中小贵族则住在乡间，靠剥削压榨农民过活。至于"穿袍贵族"，其实从某种角度来说，他们并不是贵族，他们有的贵族头衔是花钱买来的，他们中大多数其实是资产阶级。法国各级法院中的法官们基本上都是这些"穿袍贵族"。第一和第二等级的人口仅占法国总人口的2%，但是他们却掌控着40%的土地、绝大部分的要职，还享有政治上的诸多特权，比如免税等。

　　资产阶级处在一个颇为尴尬的地位：他们通过工商业活动等拥有雄厚的财力，但是却没有足够的政治地位来保障自己的权益，他们是维持奢靡生活的贵族阶级搜刮敛财的主要对象；他们想发展资本主义经济，但是腐朽的封建制度却处处阻碍着他们。因此，资产阶级对封建制度是反对的，不过反对程度也有所不同。大资产阶级，主要指包税人、军火商、国家特许公司的大股东等，他们反对封建制度，但是不主张彻底推翻封建制度、推翻国王政府，而是希望通过改革限制专制阶层的权力、提高自己的政治地位，去除那些妨碍经济发展的弊端。那些手工工场主、中等商人等反封建的态度坚决而彻底，因为专制王权对于他们的发展百害而无一利，因此他们主张彻底推翻封建制度，扫清资本主义经济发展路上的一切障碍物。

　　小商人、小作坊主、手工工场工人、作坊的工匠以及城市贫民还有为数最多的农民也都是属于第三等级，他们的生活状况大多困苦，因此对直接剥削压迫他们的贵族、天主教士等非常仇恨，渴望改变现状。

　　尽管第三等级的人数众多、成分复杂，但是他们在反对封建统治、要求改变现状上是一致的。他们站在一个阵营当中，对前两个等级的人的压榨统治提出了变革的要求，但是前两个等级的人当然不会愿意结束现在奢靡的生活，这

讽刺第一、第二等级欺压第三等级的漫画

就是 18 世纪末的法国社会最大的矛盾。

专制王朝的财政危机

在 18 世纪中期以后，准确地说，是从路易十四以后，法国的专制王朝统治也开始出现危机。路易十五（1715—1774 年在位）的成就远不及他的曾祖父路易十四。在路易十四晚期开始的波旁王朝的衰落，在路易十五时期继续进行。法国国内政治腐败，对外战争接连失利，尤其是七年战争中彻底输给了英国，丢失了包括整个加拿大在内的大部分海外殖民地。法国至此结束了和英国争夺殖民霸主的战争，以惨败告终，在欧洲的地位也有所下降。

1774 年路易十五去世，据说他是在深夜下葬，因为他晚年的统治非常不得人心。他已经看到了波旁王朝在走向衰败，但是他有心无力去改变这一趋势，只能在歌舞升平中麻醉自己。继位的路易十六（1774—1793 年在位）只有 20 岁，他曾试图推行改革，改变衰落的进程。当时政府面临的最大问题就是财政问题，其实这本不应该成为一个问题：专制政府挖空心思对人民横征暴敛，苛捐杂税多如牛毛，直接税的军役税、人头税、念一税，间接税的盐税、酒税及内地关税，名目繁多。但是，法国政府仍旧出现了很严重的财政问题，这是因为法国政府的支出实在是太大了，远超财政税收收入。首先法国政府机关以及军队臃肿庞大，办事效率却很低下，维持这样大的官僚队伍便是一笔巨大的开支。法国还多次卷入国际战争，每次战争都需要大量的财富。以国王和王后为首的宫廷贵族们更是挥霍无度，生活奢靡荒淫，还经常拿出大笔钱财赏赐给宠幸的贵族，据说当时有一个公爵的女儿结婚，国王一下就赏赐 10 万锂。

路易十六为了解决财政危机，先后任命了一些能力突出的大臣，推行改革。1774 年杜尔阁被任命为财政总监，他的口号是"不破产，不增税，不借款"。杜尔阁属于重农学派，他颁布了数项法令，试图实现谷物的自由买卖，同时主张进行税制改革，简化各种赋税。1776 年 1 月，杜尔阁宣布 6 条改革法令，要取消行会首脑和师傅，废除酒类专卖制，实行自由买卖。杜尔阁在政治上主张对专制王权和贵族的特权进行限制，这一点从他将修路劳役改为征收道路税，包括国王在内的人都要缴纳可以看出来。他的改革触动了权贵们的利益，曾经对其鼎力支持的路易十六最终没有顶住权贵们的压力，1776 年 5 月杜尔阁被迫辞职，改革失败。据说杜尔阁临走时，曾对路易十六说过这样一句话:"陛下，请记住，正是虚弱将查理一世带上了断头台。"

下一位推行改革的是生于瑞士的银行家雅克·内克，他于1777年出任财政总监，他的主要改革手段是借贷，利用国家贷款；另一方面压缩财政开支，具体措施有压缩国王的开支，撤销了宫廷里一些拿着高俸的闲职。这自然又遭到一些权贵的反对。1781年，内克公布了一份政府的财政报告，尽管没有透露政府巨额的赤字问题，但是却将国王赏赐钱和恩给金的巨大数额公之于众。王室、受赏者都恼羞成怒，内克也被迫辞职。

内克之后，先后上台任财政总监的是卡隆和布里埃纳，他们虽然没有像杜尔阁和内克那样推行改革，不过也在为解决财政问题想办法。增加税收、扩大缴税范围是他们的共同手段，但是这又不免伤及特权阶层的利益，他们先后被迫下台。在布里埃纳下台之前，反对他的巴黎法院以拒绝为新税法登记的方式进行反抗，同时提议召开三级会议，讨论纳税问题。随后贵族和天主教会也站到了巴黎法院的一边，布里埃纳被迫辞职，路易十六不得不答应在1789年召开三级会议，又在1788年初召回内克，任命他为财政总监。

当时法国的经济状况更加恶化：1788年法国遭遇荒年，小麦歉收，冬天又遭遇严寒，粮价大幅上涨。根据1786年法国和英国签订的贸易条约，法国要在1787年5月大幅下调英国商品的进口税，导致便宜的英国商品尤其是纺织品迅速占领法国市场，法国自己的工业陷入低迷，大量工人失业。物价飞涨，面包的价格翻了一倍。政府的财政危机更加恶化，经济上的混乱导致阶级矛盾有激化迹象，各地起义、动乱不断。总而言之，当时的法国在经济上、政治上遭遇多重打击，统治已是摇摇欲坠。

当时社会上的呼声主要集中在要求召开三级会议上。三级会议是法国中世纪时的产物，当时的法国社会被分为教士、贵族和市民三个等级。14世纪初，法王腓力四世为了对抗教皇、拉拢广大市民阶层，在1302年召开了第一次三级会议。此后专制王权不断加强，三级会议的权力也不断减弱，从1614年开始就再也没有召开过三级会议。到了18世纪末，这个已经消失了近200年的东西又被提起。巴黎高等法院之所以首先提出这个要求，是想增加第三等级的赋税负担，以此解决政府的财政问题。广大第三等级则希望能通过三级会议这个平台促成期待已久的改革。

内克重新上台以后，随即宣布将在1789年5月4日召开三级会议，当然他事先征得了路易十六的同意。消息传出以后，广大第三等级群情激奋，但是在9月底，巴黎法院公布的一个关于三级会议的代表选举问题又当头泼了他们一盆冷水。规定说，参加三级会议的三个等级代表人数相等，而且表决时一个等级作为一个集体投票，第三等级只是一票。这个做法显然对第三等级不利，因为另外两个等级贵族和教士显然会站在一起，他们有两票。因此第三等级立刻表示反对，要求增加第三等级代表人数，投票时也要一人一票。一部分资产阶级组成了"爱国党"开展活动，宣传自己的主张。在强大的压力下贵族和国王最终收回了之前的决定，做了一定的让步。

三级会议的召开

1789 年初开始三级会议代表选举的活动，资产阶级积极开展活动。全国以司法区为单位进行选举，前两个等级的选举较为简单，分别组成选举大会，从中选出代表。第三等级要复杂一些，首先有门槛限制，年满 25 岁、年纳税在 5 锂以上方有资格，雇佣劳动者没有资格。同时选举程序也更加复杂，采取层层选举的方式，城市中为三级选举，乡村中为两级。资产阶级在这样的选举中是有优势的，因为他们通常受教育多，文化素质较好，因此在这种层层选拔

三级会议召开

的过程中更容易脱颖而出。第三等级的人士将竞选活动变成反封建的宣传战场，他们散发小册子宣传自己的主张，其中比较著名的有米拉波的《对普罗旺斯人的呼吁》、罗伯斯庇尔的《对阿图瓦人的呼吁》、杜雷的《告善良的诺曼底人》、塔尔热的《致三级会议的信》等，其中影响最大的是修道院院长西哀耶斯的《什么是第三等级？》，其主张第三等级才是全社会的代表，应该成为这个国家的真正主人。宣传活动上承思想启蒙运动，下启大革命浪潮，进一步揭露了封建制度的腐朽和黑暗，为接下来的革命风暴奠定了群众基础。

　　米拉波和西哀耶斯都是第三等级的代表，但是他们本身的身份都不属于第三等级，米拉波是贵族，而西哀耶斯是天主教教士，但是他们都加入到第三等级的队伍中来。其他第三等级的代表，从职业的角度看，律师最多，比如著名的罗伯斯庇尔，此外还有商人、银行家、工场主、学者，基本没有劳动者。在第一等级天主教教士中，乡村牧师最多，300 名代表中有 200 多人都是乡村牧师，一部分高级教士在思想上也受到了资产阶级自由主义的影响。第二等级贵族代表中最多的是乡村贵族，而大贵族中也有一部分接受了自由主义思想，比如著名的拉法耶特，即自费参加了美国独立战争的那位贵族。

　　1789 年 5 月 5 日，三级会议在凡尔赛宫开幕，距离上次三级会议召开已

拉法耶特画像

经过去了 175 年。衣着华丽的 291 名教士代表和 270 名贵族代表分坐国王两侧，衣着朴素的 578 名第三等级代表坐在大厅的后边。内克所做的报告只是说了财政问题，矢口不提政治改革的问题。同时专制政府还强调，这次三级会议只能谈论三个问题：税收、限制新闻出版的法律和民事法、刑事法的改革问题，其他问题一概不谈。专制政府已经为三级会议设定了范围，广大第三等级代表又失望、又愤怒。

第二天双方就因为代表的资格审查和最终投票的方式发生了冲突，前两个等级主张三个等级代表分别审查代表资格，最后投票也还是老传统，一个等级一票。第三等级坚决反对，主张三个等级一起审查，同时按人数计票。双方各持己见，陷入了僵持。6 月 10 日，第三等级代表宣布单独审查代表资格。6 月 15 日，西哀耶斯倡议建立能真正代表全国人民的议会。两天后，第三等级代表宣布成立自己的议会，即"国民议会"，推举巴伊为主席，这一举动实际上宣告了三级会议历史的终结。国民议会随后宣布征税违法，国王无权否决国民议会的决议。第三等级的行动对其他两个等级产生了巨大的影响，19 日，第一等级以微弱的半数优势（赞成 149 票，反对 137 票）通过决议，加入国民议会。只有第二等级拒绝参加，他们还在 19 日上书国王，表示抗议。在贵族阶层和高级教士的支持下，路易十六决定干涉国民议会，他以要进行内部装修为由，封闭了国民议会的会议厅。这种拙劣而愚蠢的方式阻挡不了国民议会的代表们，20 日代表们在一个网球场集会，庄严宣誓：在制定出一部宪法之前绝不解散！这就是著名的"网球场宣誓"。

23 日，路易十六宣布国民议会非法，所有决议也都无效，国民议会代表们

网球场宣誓

针锋相对，坚决反对，重申网球场誓言，随后的两天内，大部分教士代表和一部分贵族代表也加入了国民议会，当然这其中也有一些顽固分子，他们加入的目的是想控制国民议会，以免出现不利于己的行动。27日，路易十六做出让步，给那些还没有加入国民议会的前两个等级代表写信，让他们加入国民议会，这等于承认了国民议会的合法性。

消息一出，第三等级的代表们沸腾了，他们为胜利雀跃欢腾，随后他们决心趁热打铁，制定一部宪法，完成社会改革。当时国民议会的领导阶层——资产阶级的想法比较幼稚，他们认为一部宪法就可以完成革命，建立君主立宪的法国，就像米拉波所说的，"这次大革命无须暴力和眼泪"。7月9日，国民议会正式更名为制宪议会。

攻克巴士底狱

以国王为首的王室反动势力自然不能坐视不理，他们决定用武力镇压反对力量。当时巴黎的军队对第三等级都很同情，王室只好从外省调集绝对服从国王的瑞士和德意志雇佣军团开往巴黎。但是这一动向被人民发现，制宪会议问路易十六，但是路易十六拒绝回答，还在7月10日将内克免职，任德·布勒杜伊男爵为财政总监，他是一个出名的反动分子，他叫嚣："如果需要焚毁巴黎，我们就烧光巴黎。"在第三等级眼中，内克算是统治阶级中的改革派，曾对他寄予厚望，因此他的被免点燃了人民群众的怒火。巴黎各行各业纷纷停业，人们走上街头，举行示威游行，群众纷纷武装起来，从巴黎荣军院找到了2.8万支枪和几门大炮。7月13日，第三等级代表们成立的常务委员会决定成立4.8万人的国民自卫军，号召公民们参加。政府军在全副武装的人民群众面前节节败退，不少士兵投入革命的阵营，到13日夜，巴黎的大部分地区都已为人民所控制，只有巴士底狱还掌握在王室手中。

巴士底狱在法国具有特殊的政治意义。这里本是一座军事据点，后来成为关押政治犯的监狱，戒备森严，守卫严密。因此，巴士底狱象征着专制暴政，象征着王室对人民的镇压，里面关着的很多所谓政治犯都是无辜的平民。当时巴士底狱的大炮正对着圣安东区，那里是工人的聚居区，同时巴士底狱里还有火药库。群众打着"到巴士底去"的旗号，准备攻下这个最后的堡垒。7月14日，常务委员会派人联系巴士底狱的守军司令德·娄内侯爵，要求拆除大炮，

攻占巴士底狱

遭到拒绝以后，武装起来的人民发起了进攻。尽管守军只有 120 人左右，但是他们却凭借着 25 米宽的护城河、30 米高的围墙、8 座炮塔而负隅顽抗。4 个小时的激战以后，群众攻破巴士底狱，处死了德·娄内。起义群众也付出了百人左右牺牲的代价。攻克巴士底狱，标志着法国大革命正式开始。

当时法王路易十六在凡尔赛宫，对这一切后知后觉，反应非常迟钝，他在 14 日的日记中甚至写着"无事"，但是实际上巴黎全城已经不在他的控制之下。15 日，他的宠臣向他报告了外面发生的一切以后，路易十六吃惊地问："是一场叛乱？"他得到的回答是："不，陛下，这是一场革命。"路易十六认定已经无法通过武力镇压后，决定屈服。当天路易十六就去了制宪会议，表示完全信任他们，已经将调集的军队撤走。后来他还表示要召回内克。16 日，制宪议会派出的 100 人组成的代表团到达巴黎，受到了巴黎人民的热烈欢迎。之前在网球场宣誓等行动中有突出表现的金融资产阶级人物巴伊被任命为巴黎市长，在美国独立战争中战功卓著的自由派贵族拉法耶特被任命为国民自卫军总司令。17 日，路易十六来到巴黎，在市政厅从新市长巴伊手中接过了红白蓝三色徽章，红蓝是巴黎的传统颜色，白色代表波旁王室，这也是当时国民自卫军的标志。路易十六的这一行为表示已经承认了巴黎的新政权，承认了眼前的革命。

八月法令、人权宣言和十月事件

巴黎的新市长巴伊这时的讲话中有这样一句名言："亨利四世重新征服了他的人民，在这里，人民又重新征服了国王。"确实是这样，法国大革命的第一阶段以国王的屈服而结束。

在巴黎人民开展武装斗争的同时，法国其他地方也掀起了起义的高潮。各地起义的主力是农民，目标则是各地的封建领主，他们进攻贵族地主的庄园，焚烧封建文契。同时各大城市也都仿效巴黎，组成了常务委员会，大资产阶级掌握了大部分的政权。

法国大革命第一阶段结束以后，即 1789 年 7 月 14 日以后，大资产阶级实际掌握了政权。制宪议会也成为实际上的革命领导机关和国家立法机关，当年在三级会议中领导反抗王权的代表们，包括米拉波、西哀耶斯、巴那夫、拉法耶特、巴伊、迪波尔、拉梅特兄弟等都成为制宪议会中的领导。他们基本都主张建立一个实行君主立宪的法国，因此有人称他们为"君主立宪派"，但是在革命之初，并没有出现那么多持不同政见的派别，代表们基本都这样认为。

在 1789 年 7 月 14 日以后，在君主立宪派的主导下，制宪议会通过立法的形式对法国予以改造。

当时农民起义的风暴席卷全国，虽然受冲击的是各地的封建贵族领主，但是制宪议会中的资产阶级、贵族们等也有点惊慌，于是他们在 8 月通过了一个安抚农民的法令。8 月 3 日起，制宪议会开始讨论对策，先是否决了武力镇压的办法，因为这会让局势更加混乱，随后决定向农民让步，在 8 月 4 日晚的讨论中，贵族、教士代表们纷纷表示自己可以放弃种种封建权利，会场情绪激昂，代表们为自己的宽宏大度所感动，纷纷互相拥抱、涕泪横流。史称"8 月 4 日之夜"。5 日起开始具体讨论法令条文，经过 6 天的讨论之后，终于在 11 日通过决议，宣布废除封建制度，取消教会和贵族的种种特权，但是农民承担的来自土地的封建义务，要以赎买的方式予以废除。史称"八月法令"。这个法令实际上并没有彻底去除农民身上的枷锁，但是它毕竟从法律上提出了废除封建制度，也具有很重要的意义。

完成安抚农民的任务以后，制宪议会的工作又回到"制宪"的正轨。早在 7 月初就有代表提出，应该有一个阐述宪法制定的原则的宣言，因此在公布"八月法令"以后，制宪议会又开始制定这个宣言。8 月 26 日，制宪议会正式颁布《人权和公民权宣言》（简称《人权宣言》）。《人权宣言》实际上是资产阶

《人权宣言》

级自由主义的宣言书，它的起草者们深受思想启蒙运动的影响，同时也可以看到一点美国《独立宣言》的影子。《人权宣言》宣称：人人生而自由平等，自由、财产、安全和反抗压迫是天赋而不可剥夺的人权，保护这些权利是政府的职责。法律应当是人民普遍意志的体现，法律面前，人人平等。尽管从现代的角度去看，《人权宣言》还存在一定的历史局限性，但是在当时它无疑具有进步的意义，它彻底否定了封建制度的王权、神权那一套，而主张人权、法治，作为法国大革命的纲领性文件，它具有划时代的意义。因此一些西方学者将它称为"新制度的出生证"，而将"八月法令"称为"旧制度的死亡证"。

《人权宣言》宣布以后，制宪议会的工作正式转向制定宪法，代表们在是否在议院中设立贵族院和国王对议会决议的否决权上产生了分歧，穆尼埃、托朗达尔等人主张设立贵族院，给予国王否决权，被称为"王政派"。反对他们的代表人数更多一些，他们被称为"爱国派"。最终讨论结果是不设贵族院，但是授予国王"搁置否决权"，即被国王否决的议会决议如果被下届议会通过，则国王无权再次否决。

在制宪议会的代表们设想着国家未来的场景时，法王路易十六却在以他的方式消极抵抗。他先后拒绝批准"八月法令"和《人权宣言》，声称："我永远不能同意剥夺我的教士和贵族。"当时法国经济状况非常不好，物价飞涨，巴黎城中面包都非常短缺，人民的不满情绪指向了凡尔赛宫廷。偏偏在这时，路易十六的行为火上浇油：9月14日，他调集佛兰德斯旅团进军凡尔赛，23日，这支部队到达凡尔赛。10月1日和3日，宫中两次举行宴会欢迎佛兰德斯旅团的军官们，在酒宴上这些军官反动气焰嚣张，甚至有人借着酒劲将国民自卫军的三色帽徽踩在脚下。随后这一情况被爱国派报纸《凡尔赛邮报》公之于众，群众顿时义愤填膺。5日起大批民众、国民自卫军等集中起来，前往凡尔赛包围了王宫，得到通知的制宪议会也要求国王批准《人权宣言》以及各项法令，保证巴黎的粮食供应。惊慌失措的路易十六全部答应。但是次日早晨，围攻王宫的一部分群众还是冲入王宫，这时拉法耶特率领国民自卫军赶到，为王室解了围。在拉法耶特的要求下，也是在群众的压力下，路易十六出现在阳台上，和外边的群众见面，答应不再住在凡尔赛，而前往巴黎。这件事史称"十月事件"。当天路易十六就住进了巴黎的杜伊勒里宫。

"十月事件"后，王室和议会都迁到了巴黎，这使得巴黎的政治中心地位更加突出，之前至少有凡尔赛分散民众对政治的注意力。"十月事件"后这样的事情不会再有，而作为政治中心的巴黎政治生活非常繁荣，出现了大量革命俱乐部，这其中比较突出的有雅各宾俱乐部、哥德利埃俱乐部、社会俱乐部等。

君主立宪派的统治

此后，制宪议会先后通过了一系列的法令，依照君主立宪的制度改造法国。首先是国家的政治体制，以三权分立为原则，议会掌握立法权，国王掌握行政权，但是不得违法，要受议会的限制等。各级法院掌握司法权。地方官经选举产生。地方上行政区划有了大改动，原来那些混乱而又互相重叠的行政区、司法区、税区等名目都被废除，取而代之的是 83 个大小、人口都差不多的郡。

对封建制度的另一大改革是针对贵族，封建等级制度被彻底废除，亲王、公爵、伯爵等头衔都被扫进了历史的垃圾堆。对天主教的改造更加猛烈，先是没收教会全部财产，后来将没收的财产拍卖，这样做很大程度上是想解决法国的财政危机问题。又改革教会组织，关闭修道院，废除原来的主教区划分，按照新划定的 83 郡划分新教区；主教以下教职不再由教皇任命，而是由选举产生；教会不再承担登记出生、死亡和结婚等职责。这些措施不无妥当，也起到了清除教会势力的作用。但是 1790 年 11 月 27 日公布的《教士宣誓法》就有些偏激了，它规定所有的大主教、主教和本堂神甫都必须要向民族、法律、国王和制宪议会颁布的宪法宣誓效忠。半数以上的教士表示拒绝，他们被称为"反抗派教士"，而顺从宣誓的称"宣誓派教士"或"宪政派教士"。教会势力的分裂对革命产生了很大的影响，那些拒绝宣誓的教士，除了一部分反动分子以外，大部分是感到宗教感情和信仰被伤害才拒绝宣誓的，国家的强制法令让大部分"反抗派教士"投向反革命阵营，而他们在广大群众中间影响颇大，这样的措施无疑削弱了革命阵营自己的力量。

资产阶级掌政当然要扫清一切阻碍资本主义经济发展的障碍，撤销各地重重关卡、取消各种苛捐杂税、取消行会制度等限制工商业发展的制度等。此外，重新划定行政区划也对经济发展有利。

　　掌政的大资产阶级对群众运动有种天然的恐惧感，十月事件中群众的游行示威又让他们对群众的态度中掺杂了敌视的成分。在他们改造国家的一系列法令中，也有一些是限制群众权利的，比如1790年末制定的选举法，用纳税额、年龄、居住年限等将大部分人口挡在政治生活之外，所谓的可以享受政治生活的"积极公民"只有不到430万，而当时法国总人口是2600万。这只是最初级选举的门槛，越往高级门槛越高。罗伯斯庇尔、马拉等都反对这项法律，但是没有取得任何效果。1791年6月14日通过的《列·霞白利法案》中体现出了更明显的仇视人民群众的态度，这个法案禁止工人集会、结社、罢工，违反的人将面临极其严厉的惩罚。

　　1791年9月制宪议会颁布宪法，史称"1791年宪法"。该宪法是掌政的大资产阶级各项改造法国制度的集大成者，这是法国历史上第一部成文宪法，再一次确认了大资产阶级建立的政权，尽管还有一定的不合理之处，但是在当时还是具有进步的意义。9月30日，已经完成使命的制宪议会结束，将权力移交给立法议会。

国王出逃事件

　　新兴的政权并不是非常稳固，威胁它的力量主要来自反动的王权势力，以路易十六为首的王室反动势力一直在蠢蠢欲动，之前逃出法国的王室成员也在境外招募力量、寻求援助，时刻准备打回法国。当年在起义群众攻陷巴士底狱、路易十六屈服以后，一些顽固派贵族认为大势已去，先后逃亡国外，他们中有逃亡荷兰的路易十六的弟弟阿尔图瓦伯爵，还有孔代亲王、波旁公爵、布罗格利元帅等，先后逃亡荷兰、瑞士、卢森堡等地。这些逃亡贵族对反抗王权的第三等级无比仇恨，一直在境外勾结外国势力准备干涉法国革命。1791年5月20日，阿图瓦伯爵面见奥地利皇帝利奥波德二世，准备联络各国君主出兵干涉法国革命。路易十六后来在和利奥波德的通信中得知这一情况，于是在6月20日趁夜带着王后、王弟普罗旺斯伯爵化装出逃，准备去投奔一个在东北边境上接应他的将领。但是第二天在东部边境附近的发棱，路易十六被当地驿

被押回巴黎的路易十六

站战士认出，旋即被扣，只有普罗旺斯伯爵逃到了布鲁塞尔。

　　国王出逃的消息传出，群众再一次愤怒了，很多原来拥护国王的人发现国王在根本态度上还是反对革命的，因此主张废黜国王，实行共和制度，科德利埃俱乐部成了共和运动的大本营。影响最大的雅各宾俱乐部基本没有参加共和运动，大部分成员仍然赞成君主立宪制，但是在对待路易十六的态度上产生了分歧，罗伯斯庇尔等人主张废黜路易十六，另立国王。意见的分歧导致分裂，7月16日，巴那夫、巴伊、拉法耶特等君主立宪派退出雅各宾俱乐部，另组了一个斐扬俱乐部，斐扬是他们集会的修道院的名字。

　　当权的制宪议会中的大资产阶级却在为国王的出逃行为辩解，说他是被人胁迫而行，非本人意愿。在7月15日还通过了一个为国王恢复名誉的决议，仍然尊路易十六为国王。群众对制宪议会的态度非常不满，经常举行集会，宣传共和主张。7月20日，在马尔斯校场上聚集了近万名巴黎居民，他们准备上一份请愿书，要求废黜国王、实行共和，结果遭到巴伊、拉法耶特等率领的国民军的镇压，有50多人死伤。马尔斯校场惨案说明，反封建的革命阵营已经不可避免地分裂了，一部分成为残余王权的保卫者，另一部分则要彻底埋葬王权。

　　1791年宪法通过后新的立法议会成立，有745名议员。这其中有拥护君主立宪的议员264名，他们被称为斐扬派，因斐扬俱乐部而得名，他们当时掌握着大权，另有136名议员属于雅各宾派。其余345名代表属于中间派，摇摆不定，哪一边得势就支持哪一边。

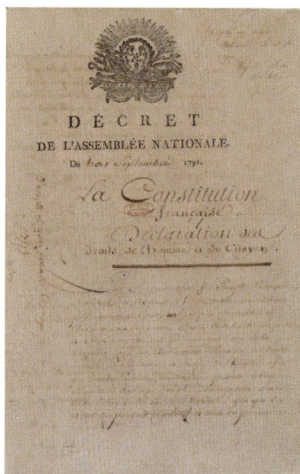

1791 年宪法

主战的吉伦特派得势

　　雅各宾派是当时影响比较大的政治派别，前身是三级会议期间的布列塔尼俱乐部，1789 年 10 月迁到巴黎，在雅各宾修道院集会，因此得名。最早雅各宾俱乐部的宗旨是推翻君主专制、实现宪法，这是一个很宽泛的政治意图，因此参加这个俱乐部的人很多，既有自由派的贵族，也有激进的革命民主主义者，成员组织遍及全国，是唯一的一个全国性组织。随着革命的发展，雅各宾俱乐部开始分化，国王出逃事件发生以后，主张君主立宪的成员分离出去，成立斐扬俱乐部。雅各宾派内部还有一个支派——吉伦特派，他们代表着工商业资本家的利益，主要成员有布里索、维尼奥等，大部分都来自吉伦特郡，故而得名。雅各宾派主张实行共和制度，虽然在议会中人数不算多，但是个个能言善辩，精力旺盛，经常能以其气势压人的演讲压服整个议会。

　　新成立的政府面临两大问题：国内面临经济问题，物价飞涨，百姓困苦；国外，流亡反动分子勾结外国势力准备干涉法国革命。经济上的问题早已存在，还是革命爆发的一大诱因，革命爆发以后的 1790 年曾有所好转，但是国王出逃事件以后，人心惶惶，一些奸商更是投机倒把、囤积居奇，大量生活必需品奇缺，有价无市。威胁更大的是国外势力，1791 年 8 月 27 日，普鲁士国王和奥地利皇帝联合发表庇尔尼茨宣言，声称法国如果不恢复王权，各国君主将出兵代劳。此外，俄国、瑞典、西班牙、撒丁王国等纷纷响应。普罗旺斯伯爵、阿图瓦伯爵、孔代亲王和波旁公爵等都积极活动，招募军队，准备杀回法国。

面对局势，各个派别政见不一。主张君主立宪的斐扬派不仅在立法议会中占有人数上的优势，还掌握着当时巴黎的军政大权，因为当时的巴黎市长巴伊和国民自卫军司令拉法耶特都是斐扬派。斐扬派对待王室态度暧昧，在百姓中渐渐失去了信任，在国王那里也没有得到彻底的信任。1791 年 10 月初，巴伊和拉法耶特分别辞去巴黎市长和国民自卫军司令的职务，11 月初拉法耶特竞选巴黎市长失败，战胜他的是吉伦特派的领袖佩蒂翁。斐扬派至此失去了巴黎的军政大权。

面对严峻形势，立法议会先是采取了一些打击封建势力的措施。11 月，在吉伦特派的大力鼓动下，立法议会先后通过了两个法令，限一切逃亡者在次年 1 月 1 日回国，否则认定为叛国罪，没收财产；限反抗派教士一周内宣誓效忠宪法。不过这两个法令都被路易十六拒绝，广大群众对他的不满情绪更加浓厚，认定他和流亡国外的人有勾结。

当时各个政治派别对待国外势力的态度有分歧，吉伦特派坚决主战，他们认为那些叫嚣干涉革命的君主国是现在一切混乱的根源，包括经济困难、各地叛乱等，也是对革命既有成果的最大威胁。只有通过战争解决他们，才是解决根本问题。同时吉伦特派背后的工商业资本家们也认为战争对他们的企业有利。斐扬派意见出现了分歧，以拉法耶特为首的一部分军人主战，他们希望通过战争让君主立宪派重新得势，大部分人则担心战争会危及现有革命成果。路易十六也有自己的小算盘，他早就希望欧洲其他王国势力介入，一直和国外的君主有秘密往来，而且他认为，凭现在法国的军事实力肯定不是干涉势力的对手，到时候专制王权必然复辟，所以他极力主战。雅各宾派中以罗伯斯庇尔为首的一部分成员形成了山岳派，他们看透了路易十六的伎俩，认定战争有害无利，即便战胜了也会导致现行制度的巩固，一旦战败，专制王权便会复辟。而当时的局势，国内反革命势力还在蠢蠢欲动，军队准备不足，且军官中有不少都是原来的贵族，因此当务之急应该是将革命继续深入，打好国内基础，然后再集中力量对付国外反动势力。雅各宾俱乐部中，罗伯斯庇尔一派和吉伦特派展开了激烈的辩论，长达几个月，为雅各宾派进一步分裂埋下了伏笔。

但是罗伯斯庇尔一派的势力人单势孤，路易十六、吉伦特派还有一部分斐扬派出于不同的目的而站在了一起。1792 年 3 月 10 日，路易十六解散斐扬派内阁，新的内阁成员都是吉伦特派。这下主战派彻底占了上风，主战派十分激进，主张先发制人。4 月 20 日，立法议会以压倒性的优势通过了对奥地利宣战的决议，不久又对和奥地利站在一起的普鲁士宣战。

人民起义推翻波旁王朝

主战派的爱国热情是好的，但是确实忽略了法国当时的实际情况，战端一起，果然如罗伯斯庇尔所料，各个战场上的法军节节败退。这其中的原因有拉法耶特等立宪派军官、原贵族军官的消极抵抗，路易十六和皇后玛丽·安托瓦内特的暗中里通外国，吉伦特派的指挥失误等。掌权的吉伦特派急于扭转不利的局面，针对国内的反动势力采取措施，1792 年 5 月底通过法令放逐反抗派教士、解散由贵族组成的王室近卫军。各地人民保家卫国热情高涨，纷纷以参军、制造武器、捐款等形式迎击外国势力的干涉。

路易十六恰恰希望看到法军节节败退，立法会议的决议被他否决，又在 6 月中旬解散吉伦特派内阁，重新组建立宪派的内阁。路易十四的倒行逆施激起巴黎人民的反抗，他们举行游行示威要求恢复吉伦特派内阁，但是被路易十六拒绝。

事态的发展暂时弥合了雅各宾派内部的裂痕，6 月底，布里索和罗伯斯庇尔决定团结起来，对付立宪派。他们大声疾呼，国王是一切祸乱的根源，要取得战争的胜利，要保卫祖国，唯有废黜国王。7 月 11 日，立法议会通过决议，宣布"祖国在危急中"，一切机关都进入戒备状态，号召公民拿起武器，为保卫祖国而战。各地群众热烈响应，仅巴黎一地，就有 1.5 万人报名参加义勇军。一支来自马赛的义勇军步行 27 天来到巴黎，他们在和倾向国王的卫队发生冲突时高唱着一支名为《献给吕克内元帅的军歌》的歌曲，士气高涨、群情激昂。这首歌很快就在巴黎乃至全国流传开来，因为巴黎人最早是听马赛人所唱，所以就将其称为《马赛曲》，后来成为法国的国歌。

差不多在 7 月底 8 月初，在雅各宾俱乐部的领导下，群众斗争的目标逐渐明确，那就是推翻君主政体、重新制定宪法。这时，外国势力又加速了这一运动的发展。7 月 25 日，入侵法国的普奥联军总司令布伦瑞克公爵在科布伦茨，以奥地利皇帝普鲁士国王的名义发表了一份宣言，他狂妄地告诉法国人民，联军要结束法国的无政府状态，恢复国王的权力，惩罚那些叛乱的人，如果国王以下王室遭到伤害，巴黎将被彻底毁灭。消息传来，巴黎人民更加愤怒，加紧废黜国王的行动。在向立法议会请愿的同时，也在积极地做起义的准备。

8 月 4 日，圣安东教区的盲人院区在 9 日晚 11 时之前仍没有通过废黜国王的决定，那么就要举行起义。随后很多区都表示响应。9 日晚，立法议会照常闭会，没有做出任何决定。晚 11 时，盲人院区号召起义，10 日 0 时警钟敲

雕刻于巴黎凯旋门上的《马赛曲》浮雕

响，起义正式开始。10 日清晨，巴黎 48 个区中的 28 个区的 89 名代表来到市政厅，宣布推翻旧政府，成立新巴黎公社，即 1792 年公社。山岳派的桑泰尔被任命为国民自卫军司令。他随即率领国民自卫军，加入起义群众围攻王宫的斗争。在和由瑞士雇佣兵组成的王室卫队一番激战之后，起义群众终于攻下了王宫。

国王带着全家逃到了立法议会所在地寻求保护，起义队伍随即赶到，要求废黜国王、选举新的议会。在群众的压力下，议会宣布国王停职，并要召开普选产生的国民公会。路易十六被投入监狱。巴黎以外各郡纷纷对 10 日的起义表示拥护，在前线领兵作战的将领们除了拉法耶特以外都承认了既成事实，失望的拉法耶特在 19 日逃往荷兰，被奥地利军队拘禁。

至此，波旁王朝覆灭了，统治法国上千年的君主专制结束了。君主立宪派至此退出历史舞台，政权转入吉伦特派手中，法国大革命也进入一个新的阶段。

法兰西第一共和国的建立和吉伦特派当政

1792 年 8 月 10 日当天，立法议会组建了临时行政议会掌管政权，6 位部长中有 5 位是吉伦特派，这表明吉伦特派至此掌政。在吉伦特派的领导下，新

1792 年 8 月 10 日巴黎市民攻下王宫

成立的政府采取了一系列措施巩固成果，比如审判反革命罪犯、驱逐一部分反抗派教士、调整军队将领等。迪穆里埃接任了出逃的拉法耶特的北路军司令职务。此外还在打击封建残余制度上推行了一些法令，比如彻底废除了"没有无领主的土地"这条封建原则，封建权利基本被清除殆尽。巴黎公社在当时起到了不小的作用，8 月 10 日起义胜利以后，公社总委员会成员大大增加，巴黎每个区有 6 名委员，48 个区一共有 288 名委员，丹东、马拉、罗伯斯庇尔、肖梅特等都在其中发挥着作用。

但是外国干涉势力还在威胁着新生的政权，19 日普奥联军进入法国境内，23 日占领隆维要塞，9 月 2 日凡尔登要塞失陷，巴黎门户洞开。消息传到巴黎，在丹东等人的鼓舞下，百姓积极组织起来，参加义勇军，前往前线。一部分情绪过于激动的群众冲进巴黎的各处监狱，大肆杀害在押的犯人，有上千的犯人被杀，这就是颇具争议的"九月屠杀"事件。当时积极参加革命活动的群众自称"无套裤汉"，因为当时的平民都是穿的普通长裤，只有贵族男人才盛行穿到膝盖的套裤，因此群众自称"无套裤汉"，主要是一些小资产者。他们是雅各宾派和巴黎公社的主要支持力量。

9 月 20 日，法国革命军队在凡尔登附近的瓦尔米高地击败了入侵的普鲁士

法国大革命时期的"无套裤汉"形象

军队，一时间士气大振。9 月 21 日，新选出的国民公会举行第一次正式会议。国民公会一共有 750 名代表，其中吉伦特派占 165 席；罗伯斯庇尔、丹东、马拉等山岳派约有 100 席，因为他们都坐在会议大厅左边的最上方，地势较高，所以得名"山岳派"。山岳派也就是历史上说的雅各宾派。在 1792 年 10 月上旬之前，雅各宾俱乐部里还有吉伦特派，10 日吉伦特派集体退出，从此雅各宾俱乐部成为资产阶级民主派的政治组织，也只有山岳派还在。国民公会中剩下的 500 多席属于中间派，一般被称为"平原派"或"沼泽派"，这是因为他们坐的地方地势最低。此时吉伦特派居于主导地位，而山岳派在不少问题上和吉伦特派有分歧。

吉伦特派和山岳派的分歧主要体现在两个问题上。第一是对当前形势的认识问题，吉伦特派主张革命到此为止，王权已经掌控、共和已经建立，现在只需要稳定秩序、保证既有革命成果。但是山岳派主张继续革命，革命目标还没有最后完成。双方分歧严重，一度达到互相人身攻击的地步。

另一个分歧其实是从第一个分歧引申而出的，就是如何处理路易十六的问题。1792 年 10 月 1 日，巴黎公社的代表在国民公会上提出要审判路易十六，山岳派支持巴黎公社，要掌政的吉伦特派主持审判。审判路易十六实际上就是

路易十六被送上断头台

继续革命，而如果严惩路易十六很可能招来欧洲各国更加严重的干涉，因此吉伦特派毫不隐瞒要拯救路易十六的意图，极力为其辩解，但是事情在 11 月 20日发生转机。这一天有人在杜伊勒里宫的墙壁里发现了一个隐藏的铁柜，里面都是路易十六和外国君主和流亡分子来往的信件，铁证如山，这下吉伦特派再也无法为他辩护了。12 月开始审讯路易十六。1793 年 1 月 16 日，国民公会投票，最终以多数票通过判处路易十六死刑。1 月 21 日，路易十六被送上了断头台。从客观的角度上看，处死路易十六确实不利于稳定形势，之前出兵干涉的只有普鲁士和奥地利，但是路易十六被处死以后，迅速形成了以英国为首的反法同盟，这个同盟有 7 个国家。同时，处死路易十六，也疏远了革命政权和君主立宪派，加大了与皇权思想浓厚的天主教徒民众的距离。

经济形势的恶化和忿激派的出现

　　吉伦特派当政依然面临着严重的经济问题，吉伦特派政府对外发动战争，耗费巨大，使得本来就非常严重的财政亏空问题更加严重，1792 年 1 月的国库收入只有 3900 万锂，但是支出的战争经费就有 2.28 亿锂。吉伦特派的解决办法是大量发行"指券"。"指券"是之前没收教会土地以后发行的一种有价证券，实际上是一种以没收的教会土地作为抵押的债券。此后的立宪派政府为了弥补财政上的缺口，大量发行指券，造成其大大贬值，导致通货膨胀的恶果。吉伦特派政府继续采用这种饮鸩止渴的手段，而不向有产者征税，因为它根本不肯触及有产者的利益，而向广大人民群众搜刮。雅各宾派的马拉等人提出其他的解决办法，比如用实物缴纳土地税等，但是吉伦特派政府置之不理。

　　滥发"指券"造成其迅速贬值，同时日用必需品尤其是粮食价格飞涨，这背后的根本原因是一部分奸商看准通货膨胀、物价飞涨、局势紧张的局面而要大捞一笔，囤积大量粮食，哄抬物价，另外一些农民、地主等不愿意将粮食出售，换来根本不值钱的"指券"。吃饭都无法保证的群众只能走上斗争的道路。1792 年入秋以来，巴黎等城市先后出现骚乱，不少商店被抢。人民群众普遍要求限制物价、打击那些投机倒把的奸商。

　　面对群众的呼声，掌权的吉伦特派的态度非常明朗：反对、镇压。吉伦特派多数都是重农学派的信徒，同时信仰经济自由的原则，自然不会支持限价运动这种干预经济活动的行动。甚至有些吉伦特派的领袖认定限价运动是由贵族和共和国的敌人煽动起来的。对于这个问题，最初的雅各宾派的观点和吉伦特派很相近，反对限价运动，但是对投机倒把这种损害人民利益的行动是谴责的态度。因此，在 12 月 8 日通过了坚持经济自由、镇压限价运动的法令。吉伦特派坚信，法令将会让眼下的经济混乱情况很快消失，但是事与愿违，进入1793 年以后物价继续飞涨，有些地方一个工人一天的工资只能买 1 磅黑面包。

在群众运动中，也出现了一个代表下层民众利益、反映他们迫切要求的党派，这就是忿激派。忿激派，也有人将其称为"疯人派"，主要领导人有雅克·卢、勒克莱尔、瓦尔勒等。1793 年 2 月 12 日，雅克·卢起草的一份"请愿书"可以说全面地体现了忿激派的政治主张，那就是政府通过法令来管理经济活动、限制物价，严厉打击投机商人，以恐怖手段对待可能遇到的阻力。

最初雅各宾派和吉伦特派一样，对忿激派是敌视的，他们都曾认定忿激派是贵族和外国敌人的代理人。随着形势的不断发展，忿激派的影响日益扩大，1793 年春天以后，雅各宾派的态度发生转变。之所以是雅各宾派的态度发生转变而不是吉伦特派，是因为雅各宾派对下层民众抱有一种同情感，他们虽然从理念上支持经济自由、反对限价运动，但还是谴责损害人民利益的投机倒把活动；同时，不得不说的是，雅各宾派的眼光要比吉伦特派更长远一些，他们认识到要想巩固革命果实，彻底战胜国内外反革命势力，不得到广大下层民众的支持是不可能的。

国际形势的恶化和吉伦特派、雅各宾派的不同应对

当时的国际形势也于法国非常不利。自从 1792 年 9 月 20 日取得瓦尔米大捷后，法军乘胜追击，将普奥联军逐出法国以后，又乘势追出国境，南部的法军先后占领萨伏依、尼斯，进入德意志境内的法军在 10 月底之前已经占领了美因兹与法兰克福，在北部，法军在比利时境内的热马普大捷将奥军彻底逐出比利时。法军所到之处大受欢迎，德意志、意大利还有比利时的居民都视他们为解放者，萨伏依的居民甚至要求和法国合并。有学者认为，由于掌政的吉伦特派打着"输出革命"的旗号，主张摧毁占领土地上的一切封建制度，因此他们才获得了当地民众的支持，在很短的时间内就取得了巨大的胜利。也有学者认为，吉伦特派掌政下的这种军事行动是对外扩张而不是革命，因为他们首先

出于扩大市场的目的，同时也不想让大量士兵回国，为本已经不稳定的国内社会带来更多的不稳定因素。

　　法国革命的迅猛势头让欧洲封建王国的统治阶级们惊骇不已，他们视其为洪水猛兽，一心要将其消灭。路易十六的死让欧洲各国的君主们更加坐不住了，他们决定采取武力行动。1793 年 2 月，在英国的组织下，第一次反法同盟成立，参加的国家除了英国以外还有普鲁士、奥地利、西班牙、葡萄牙、撒丁和那不勒斯。英国虽然不是封建国家，但是它一心要掠夺法国的海外殖民地，同时不希望法国革命的行动唤起自己国内的革命行动。欧洲另一个封建大国俄国没有参加，这是因为俄国当时一心要瓜分近在咫尺的波兰，因此欧洲其他国家去扑灭法国革命对它来说无疑是个好机会，俄国虽然没有参加反法同盟，但是却极力怂恿普鲁士和奥地利参加。

　　法国革命面临着外国反动势力的干涉，同时国内又于 3 月发生了叛乱。叛乱发生在旺代，主要力量是传统意识极为浓厚的农民，随后反动旧贵族成为他们的领导，农民暴动变成了王党的叛乱。反法同盟成立以后，很快对境外的法军发动进攻，法军连战连败，到 3 月底全部撤出比利时，境外只剩下一个美因兹还在控制当中。进入 4 月，阴谋发动政变、复辟君主立宪的吉伦特派重要领导、北路军司令迪穆里埃败露，于 10 日叛变投敌。

　　大敌当前，形势严峻，雅各宾派和吉伦特派的态度截然不同。雅各宾派积极领导爱国运动，3 月 10 日组建了针对反革命叛乱分子的非常法庭，4 月 6 日组建了领导作战的救国委员会，取代了原来的执行委员会。经济方面也采取了一系列措施，比如 5 月 4 日，在吉伦特派的反对下，国民公会通过了罗伯斯庇尔提出的"粮食最高限价法案"。5 月 20 日，又通过法令，向富人强制发行 10 亿锂公债。

　　掌握政权的吉伦特派却将大部分注意力放在镇压人民的反抗、维护自己的统治上。4 月 13 日，在吉伦特派的操纵下，国民大会通过控告雅各宾派领导人马拉的决议，但是在强大的群众压力下，24 日法庭宣布马拉无罪开释。5 月中旬，吉伦特派打击的目标又转向巴黎公社，巴黎公社是巴黎广大下层民众的重要堡垒。18 日，吉伦特派给巴黎公社扣上"无政府机关，同时追求金钱与权力的机关"的帽子，要求其解散，在没有得到国民议会批准后，又成立了一个 12 人委员会调查巴黎公社，12 个人全都是吉伦特派。24 日，这个委员会下令逮捕巴黎公社的领导人、副检察长埃贝尔，罪名是阴谋发动叛乱，也是在这一天，忿激派的两位领导人也被下令逮捕。巴黎以外，吉伦特派的做法更加不得人心，5月底，在里昂的一部分吉伦特派分子竟然勾结反革命的贵族分子发动反革命政变，几百名雅各宾派成员被害。

至此，当政的吉伦特派和站在一起的忿激派、雅各宾派、广大民众之间的矛盾激化，后者再也无法忍受前者的统治，决心用暴力的手段结束这一切。早在3月，忿激派就提出将吉伦特派驱逐出国民议会的口号，不过当时没有得到雅各宾派的赞成。5月底，雅各宾派准备发动武装起义。26日晚，罗伯斯庇尔在雅各宾俱乐部发表演说，号召人民起义，推翻吉伦特派的统治。29日，巴黎33个区的代表在主教宫举行集会，成立由9人组成的秘密暴动委员会。次日，暴动委员会联合雅各宾俱乐部，决定在31日清晨发动起义，鸣钟为号。

31日清晨，各区的代表在市政厅集会，选举新的公社，原来的领导人重

《处决自己儿子的布鲁特斯》油画
法国画家雅克·路易·大卫于1789年创作，热情赞颂了为国家利益而大义灭亲的贤明君王，在法国大革命中产生巨大反响。

新当选，昂利奥被公社任命为国民自卫军司令。下午 5 时，大批群众代表包围了国民公会，巴黎公社和各区代表随后赶到，大家提出逮捕吉伦特派的成员、清洗政府机关、解散 12 人委员会、对面包进行限价等要求，国民公会只接受了解散 12 人委员会的要求，其他要求都被拒绝了。起义委员会对这样的结果并不满意，6 月 1 日晚，马拉在巴黎公社发表演说，号召人民起来，捍卫自己的权益。2 日上午，昂利奥率领 8 万国民自卫军包围了国民公会，他们携带的 163 门大炮对准了会议厅。群众要求立即逮捕 32 名吉伦特派的成员，在黑洞洞的炮口下，国民公会顺从了群众的要求，吉伦特派的主要领导成员基本都被逮捕，吉伦特派的统治倒台，雅各宾派控制了政权。

　　吉伦特派的统治之所以倒台，其政策、主张的不彻底性，或者说摇摆性要负主要责任。吉伦特派是反对君主专制的，法兰西第一共和国正是在吉伦特派的主导下建立，但是对于君主专制的头子路易十六，吉伦特派的态度却是非常暧昧，畏首畏尾，从而招致群众的不满情绪。在经济上，吉伦特派坚定地主张经济自由，但当时这是和人民的利益相冲突的，因此，吉伦特派的统治站到了广大人民的对立面。法国大革命是资产阶级革命，这场革命面临着强大的外国反动势力的干涉，获得民众的支持才可能抵抗住外国势力的干涉的。同为资产阶级、但是却和人民群众相对立的吉伦特派最终倒台了。不过吉伦特派打击封建势力的功绩不能抹杀，在这一点上，大部分时间里吉伦特派和雅各宾派是一样坚定的。

雅各宾派稳定政权的措施

　　雅各宾派接手的是一个形势异常严峻的法国。在国外，反法同盟的军队从四面八方扑来，已经入侵法国境内。1793 年 6 月 2 日以后，英国宣布封锁法国的所有港口，前往法国的中立国运粮船只也要被没收。国内形势同样严峻，旺代的王党叛乱迅速发展蔓延，对南特构成了威胁。一些吉伦特派分子也趁机四处煽动叛乱，制造白色恐怖，杀害雅各宾派成员。7 月 13 日，雅各宾派卓越的领导人被一名吉伦特派分子在家中暗杀。法国国内的叛乱四起，背后也有外国势力，主要是英国人援助的影子。

　　新掌管政权的雅各宾派领导人一边集中力量对付国内外的敌人，一边采取了一系列的措施以争取民众的支持、稳定局势，巩固政权。首先，雅各宾派采取的众多措施中最主要的是关于土地的政策，法国人口中绝大多数都是农民，只有解决了他们关心的土地问题，才能调动最广大人民的力量。6 月 3 日，国民公会公布法令，将之前没收的逃亡贵族以及王室、教会的土地分成小块出售，允许买者 10 年内付清地款。7 月 17 日，宣布《土地法》，彻底、无偿地废除一切封建权利，而不像之前吉伦特派当政时那样，地主如果能拿出原始契券就能继续享有封建权利。此法令使得大量永佃田成为农民的自由财产，而不是只有使用权而没有所有权。雅各宾派彻底解决了斐扬派和吉伦特派没有解决的土地问题，《土地法》等一系列土地政策为雅各宾派争取农民支持起到了至关重要的作用。

其次，为了更好地团结人民，雅各宾派政府加紧制定一部新的宪法，以取代之前的君主立宪派主导制定的宪法。6 月 24 日，国民公会通过新宪法，史称"1789 年宪法"，这是法国历史上第一部共和制宪法，基本上全面地阐述了雅各宾派的主张。新宪法前面是罗伯斯庇尔制定的新的《人权和公民权宣言》，比 1789 年制定的《人权宣言》更进一步，强调如果政府侵犯了人民的正当权利，人民有权反抗。新宪法规定共和国权力机构实行三权分立原则，普选产生的立法议会执掌立法权，对议会负责的内阁执掌行政权，高等法院执掌司法权。可以说，尽管这部法本身也有一定的资产阶级局限性，但它仍是当时历史条件下最为民主的宪法。因为当时严峻的形势，在罗伯斯庇尔的坚持下，新宪法并没有付诸实施。因为当时内忧外患的法国需要的是强有力的、集中的中央领导力量来对付各路敌人，还不到实行新宪法所推崇的广泛民主的时候，那样只会对敌人有利。

改组救国委员会是雅各宾政府的另一大举措。1793 年 4 月 6 日，救国委员会成立时有 9 名委员，5 月 30 日增加到 14 人。在反抗吉伦特派的斗争中，丹东领导下的救国委员会曾因为表现软弱而招致马拉、忿激派的批评。7 月 10 日，救国委员会进行改选，支持丹东的一部分委员落选，丹东主动退出委员会。27 日，罗伯斯庇尔被选入委员会，成为实际的领导核心。随后救国委员会的权力得到加强，被赋予了一定的军事、外交、行政和司法的权力，实际上起到了一部分临时政府的作用。

在其他方面，雅各宾派政府调动一切力量还击国内外的反动势力。8 月 23 日通过的"全国总动员令"规定：全国人民皆有服兵役的义务，直至所有敌人被驱逐出境。此法令大大地补充了法国兵源。

救国委员会
在恐怖统治期间负责揭露和逮捕当地的"嫌疑犯"。

雅各宾派推行的一系列措施对于当时的形势来说确实是有必要的，也收到了很好的效果。但是，这些措施或者是打击封建势力，或者是雅各宾派以资产阶级的民主原则对法国进行改造，对于当前法国广大民众最迫切希望改变的问题——经济上的物价飞涨、要求限价——并没有给予太多关注。和吉伦特派当政时一样，雅各宾派依旧奉行经济自由原则，只是在7月底通过了打击投机倒把行为的法律，但依旧镇压限价运动。

雅各宾派统治的前3个月，法国各地的形势并没有太多的好转：经济上物价继续飞涨，纸券继续贬值；国内旺代叛乱势力控制的地盘继续扩大；吉伦特派煽动的叛乱也越来越多。普鲁士、奥地利、西班牙、撒丁等国军队相继攻入法国领土，法军连战连败。最终促使雅各宾派政策转向的是9月初巴黎人民的武装游行。英军占领了法国地中海沿岸的土伦，王党分子在那里拥立路易十六之子为国王，称"路易十七"。9月4日和5日，得知这一消息的巴黎人民举行了武装游行，喊着"对暴君作战！对贵族作战！对囤积居奇者作战！"的口号。雅各宾派中最为激进的埃贝尔派支持示威群众，其领导肖梅特在国民议会要求实行"恐怖统治"，主要措施有对生活必需品全面限价、成立由无套裤汉组成的革命军巡逻各地等。

9月5日这一天，经过长时间的激烈辩论，国民公会表示接受游行群众的要求，随后通过决议，建立革命军、改组革命法庭，制定全面限价法令，这一天也标志着雅各宾派政权开始进入恐怖统治阶段。

雅各宾派的恐怖统治

此后的数个月中，雅各宾派政府先后出台政治和经济两个方面的一系列政策措施，政治恐怖的主要内容包括建立革命军、通过嫌疑犯法令、改组革命法庭和建立革命政府等。1793 年 9 月 9 日，公布成立革命军的法令，革命军有 7200 人，全部是巴黎的无套裤汉，他们的任务就是巡回全国，以暴力手段保证恐怖统治的政策得到贯彻执行。9 月 17 日，颁布《惩治嫌疑犯法令》，划定了嫌疑犯的范围，涵盖面非常广，一切符合"标准"的嫌疑犯统统逮捕。各地的革命委员会负责提供本区的嫌疑犯名单。9 月 5 日革命法庭一分为四，4 个法庭同时审判。在全国各地设立断头台，国民公会派出手握生杀大权的中央特派员前往各地。10 月 10 日国民公会通过法令建立国民政府，在和平实现之前，革命政府即为临时政府，救国委员会负责监督。同时，救国委员会和 1792 年 10 月 17 日成立的治安委员会先后增加了委员的数量，后者也成为仅次于救国委员会的机构，二者合称"两委员会"。

经济恐怖的主要内容就是限价。9 月 11 日，通过法令宣布对粮食、面粉、饲料进行限价，全国统一价格。9 月 29 日，通过更加全面的限价法令，对 40 种生活必需品限价，其中盐、肥皂、烟草为全国统一价格。同时大幅提高工资的最高限额。

所谓恐怖统治，是掌权的雅各宾派政府在群众运动压力下，被迫进行的一次政策大转向行动，这是符合当时法国国内国际形势要求的。在恐怖统治的初期，广大群众确实是支持的，同时，恐怖统治确实起到了非常明显的效果，这一点在经济上有极为显著的效果：投机商人销声匿迹；纸券不再贬值，反倒有升值的迹象。对敌斗争上的效果也很明显，得到群众大力支持的共和国军队士气大振，扭转了不利的局面。10 月 2 日占领里昂，平定吉伦特派煽动的联邦派叛乱。10 月 17 日和 12 月 23 日两次大胜旺代叛军主力，旺代叛军不再构成威胁。在对抗外国干涉势力方面，10 月 16 日法军击败奥地利军队，12 月 19 日击败英军，收复土伦，到 1794 年初，法军将所有的外国军队逐出法国领土，还进入境外作战。

尽管雅各宾派推行的恐怖政策取得了一定的积极效果，成功地保卫了革命的果实，抵挡住了外国势力的干涉，但是，必须要指出的是，恐怖政策中的一些措施被人为地偏激执行，产生了非常严重的、消极的恶果。首先是《惩治嫌疑犯法令》划定的嫌疑犯范围广泛而模糊，被划进来的不仅有王党分子、反革命分子，还有很多无辜的人，比如仅仅是没能履行选举职责的百姓，打击面非常大。据估计，截至 1794 年 5 月，全国被逮捕的嫌疑犯总数高达 30 万。《惩治嫌疑犯法令》本已有偏差，以罗伯斯庇尔、圣茹斯特等为首的救国委员会委员甚至都不遵守法令，滥发逮捕证，而救国委员会是没有逮捕权的。这和罗伯斯庇尔等人的出身有关，他们都经历过和封建势力、立宪派、吉伦特派的殊死角逐才最终掌权，"一朝令在手"的他们都产生了一种复仇、惩罚的情绪。这种情绪带来一个极其严重的后果就是滥杀无辜。雅各宾派政府对待叛乱地区的手段极其残酷，被他们屠杀的不仅是叛乱的参加者，还有大量无辜群众。卡里埃曾不经审判一次就处死了两批人，第一批 24 人，其中 4 人只是十三四岁的少年。因为要杀的人太多，一个一个上断头台效率太差，于是开始用炮轰和集体枪杀的方式，卡里埃在南特竟然别出心裁地制造出一种活动船底的船只，先后有数千的南特人被装上这种船，死在了卢瓦尔河中。据不完全统计，仅仅被直接判处死刑而处死的人，就有 1.7 万之多，如果再算上那些根本没受审讯就被处死的人，总计就有近 4 万人。在所有能查明身份的死者当中，第三等级的人，即贵族和教士以外的人，竟然高达 85%。

雅各宾派对于那些已经身在囹圄的政敌们更是毫不手软。10 月 16 日，路易十六的王后、来自奥地利的王后玛丽·安托瓦内特被送上断头台。10 月 31 日，在押的 21 名吉伦特派领袖，包括布里索、维尼奥等都被处死。11 月 8 日，吉伦特派另一位领袖罗兰夫人被送上了断头台。除了吉伦特派成员以外，一些立宪派成员，包括当年领导网球场宣誓的巴伊也都没有逃脱厄运。

雅各宾派的恐怖统治还延伸到了宗教层面上，具体说就是有一些在外省的特派员发起的"非基督教化"运动。这个运动完全无视法国浓厚的天主教基础、绝大多数人都世世代代信仰天主教的基本现实，而掀起了一场浩浩荡荡的反基督教运动，鼓励人们去摧毁教堂，迫害各级教士，巴黎主教高贝尔被迫辞职，在国民公会宣布放弃信仰，巴黎圣母院也被改成了"理性庙"。到 11 月底，所有的教堂都被关闭。尽管有些反革命分子是反抗派教士，但是"非基督教化"运动的矛头却指向了整个基督教，打击面严重偏差。为了进一步"非基督教化"，1793 年 11 月 24 日，国民公会通过法令，废黜原来用的基督教的格里高利历法（即现行公历），而采用共和历法。共和历法以法兰西第一共和国成立的 9 月 22 日作为元旦，为共和纪年的起始日。每年仍为 12 个月，每月 30 天，分为 3 旬，每旬的最后一天为休息日，取代公历上的星期日。一年中剩下的 5 天为"无套裤汉日"，逢闰年则会剩 6 天，最后一天为"法兰西日"，

《吉伦特派的最后时刻》
1793 年 10 月 31 日，吉伦特派领导人被送上了断头台。在最后的反抗行动中，他们唱着革命歌曲《马赛曲》，一个接一个地被处决。

以此纪念法国大革命。历法的创建者为每一个月份都起了一个非常诗意的名字，依次为秋季的葡月、雾月、霜月，冬季的雪月、雨月、风月，春季的芽月、花月、牧月，秋季的获月、热月和果月。另外，制定者们还遵照一定的规律为每一天都起了名字。这套极力远离基督教色彩的历法实行到 1805 年底，1806 年为拿破仑废除。

埃贝尔派和丹东派

恐怖统治是在极其特殊的历史时期下产生的一种统治手段，绝对不能作为一种常态长期执行下去，一旦见效、危机结束就应该终止，恢复正常秩序。最早罗伯斯庇尔等人也是这样认为的，比如罗伯斯庇尔在 1793 年 12 月 25 日就说，"革命政府需要非常行动，因为现在是战争时期"。但是，当恐怖统治显现效果，外部压力减轻一部分以后，掌政的雅各宾派内部的矛盾开始浮现，当权的罗伯斯庇尔用恐怖统治的手段打击政敌，即将恐怖统治的对象转向了雅各宾派内部。就这样，自 1794 年春季开始，法国政府在矛盾的状态下蜿蜒前行。

雅各宾派内部可以分为左、中、右三派。左派为埃贝尔派。在忿激派被镇压以后，埃贝尔派成为城市下层群众的代表，他们的主张非常激进，主张继续实行恐怖统治，尤其仇视商人，认定投机倒把的商人是一切罪恶的根源，而且打击面严重扩大，就像埃贝尔所说的："正如不能宽恕较大的商人一样，也不能宽恕卖胡萝卜的商人"，"小商店和大商店一样坏"。左派的代表人物还有德穆兰等人。右派的领袖是丹东，他对过分恐怖、滥杀无辜的行为极其反感，主张恐怖统治应该到此为止，应当实行"宽容"政策，要"爱惜人类的鲜血"。在经济上丹东这一派在一定程度上继承了吉伦特派的主张，主张经济自由，维护私有财产不可侵犯。

以罗伯斯庇尔为首的中间派是雅各宾派中的主流，是当时掌握实权的派别。最初这一派的主张摇摆不定，并没有倾向于埃贝尔派或者丹东派。但是另外两派的斗争如此激烈，互不相让，埃贝尔派在攻击丹东派、丹东派在攻击埃贝尔派的同时，也都对中间派持批评态度。埃贝尔派更加激进，甚至主张发动起义，推翻中间派的统治。埃贝尔派主导的"非基督教化"运动造成了严重的社会混乱，因此 12 月 6 日，国民公会通过法令主张信仰自由，这算是对埃贝尔派的初步打击。随后丹东派企图改组救国委员会的行为又让罗伯斯庇尔对丹东派也

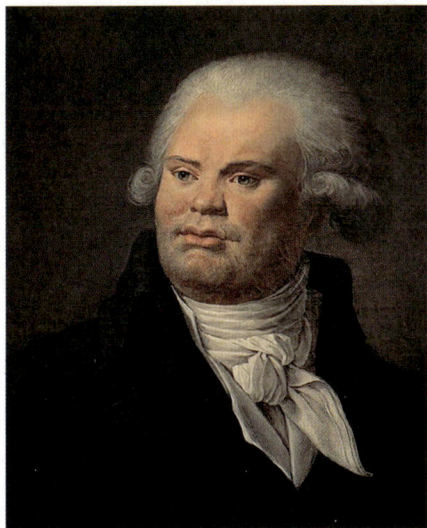

丹东画像

失去了信任。12 月 25 日，罗伯斯庇尔对两派都给予了批评。

进入 1794 年以后，雅各宾派开始由摇摆不定转而向左，即继续推行恐怖统治。2 月 26 日和 3 月 3 日通过法令规定，将没收的反革命分子的财产无偿分给"赤贫的爱国者"。因为这个法令是在"风月"被通过的，因此被称为"风月法令"。因为资产阶级分子的阻挠，这个法令并没有得到彻底贯彻，但是它的出台至少表示了雅各宾派继续推行恐怖统治的态度。同时在对丹东派进行打击的同时，也剥夺了埃贝尔派攻击自己的口实，雅各宾派试图向底层群众示好，将他们从埃贝尔派那里拉过来。

热月政变：雅各宾派的倒台

埃贝尔派对罗伯斯庇尔政府的措施还是不满，他们的主张更加"左"，图谋发动新的起义推翻现行统治，自己掌权。但是埃贝尔派的密谋失败，1794 年 3 月 14 日，埃贝尔派埃贝尔以下 18 名成员被捕，10 天以后被送上断头台。随后雅各宾派又镇压了试图推翻自己统治的丹东派：3 月 30 日，丹东派的丹东、德穆兰等人被捕，随后罗伯斯庇尔操纵审判、强压民意，宣判丹东派的人死刑。4 月 5 日，丹东等 20 多人被送上断头台。罗伯斯庇尔派在处决两个反对派的领导人的同时，还推行一系列措施巩固自己的统治：3 月 27 日，解散埃贝尔派的革命军，4 月，放松对经济上的恐怖政策，比如撤销零售商需要向政府申报存货情况的规定，颁布价格明显提高的新限价令；进入 5 月后，对巴黎公社进行彻底改组，插入政府派出的官员。

雅各宾派的残暴手段，无法改变少数统治成员和大多数被统治者渐行渐远的趋势。镇压埃贝尔派导致下层民众对雅各宾派仇恨不已，镇压丹东派更是让其背后的资产阶级选择与其势不两立。在国民公会两委员会中也有不少代表和委员对罗伯斯庇尔非常不满，甚至有人攻击他是"独裁者"。当政的雅各宾派已经陷入孤立，埃贝尔派、丹东派的残余力量还有平原派正在靠拢。用罗伯斯庇尔的亲密战友圣茹思特的话说，就是"革命已经冰冷了"。

雅各宾派曾试图以崇拜"最高主宰"的方式来唤起群众的热情，但是人民对此非常冷淡。气急败坏的雅各宾派于是在 1794 年 6 月 20 日，也就是热闹的"最高主宰节"后的两天强迫国民公会通过了一条法令，首先扩大了敌人的范围，然后又简化了审判程序，取消预审制度，也不需要辩护人，甚至在没有证据的时候，仅凭推理就可以下最后的判决，而且死刑成为惩罚的唯一形式。这个极度恐怖的法令因为在"牧月"被通过，因此被称为"牧月法令"。在其被实施的 45 天中，仅巴黎一地就有 1376 人被处死，平均每周有近 200 人被杀，最多的一天竟然处决了 50 人。而在这之前的 8 个月中，巴黎每周被处决的人平均为 32 人，这已经是非常恐怖的数字了。被杀的人中绝大多数来自第三等级，属于贵族、教士阶层的已是少之又少。

雅各宾派营造的新一轮恐慌让全国上下人人自危，反对雅各宾派的各股势力正在走向联合。7 月 26 日，罗伯斯庇尔在国民公会发表演说，声称在国民公会内部存在阴谋活动，威胁要对两委员会下手，清除、惩罚叛徒。次日，尽管圣茹思特率先发言，但是很快就被反对派的浪潮淹没下去，罗伯斯庇尔两次要求发言，但是都在代表们的怒斥声中闭嘴。反对派彻底控制了局势，国民公会正式通过决议，逮捕罗伯斯庇尔，同时被捕的还有和罗伯斯庇尔合称"三巨头"的圣茹思特、库东，以及勒巴、罗伯斯庇尔的弟弟奥古斯丁等人。因为发生在"热月"中，所以这次政变史称"热月政变"。

后来罗伯斯庇尔等人曾被巴黎公社的支持者和国民自卫军的司令昂利奥营

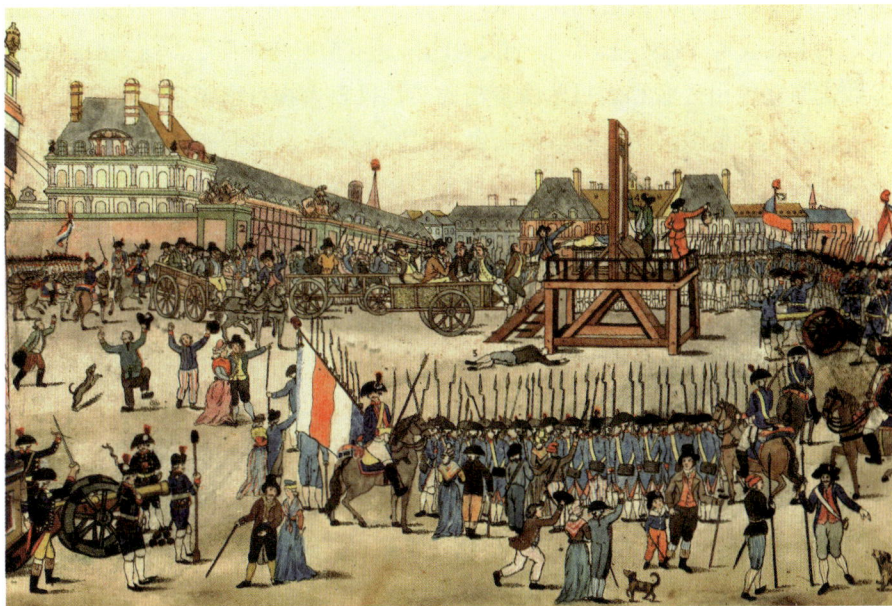

罗伯斯庇尔被送上断头台

救出来，但是在 7 月 28 日凌晨，国民公会的军队又冲进市政厅，再次抓走了罗伯斯庇尔等人，昂利奥等人也被捕。当天下午，罗伯斯庇尔等 22 人被送上了断头台。热月政变标志着雅各宾派统治的结束，标志着雅各宾派专政的倒台，同时也标志着法国大革命的上升阶段结束了。

尽管雅各宾派在专政期间推行恐怖统治，行为严重过激，造成了较为严重的后果，但是其功绩还是不能一笔抹杀。在法国最为危急的时刻，雅各宾派充分调集了各阶层的力量组织反抗，击退了国内外企图扼杀革命的反动势力；雅各宾派完成了对封建制度的最后荡涤，将农民彻底从封建专制、腐朽教会的压迫中解脱出来，这一点为后来的资本主义发展奠定了基础。雅各宾派的活动对后来法国的历史以及其他国家都产生了不可估量的影响。

督政府的统治

发动热月政变的人被统称为"热月党人"，他们只是暂时在反对罗伯斯庇尔派的行动中达成了一致，在政治立场、观点主张上并没有多少共同点。热月政变以后，"热月党人"就接下来如何执政产生了分歧，共分为三派：右派，主要是原来的丹东派或者称宽容派，还有一部分是从平原派转投过去的；左派，主张继续实行恐怖统治，他们反对的只是罗伯斯庇尔而已，这一派的成员多数是原来的山岳派和埃贝尔派参与成员，代表人物有巴雷尔、瓦迪耶、迪昂等。剩下的是中间派，基本都来自原来的平原派，他们态度暧昧，不过更倾向于右派，即结束恐怖统治。因此宽容派在热月党人中起到了主导作用。

当政的热月党人马上采取了一些措施，对恐怖统治造成的消极影响纠偏。这其中包括释放大批证据不足的嫌疑犯，被释放的人有在押的吉伦特派分子，他们中还有参加过联邦派叛乱活动的人。作为雅各宾派专政时期主要的暴力机器，7 月 29 日革命法庭的活动被叫停，改组后恢复了正常的审判程序，次年 5 月 31 日解散；1795 年 7 月 31 日改组救国委员会，一部分热月党人加入，同时取消了其不少权力，同样被削弱权力的还有治安委员会。热月党人对雅各宾派的残余势力进行打击。11 月 12 日雅各宾俱乐部被封闭。国民公会中的那些雅各宾派分子一部分被流放，一部分被处以死刑或者自杀。

在经济上，热月党人也取消了恐怖政策，逐渐放开官职，直到 12 月 24 日，国民公会通过法令废除全面限价，经济恐怖彻底终结。但是当时的经济状况是不适合搞经济自由的：形势紧张、生产萎缩，生活必需品的供应短缺，因此从一定角度说，只有适度的"恐怖"政策才能压制投机倒把行为。热月党人一放开限制，投机倒把、囤积居奇行为再次猖獗，物价飞涨、纸券贬值，巴黎下层民众连面包都买不上，他们先后在 1795 年 4 月 1 日和 5 月 20 日发动两次暴动（因分别发生在"芽月"和"牧月"，而被称为芽月暴动和牧月暴动），不过很快就被热月党人政府镇压了下去。

热月党人对雅各宾派残余分子的清除、对人民暴动动用军队镇压，都使其标榜的"宽容"颇具讽刺意味。需要指出的是，热月党人在反对封建专制的态度上还是异常坚决的，这一点从其对以"路易十八"为首的王党叛乱的镇压可以看出。1795 年 6 月 8 日，在押的路易十六幼子路易（又称"路易十七"）去世，消息传出，逃亡意大利的路易十六之弟、普罗旺斯伯爵在 24 日自立为王，称"路易十八"，叫嚣打回法国，恢复王权。6 月下旬，一支由流亡贵族等组成的几千人的队伍在英国海军的护送下登陆布列塔尼的基伯隆半岛，准备和旺代的叛军遥相呼应，进军巴黎，拥路易十八登基。热月党人政府随即派出军队前往平叛。双方对峙半个月，7 月 21 日法军大举出击，击溃叛军，最终 748 名身着英国军装的叛乱分子俘虏被枪决。

1795 年春天，法军在对抗第一次反法同盟的战争中进展也颇为顺利，反法同盟中的普鲁士、荷兰和西班牙出于各自的原因分别在 4 月、5 月和 7 月和法国议和。反法同盟中还剩下英国和奥地利，还有意大利的一些小邦，第一次反法同盟基本瓦解。

1795 年 8 月 22 日，国民公会通过了新宪法，即《共和三年宪法》，又称"1795 年宪法"。新宪法的目的是要维护大资产阶级的利益，较之前的 1793 年宪法要保守很多，政治经济一律平等、人民有权起义等具有进步意义的条文都没有了，虽然秉承的还是三权分立的原则，但是具体情况有很大变动：掌握立法权的立法院由一院变成两院，分别是由 250 人组成的元老院和 500 人组成的"五百人院"；行政权归督政府长官，督政府由 5 名督政官组成，由五百人院提名、元老院选举产生，每年改选一人，轮流担任主席，任期 3 个月；同时公民的政治权利门槛大幅提高。

王党叛乱被彻底平定以后，一部分有保王倾向的人更倾向于走选举的路，以此进入两院和政府，以实现自己的目标。但是热月党人也想到了这一点，专门规定新选举出来的两院成员，须有 2/3 是原来国民公会的代表。这一规定堵死了保王党分子意图通过选举控制政权的路，于是王党分子煽动另外一些对这个法令不满的人准备在巴黎举行暴动。国民公会派军队镇压，其中领兵的一位年轻将领在 1793 年的土伦战役中崭露头角，名叫拿破仑·波拿巴。1793 年 10 月 5 日（葡月 13 日），一支约 2.5 万人的王党暴动队伍包围了国民公会所在的杜伊勒里宫，波拿巴当时手下兵力只有敌人的 1/4，危急时刻，他果断下令开炮，猛烈的炮火击溃了叛乱者，有 200 人被打死。波拿巴因此得到了"葡月将军"的美誉。

叛乱平息以后，新的立法院顺利产生，1795 年 10 月 26 日，完成使命的国民公会闭幕。次日，立法院开幕，又选出了督政府，巴拉斯等 5 人当选督政官。法国历史开始了督政府时代。

新成立的督政府的处境和雅各宾派当政后期时有些相似：都是处于中间路线上，在丹东派看来雅各宾派是不够宽容，在埃贝尔派看来是恐怖得不够彻底，所以两派对其都不满。而督政府既反对立宪主张，也反对给予人民民主，因此也受到两派的夹击。

督政府时期，左派的反对力量主要来自"平等派"，其领导人是巴贝夫。格拉古·巴贝夫（1760—1797 年）原名弗朗索瓦·诺埃尔，出身贫寒，15 岁起就外出谋生。大革命前做过土地督察员、公证人助手等，对封建剥削制度非常了解。在阅读了大量启蒙思想家的著作以后，他初步产生了所有财产公有的思想。大革命爆发以后，他积极投身革命运动，因为他的土地主张和古罗马改革家格拉古相似，因此他将自己名字改为格拉古·巴贝夫，还将自己的报纸更名为《人民的保民官》。热月政变以后，他因在报纸上揭露热月党人

格拉古·巴贝夫画像

的统治而被捕，在狱中他潜心思索，最终形成了自己的平等派思想。巴贝夫的主要主张是取消私有制度，主张土地公有，建立国民公社掌权的共和国。1795年10月，巴贝夫出狱，继续在报纸上对督政府进行抨击，次年2月督政府查封报纸，并准备逮捕他，巴贝夫被迫转入地下活动。1796年3月，巴贝夫秘密成立了"平等派密谋"指导委员会，策划发动起义，推翻督政府。起义最终决定在5月10日举行，但是因为叛徒告密，巴贝夫等22人被捕。27日，自杀未遂的巴贝夫被抬上断头台。"平等派密谋"成为法国大革命中最后一支发起行动的民主力量。

保王党方面的威胁主要来自选举。1797年5月的立法院选举为保王党分子所控制，他们通过蛊惑人心的宣传、高效成功的组织活动占据了新选的两院代表的大部分席位，两院院长和新上任的一人督政官也都是保王党。他们随后肆意抨击督政府，提出种种复辟王权的主张，还试图策划政变，推翻督政府。忍无可忍的督政府决心动用武力。1797年9月4日，督政府指使波拿巴的一支军队进驻两院，将大部分保王党议员逮捕，次日又宣布之前的选举无效，随后对政府机关进行大清洗，彻底扫清了保王党的势力。9月4日是果月18日，史称"果月政变"。

果月政变以后，督政府的统治一度有左倾倾向，以新雅各宾派为代表的民主派势力有所抬头，在1798年4月的立法院选举中，新雅各宾派获得了胜利。督政府又感到了不安，于是故技重施，5月11日（花月22日）宣布选举无效。随后督政府封闭了新雅各宾派的俱乐部，将一批民主派分子流放，史称"花月政变"。

督政府凭借强大的武力左右开弓，打击了异己势力，暂时维护了自己的统治。但是督政府这种动用军队的方式，已经破坏了督政府赖以建立的法制。宪法明确规定，政府没有权力解散议会，督政府的行为已经违背了这一点。

军方势力的崛起和雾月政变

1795年夏天，法国和第一次反法同盟中的普鲁士、荷兰和西班牙等先后媾和，主要对手只剩下奥地利和英国，其中前者是法国在大陆上的主要敌人。当时督政府制定了兵分三路进军维也纳的计划，前两支军队分别沿美茵河和多瑙河在德意志境内推进，此为主攻方向，拿破仑·波拿巴（习称拿破仑）率领一支军队取道北意大利。但是开战以后前两路严重受挫，北意大利的拿破仑这一支却势如破竹，1796 年 4 月初击溃撒丁王国，撒丁王国不得不和法国签订和约，割让萨瓦和尼斯。随后法军乘胜追击，连下米兰、布洛尼亚、摩德纳、托斯卡纳等地，连罗马教皇国也割地赔款求和。1797 年 4 月，大势已去的奥地利求和。10 月 17 日，法国和奥地利签订了《坎波福尔米奥和约》，奥地利将奥属尼德兰割让给法国，承认莱茵河为法国边界，承认拿破仑在北意大利建立的几个傀儡邦国，两国还瓜分了威尼斯共和国。

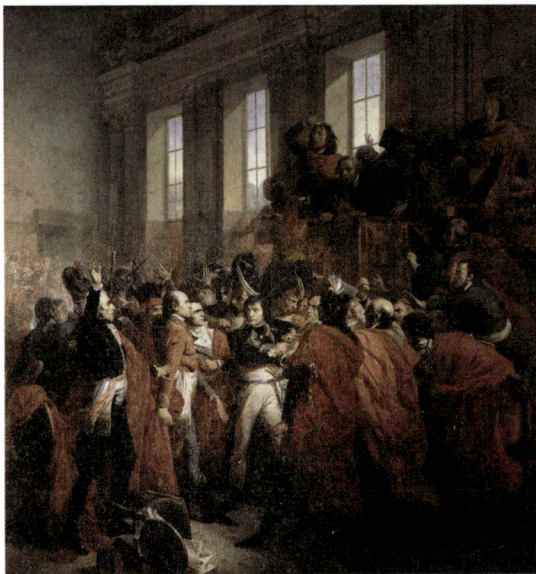

拿破仑带人发动雾月政变

　　《坎波福尔米奥和约》的签订标志着第一次反法同盟的正式瓦解。但是组织反法同盟的英国还和法国处于交战状态，拿破仑决心出兵占领当时英国的殖民地埃及，切断英国本土和印度的往来，以此打击英国。督政府批准了拿破仑的计划，1798 年 5 月 19 日，拿破仑率领 3 万法军从土伦出发，横渡地中海，7 月初登陆埃及，一度进展顺利，占领亚历山大、开罗，但是他在当地的统治激起了人民的反抗。8 月 1 日，在尼罗河口的阿布基尔港口，法国海军被英国海军全歼，英国就此掌握了制海权，断了拿破仑的退路。次年春天，拿破仑东征叙利亚又遭遇英土联军重创，当地又流行瘟疫，法军伤亡很大，只能困守埃及。

1798 年底，看到法军陷入窘境，英国纠集奥地利、西班牙、那不勒斯、俄国、土耳其等组织起第二次反法同盟。在开战的前几个月中，法军一度还取得了一些胜利，在瑞士和意大利都建起了一些附庸国家，但是在俄奥联军加入战斗以后，法军形势急转直下，在德意志、瑞士、意大利、荷兰各个战场法军都接连败退。反法同盟的军队即将进入法国本土。

督政府的统治陷入危机，外有强敌压境，内部经济问题仍然没有解决。1799 年 5 月，当上督政官的西哀耶斯想借助军队的力量稳定政局，他想找一名"听话"的将领作为他的工具，他选定了拿破仑。当时身在埃及的拿破仑也是野心勃勃，在得知国内的境况以后，8 月 23 日率领 500 名士兵离开埃及，冒着被英国海军抓住的危险渡过地中海，10 月 9 日登陆法国，16 日赶到巴黎，沿途他受到了热烈的欢迎。随后拿破仑和西哀耶斯、外交部长塔列朗、警务部长富歇等人密谋策划，于 11 月 9 日发动政变，推翻了督政府统治。因为 11 月 9 日是雾月 18 日，史称"雾月政变"。

雾月政变标志着法国大革命的结束（也有人认为热月政变是法国大革命结束的标志）。从 1789 年 7 月 14 日攻克巴士底狱开始，到 1799 年 11 月 9 日雾月政变结束，法国大革命历时 10 年，可谓漫长。在这期间，立宪派、吉伦特派、雅各宾派、大资产阶级的督政府一个个登台，又一个个被推翻。虽然最终结局是拿破仑建立了几乎由他独裁的执政府，和最理想的资产阶级革命结局尚有一定距离，但是，这丝毫没有影响法国大革命的功绩。法国大革命是最为彻底的资产阶级革命，它极其彻底地摧毁了法国的封建专制制度，令整个欧洲的封建秩序也为之震撼，为资本主义的发展铺平了道路，也为世界其他国家的革命树立了榜样。《人权宣言》在世界范围内产生了巨大的影响。

法国的拿破仑时代与欧洲的反法同盟

拿破仑·波拿巴，这个出身军旅的小个子统治法国16 年，前 5 年为法兰西第一共和国第一执政，后 11 年为法兰西帝国皇帝拿破仑一世。从整个欧洲的角度看，称这 16 年为拿破仑时代也不为过，他领导下的法国是欧洲乃至整个世界国际舞台的中心。

拿破仑建立临时执政府

雾月政变胜利以后的第三天，拿破仑就拉着西哀耶斯等人一起组成了共和国临时执政府，拿破仑出任第一执政。为了尽快使通过政变获得的权力合法化，拿破仑指示手下按照自己的意志迅速起草了一部新的宪法，12 月 15 日新宪法草案就提交公民表决。1800 年 2 月 18 日，新宪法以压倒性的优势获得通过，史称"拿破仑宪法"。

这部宪法明确宣布彻底废除封建制度，这等于保留大革命最大的成果：摧毁封建制度，建立共和制度。但是匆匆出炉的宪法明显是为拿破仑建立独裁统治而量身定做的。三位执政掌握行政权，但是只有第一执政，也就是拿破仑拥有全权，包括提出法案、任命撤换官员、宣战媾和等，而第二、第三执政只具有发言权、咨询权，相当于第一执政的顾问。实际上第一执政独揽行政大权。立法权分属参政院、保民院、立法院和元老院（也有人认为参政院不属于立法机构，因为新宪法本身就没有明确说明），每院人数不同、选举方式不同、权限不同，但是有一样是相同的，那就是都没有权力单独决定立法问题，最终决定法律命运的还是第一执政，因此立法院形同虚设，所以当时有人讽刺它们是"无害的玩具，可以供受过良好教育的儿童来玩耍，而一切国家大事，都让波

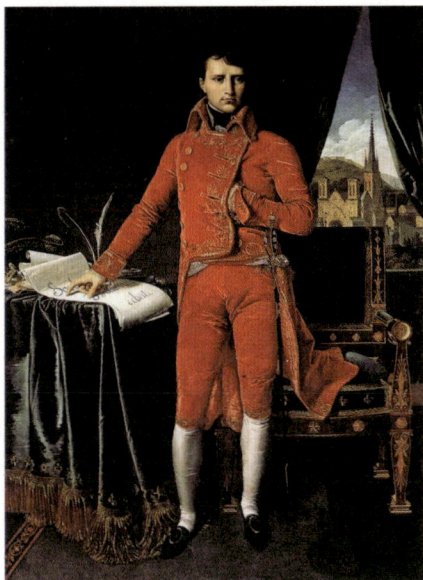

身穿首席执政官服装的拿破仑

拿巴去操心好了"。新宪法对公民的权利除了规定"不得在夜间对民宅进行搜查"以外，几乎是只字未提。相反还以所谓的"荣誉公民"制度剥夺了大部分人实际的选举权。

随后拿破仑组建了他的政府班子，立法院的成员大多数来自大革命爆发以来各次议会、国民议会的代表。拿破仑的弟弟吕西安·波拿巴任内政部长，此外，外交部长塔列朗、作战部长贝尔蒂埃、警务部长富歇、财政部长戈丹都是各方面的能手。拿破仑用人的一个最大特点就是只看能力、不看派系，他的政府机构中有斐扬派、吉伦特派、雅各宾派，还有原来的督政府要员，拿破仑表示："不管原来是什么派系，哪怕曾经反对过自己，只要有才干、愿意为自己服务，一律委以重任。"这其中的一个典型例子是警务部长富歇，这个人"品德"名声不太好，拿破仑也知道他狡诈、善搞阴谋，但是他还是力排众议，让他做了警务部长，因为他认定富歇在警务方面是把好手，富歇又从督政府中投奔了自己，所以应该发挥其才能。拿破仑的这种做法消除了以前那种看派别用人标准的弊端，政府效率大为提高。

任何政府都会面临反对的力量，拿破仑政府面对各派反对力量采用不同的手段，对左派民主力量坚决镇压，对王党复辟势力等则对其中核心顽固分子进行打击，对其他人安抚为主。当时的社会治安状况非常不好，盗匪横行。拿破仑派出大批军队、警察坚决镇压，手段严厉，窝藏、买赃以及和盗匪有勾结的人都一律处死。拿破仑的严厉措施起到了立竿见影的效果，社会治安大为好转。拿破仑在镇压左派的反对力量时也用了同样的手段，1800 年 10 月到 12 月连续发生三次刺杀拿破仑的事件，都为王党分子背后策划，但是拿破仑却以此作为镇压雅各宾党人的借口，上百名雅各宾派分子被逮捕、流放。其他措施还有控制舆论，查封进步报纸，严禁工人结社、罢工等。但是拿破仑对待真正对他的政权有威胁的王党分子却相对宽容许多，比如，在 1800 年 3 月至 1802 年 5 月，先后数次发布命令允许逃亡者回国，最终的政策是只要放下武器、效忠新政权就可以回国，既往不咎。这样，大批流亡在外的，包括瓦迪耶、巴雷尔、拉法耶特等人纷纷回国，到 1802 年初，已经有四成的流亡者回到祖国，他们中的一些人还被拿破仑吸收进政府任职。但是对于那些顽固的王党分子，拿破仑毫不手软。当时流亡在外的普罗旺斯伯爵（路易十六的弟弟，后来的路易十八）曾给拿破仑写信，想拉拢他一起恢复波旁王朝，被拿破仑拒绝。1804 年，拿破仑侦知波旁王朝的当甘公爵可能在德意志策划叛乱，立刻出兵将其抓回处死。拿破仑这种剿抚结合、区别对待的政策稳定了局势，既保住了革命的基本胜利果实，也避免了之前恐怖统治时期过度屠杀的事情再次上演，是符合当时的社会要求的。不过，他对已无还手之力的雅各宾派残余势力的态度、对底层民众的严加控制政策，也表明拿破仑政权的本质仍是大资产阶级的专政。

　　法国是一个宗教气氛极其浓厚的国家，大部分民众都是天主教徒，所以宗教问题是任何统治者都无法绕过的一个问题。拿破仑本人不信教，不过他推行了灵活的宗教政策以笼络人心、巩固自己的统治。从大多数国人都信教的现实出发，拿破仑顶住压力，在和罗马教皇进行一年多的艰苦谈判之后，在 1801 年 7 月签订《教务专约》，次年 4 月立法院通过。这是一个双方各让一步、相互妥协的产物：拿破仑没有承认天主教为法国国教，但是承认其为大多数法国人的宗教，不再禁止举行宗教仪式，后来拿破仑还通过法令承认了新教以及犹太教的地位，实际上是信仰自由。教皇方面则交出了在法国征收什一税、任命主教的权力，同时认可了法国大革命期间教会财产被没收的既成事实。拿破仑的宗教政策使法国实现了宗教和平，这非常难得。

拿破仑执政府期间的经济政策和对外战争

　　拿破仑认识到发展经济对政权巩固的重要性，因此他大力振兴经济，也取得了非常好的效果。拿破仑首先改革财政系统，改革税收制度，将税收大权收归中央，由国家直接派出税收人员到地方执行税收任务，同时还有专员对财政进行监督，改革审计制度，严厉打击贪污等犯罪行为。拿破仑鼓励工商业发展，通过发明专利权制度、奖励发明和技术革新、鼓励竞争、举办工业产品博览会等办法刺激工商业发展。推动交通运输业发展，兴建基础设施，不仅促进工商业发展，也促进了就业。对外贸易中实行保护主义政策，对外国商品，尤其是英国商品征收高额关税，以此保护国内工商业。拿破仑还对金融业进行改革，先是恢复期票证券制度，刺激金融界重新活跃起来，又在两家私人银行的基础上成立了国家银行——法兰西银行。这家银行在稳定币值进而稳定经济的过程中发挥了不小的作用。法兰西银行发行的"芽月法郎"一直沿用到第一次世界大战。

　　拿破仑也重视农业的发展，他曾说："农业，是帝国的灵魂，是帝国首要的基础。"组织人力物力兴修水利等基础设施，推广农作物新品种。提高产量的同时提高谷物售价，刺激农民生产积极性，促进农业发展。

　　拿破仑重视经济的态度、正确的措施政策使得法国经济有了相当快的发展，这对从大革命爆发以来已经动乱了近10年的法国来说，非常难得。

　　拿破仑在对外战争中取得的成就更加耀眼。拿破仑通过雾月政变取得政权，当时的法国外部环境还是非常危急的，第二次反法联盟依然存在。需要一个和平的国际环境以供自己消化政变成果的拿破仑，曾向英、俄、奥三国的君

法兰西银行

主要求媾和，但是被拒绝了。拿破仑只能靠武力争取和平环境。拿破仑制定的战略是稳住普鲁士中立不变，争取俄国退出反法联盟，全力打击威胁最大的奥地利，然后再集中力量对付英国。拿破仑将对付奥地利的主战场选在北意大利。

法军兵分两路，由莫罗将军统领一部分法军在莱茵河对阵奥军，拿破仑亲率 3.6 万法军在 1800 年 5 月 6 日离开巴黎，远征意大利。他在意大利的对手是梅拉斯率领的 13 万奥军主力，很多人非常悲观，甚至已经在考虑谁来接任第一执政的事情了。拿破仑率军翻越阿尔卑斯山，6 月初到达米兰，出现在奥军的身后，令敌人措手不及。6 月 14 日马伦哥一战，法军以少胜多，奥军伤亡惨重，法军伤亡也不小。次日梅拉斯求和，此后法军占领了整个北意大利。12 月，莫罗在德意志的霍亨林登也取得了胜利。连遭重创的奥地利无力再战，只好求和。1801 年 2 月 9 日双方签订《吕内维尔和约》，奥地利承认法国对莱茵河以东地区、比利时以及北部和中部意大利的占领。奥地利战败，俄国退出反法联盟，随后在 10 月和法国签约。普鲁士继续中立，英国再次陷入孤立，无意再战，1802 年 3 月 25 日双方签订《亚眠和约》，英国归还在战争中占领的法国及其盟国荷兰和西班牙的殖民地，从地中海、亚得里亚海的各个港口、岛屿撤出；埃及归还土耳其，等。《亚眠和约》明显有利于法国，不过这只是暂时的和平，法国并没有在战争中击败英国，两国的矛盾也没有得到根本的解决，所以双方都没有按照条约规定撤出应该撤出的地方，还在互相指责对方没有遵守条约。双方矛盾不断激化，1803 年 3 月 13 日，拿破仑在接见英国大使时曾这样说道："如果你们第一个拔出宝剑，那么我就最后一个插剑入鞘。或者是撤出马耳他岛，或者是战争！"马耳他岛是《亚眠和约》中规定的英国应撤出的地方，但是两天后英国首相明确表示，十年内决不撤出马耳他。4 月底两国断交，英国立即开始组织第三次反法同盟。法国也积极备战，准备和英国争夺欧洲乃至世界霸权。

争夺世界霸权更多的还是 1804 年以后的事情。拿破仑在对外战争中取得了无与伦比的胜利，再加上他在如此短的时间内取得内政上的一系列成就，声望空前高涨，他成为法国人民心中的民族英雄。不知不觉中，拿破仑本人的野心也在膨胀。1802 年 2 月，保民院建议在全国范围内表彰拿破仑的功勋，以示"全国的谢意"。元老院认为这还不够，在 2 天后提出应重选拿破仑为执政，连任 10 年。但是拿破仑并不满足，他暗示自己是否任终身执政应当由全民投票决定，于是全民投票开始，最终结果是赞成票 356 万多票，反对票只有 8 千多张。8 月 2 日，元老院正式宣布，拿破仑·波拿巴为终身执政。消息一出，巴黎证券交易所的股价飙升 6 倍，可见当时的拿破仑是多么如日中天、众望所归。而这也成为他在独裁的道路上越走越远的资本。4 日，元老院又通过法令，赋予第一执政指定接班人的权力。至此为止，拿破仑除了没有皇帝的头衔，已经拥有和皇帝一样的权力了。拿破仑认为皇帝的头衔很重要，有了皇帝的头衔，现在所拥有的一切才不会因为政治或者战争中的挫败而失去。当时的国际形势又加速了拿破仑走向皇帝宝座的过程。1803 年 5 月 18 日，英国向法国宣战，游说欧洲各国组织第三次反法同盟。同时法国国内的王党叛乱势力有所抬头，据抓获的叛乱分子供述，他们是在"恭候"一位波旁王子到来。拿破仑不禁有了这样的想法：与其让反法联盟扶植波旁王朝复辟，不如自己当皇帝，彻底断绝波旁王朝遗族们的妄想。

法兰西帝国的建立

在击溃第二次反法同盟后获得的短暂的和平时间里，拿破仑制定了一个庞大的殖民帝国计划，他雄心勃勃，在欧洲要恢复法国的传统天然疆界：阿尔卑斯山和莱茵河；在海外，法国之前丢失的殖民地都要夺回来，他要建立的是一个地跨欧洲、亚洲、非洲、美洲的全球性大帝国。因为法国丢失的大部分殖民地都是被英国夺取的，因此，英国成为他首要打击的目标。

1804 年 5 月 18 日，元老院在拿破仑的授意下正式宣布法兰西共和国改制为帝国，拿破仑·波拿巴为法兰西人的皇帝。此外，元老院还就皇帝是否世袭举行公民投票。11 月，投票结束，赞成票有 357 万多张，反对票还不到 3 千张。这表明，经过了法国大革命洗礼的法国人民再一次选择一个人做皇帝，对此革命元老拉法耶特震惊不已。

12 月 2 日，拿破仑在巴黎圣母院由教皇庇护七世加冕为皇帝，称"拿破仑一世"。法兰西第一共和国的历史结束，法兰西第一帝国的历史开始。

法兰西虽然从共和国变成了帝国，但是本质上和执政府时期并没有什么大变化，因为那个第一执政和皇帝相比也就是差一个头衔而已。如果说有点变化，那就是拿破仑的权力更大了。1807 年保民院被撤销，立法院的权力被削弱，元老院对拿破仑俯首帖耳，而参政院差不多成了拿破仑的秘书班子。经济上，拿破仑继续推行保护主义的政策，鼓励工商业发展，特别重视工业革命的进行，鼓励机器的发明与改进。重视农业发展，鼓励垦荒，鼓励改良作物品种。

当时法国的头号对手英国积极组织第三次反法同盟，因为前两次同盟都是以被法国打得大败而收场，元气大伤的列强对法国、对拿破仑都是心有余悸，因此第三次反法同盟的组建过程非常缓慢，直到 1804 年 4 月，英国才和俄国签订条约，结成反法同盟，8 月，奥地利加入，随后加入的还有瑞典和那不勒斯，第三次反法同盟终于组建成功。

拿破仑深知英国是最危险的对手，因此他早就制定了一个渡过英吉利海峡，进攻英国本土的计划。到 1805 年 8 月，拿破仑在法国北部港口布伦集结了 16 万大军，准备等法国海军的土伦舰队从地中海赶来，便远征英国本土。但是土伦舰队在英国海军打击下受阻于西班牙的加的斯港而无法赶来。懊恼不已的拿破仑这时又听说新加入反法同盟的奥地利准备偷袭巴伐利亚和法国东部以后，他迅速将一部分主力从大西洋沿岸调到莱茵河一线。9 月底，急行军而来的法军将奥军一部分主力包围在乌尔姆要塞，10 月 20 日，被围困的 3.3 万奥军投降，法军缴获了大批枪支弹药。但是，在第二天，也就是 1805 年 10 月 21 日，法国和西班牙联合舰队在特拉法尔加海角被英国海军一举全歼，尽管英国海军统帅纳尔逊大将也在这次战役中阵亡，但是英军至此掌握了制海权，拿破仑渡海进攻英国本土的梦想破灭。

拿破仑击败第三、第四次反法同盟

尽管海上战场受挫，拿破仑在陆地战场上却连战连胜。法军取得乌尔姆要塞的胜利后长驱直入，1805 年 11 月 14 日便攻占了奥地利的首都、也是哈布斯堡王朝的首都维也纳，神圣罗马帝国皇帝弗兰茨二世仓皇出逃。这时俄国沙皇亚历山大一世匆忙来到普鲁士的首都柏林，拉拢其加入反法同盟，从维也纳撤出的俄军和奥军会和，准备迎击拿破仑。拿破仑虽然取得了几场战役的胜利，但是眼下的形势却对他极为不利：法军远离本土作战，人数上本就少于俄奥联军，另外集结的 10 万普鲁士军队已经对法军的侧翼构成威胁。拿破仑决心在普鲁士正式参战之前和俄奥展开决战并将其击败。

当时俄奥联军主力集结于维也纳以北 120 千米的普拉岑高地一带，俄皇亚历山大一世从柏林回来以后赶到这里，和奥皇弗兰茨二世会合，统领俄奥联军。拿破仑故意向敌人示弱，同时通过外交途径拖延普鲁士加入战斗。俄奥两位皇帝果然上当，12 月 2 日，7.3 万法军和 8.7 万俄奥联军在奥斯特利茨村展开决战，这场有 3 位皇帝亲自指挥的战役又被称为"三皇会战"。事实证明，神圣罗马帝国皇帝和俄国沙皇不是法兰西帝国皇帝的对手，在拿破仑加冕一周年纪念日这天，法军取得决定性胜利，俄奥联军损失达 3.5 万人。最为戏剧性的一幕出现在维也纳，普鲁士使臣豪格维茨前来的任务本是向拿破仑做最后通牒，但是奥斯特利茨之战消息传来，他摇身一变，向拿破仑祝贺胜利，在外国使臣中是第一个人。对此心知肚明的拿破仑略带讥讽地说道："是命运改变了你们祝贺的对象。"积极组织第三次反法同盟的英国首相皮特听说以后一病不起，临终前要人将墙上的欧洲地图取下："收起来吧！十年内是用不上它了。"战败的奥地利只好向法国求和，12 月 26 日两国签订《普雷斯堡和约》，奥地利割地赔款，还要承认拿破仑对意大利的占领。第三次反法同盟瓦解。1806 年 8 月，弗兰茨二世被迫取消了神圣罗马帝国皇帝的称号，改称"奥地利皇帝弗兰茨一世"，存在了 800 多年的神圣罗马帝国终于寿终正寝。

英国首相临终之前的话变成了现实，拿破仑在打垮第三次反法同盟之后，开始重新划定欧洲的政治地图。在意大利，北部和中部是意大利王国，南部的那不勒斯王国、波旁王朝的统治者被赶下台，拿破仑将他的哥哥约瑟夫扶上王位，开始了波拿巴王朝；在德意志，拿破仑以莱茵河的杜塞尔多夫为中心建立了一个伯格大公国，让他的妹夫缪拉元帅做了大公；1806 年 7 月，巴伐利亚等德意志南部、西部的 16 个小邦在拿破仑的示意下组成"莱茵联盟"，以拿破仑为"保护人"。莱茵联盟表面上是法国的盟国，实际上是拿破仑的附庸和保护国，成为法国和德意志两强——普鲁士和奥地利中间的缓冲地带。莱茵联盟战时还要为其提供一定数量的军队。

拿破仑在德意志内的活动引发了普鲁士的强烈关注，这个欧洲的军事强国已经保持了 10 年中立，上一次虽然在最后时刻加入第三次反法同盟，但是还没有赶上参战，第三次反法同盟就被拿破仑击溃了。随后拿破仑在德意志内部组织的莱茵联盟的东部延伸到了普鲁士的边上，普鲁士自然不能坐视不理，因此在英国的唆使下，普鲁士、俄国和英国在 1806 年 9 月结成第四次反法同盟，后来瑞典、西班牙和萨克森先后加入。10 月 1 日，普王向拿破仑下了最后通牒，要求在 10 月 8 日前从莱茵河东岸撤出。在此之前，普鲁士从来没有和法国交过手，本就是欧洲军事强国的普鲁士因此信心高涨，声称要狠狠地教训一下拿破仑这个"科西嘉暴发户"。拿破仑在 10 月 7 日才接到普王的最后通牒，他欣然接受普鲁士的挑战。10 月 14 日，法军和普军在

三皇会战

又作奥斯特利茨战役，拿破仑带领法军在奥斯特里茨以少胜多，彻底瓦解了第三次反法同盟。

德意志境内的耶拿展开决战，拿破仑大获全胜，随后乘胜追击，27 日进入柏林，普王逃亡东部边境。到 11 月 8 日，最后一支普军投降，此时普鲁士的盟友俄国还没有出动，拿破仑已经结束战斗。普鲁士就这样被拿破仑轻而易举地征服了。对此德国的大诗人海涅曾这样评价："拿破仑呵一口气，就吹掉了普鲁士。"

　　普王不甘心就此失败，将希望寄托在俄国身上。于是拿破仑继续东进，进入波兰，1806 年 11 月 27 日进入华沙。波兰衰落以后被俄国、普鲁士、奥地利三次瓜分，已经亡国，因此波兰人民曾经视拿破仑为"解放者"。杀进波兰的法军没有获得之前那样顺利的进展，双方经过 1807 年 2 月的埃劳之战等数次交手，均没有分出明显的胜负，而且都损失惨重。这其中的一个原因是东欧的大平原地形不适合拿破仑惯用的战术。在 1807 年 5 月，胜利的天平开始向法国一方倾斜，法军终于拿下了但泽，6 月 14 日在埃劳东北的弗里德兰，法军同俄普联军展开决战，最终的胜利者仍然是拿破仑。惨败的俄军退守涅曼河右岸，法军随即占领了整个普鲁士，前锋进抵涅曼河。6 月 25 日，俄国求和，拿破仑一世和俄国沙皇亚历山大一世在涅曼河上的一条船中举行了会谈。7 月 7 日，法国和俄国签订了《提尔西特和约》，两国瓜分了普鲁士割让出来的土地，在普鲁士吞并的大部分波兰领土上新建立一个华沙大公国，俄国承认法国在荷兰、威斯特伐利亚和那不勒斯的统治地位。俄国调停英法谈判，如果英国拒绝，那么俄国将对英国宣战。东西方的两个大国就这样结成了同盟，"东方归拿破仑，西方归亚历山大"。和对俄国的宽容态度完全不同，法国和普鲁士签订的和约明显带有惩罚意味：普鲁士只保留了东普鲁士、波美拉尼亚、勃兰登堡和西里西亚，剩下的领土，易北河以西领土的大部分被划进了新成立的威斯特伐利亚王国，国王是拿破仑的弟弟，瓜分的波兰领土很大一部分被划进了新成立的华沙大公国，大公由萨克森国王兼任，萨克森王国也是拿破仑的附庸。另外普鲁士还要赔款 1 亿法郎。

拿破仑的大陆封锁政策

　　《提尔西特和约》的签订标志着第四次反法同盟的瓦解。从 1805 年到 1807 年，拿破仑用了 3 年的时间相继战胜了奥地利、普鲁士和俄国 3 个欧洲强国，权势从法国一国扩张到西欧和中欧。法国与第四次反法同盟的战争和前三次有一点不同，前边三次都是反法同盟企图干涉法国革命，而法国反抗干涉，第四次战争中的法国则已经带有大国争霸的性质了。已经在欧洲大陆上找不到对手的拿破仑，也正想以整个欧洲大陆为范围，建立一个大陆体系。

　　拿破仑打算建立大陆体系的另一个原因是老对手英国。前几次反法同盟基本都是英国组织起来的，但是每次反法同盟的瓦解都是英国的盟友被法国击败，而英国超然于外，除了花了大把的英镑以外，并没有受到任何实质性的损失。而且英法两国为了争夺贸易霸权、海外殖民地已经缠斗了几十年，仇怨颇深。特拉法加海角一战让拿破仑清醒地认识到，想从军事上征服隔着英吉利海峡的英国是不可能的，因此他试图从经济上下手，建立了"大陆封锁体系"。1806年11月20日，拿破仑刚进入柏林就发布一道敕令，宣布"禁止和不列颠岛的任何贸易关系和任何关系"，禁止任何法国的附庸国、盟国输入英国及其殖民地的货物，逮捕欧洲大陆上所有的英国人，没收英国所有的货船和商品。"柏林敕令"为大陆封锁体系之始。根据法国和普鲁士、俄国签订的《提尔西特和约》，这两个国家也加入进来。出于各种原因，比如被法国以武力逼迫，奥地利、丹麦以及西班牙、葡萄牙相继加入。

　　英国针锋相对，1807年1月，宣布实行反封锁政策，宣布禁止和敌视英国的国家以及中立国进行贸易等。拿破仑也在11月23日和12月27日颁布两次"米兰敕令"，宣布禁止一切英国及其殖民地产品进入大陆，所有进入大陆的产品需持有原产地证明；没收一切曾在英国靠过岸的中立国船只，又强化了"柏林敕令"。

在柏林的拿破仑

最初推行大陆封锁政策的时候，很多国家还是可以接受的。主要是在近一百年中，英国在争夺海外殖民地、贸易霸权的斗争中出尽了风头，西班牙、葡萄牙、荷兰等国家先后被英国夺取了霸主宝座，而且英国在国际事务中的耀武扬威而又朝秦暮楚的做派，着实令其得罪了一些国家。拿破仑也充分地认识到了这一点，他大力开动宣传机器，丑化英国，称这是一个唯利是图、狡诈卑鄙的国家。也正是因为如此，在大陆封锁政策推行初期，英国一度出口锐减，遭受巨大损失。英国在以从海上封锁大陆的政策和拿破仑对抗的同时，还积极为英货找到突破封锁、进入大陆的通道。伊比利亚半岛上的西班牙和葡萄牙，尤其是葡萄牙便成为英货进入大陆的主要通道，当时的葡萄牙、西班牙港口经常停泊着几十艘英国的货船。

拿破仑自然不能坐视自己的大陆封锁体系开一个口子，因为推行大陆封锁体系、从经济上困死英国的前提就是大陆的行动绝对统一，开一个小口的封锁和没有封锁没有本质上的区别。因此在 1807 年 11 月，拿破仑出兵入侵葡萄牙，葡萄牙王室自知不敌，29 日逃往南美洲巴西，次日法军就进兵里斯本。次年，拿破仑背信弃义，违背了之前因入侵葡萄牙而向西班牙借道时许下的承诺——将葡萄牙南部割给西班牙——反倒在 3 月初进军西班牙，夺取了西班牙波旁王室的国王王位。拿破仑将其兄、那不勒斯国王约瑟夫"调"至西班牙当上了国王，他的妹夫缪拉继任那不勒斯国王。

可以说，在强占了伊比利亚半岛以后，拿破仑帝国的权势达到了巅峰，除了法国本土以外，他还直接或者间接统治着本土西南方的伊比利亚半岛，东南方的亚平宁半岛，北方的德意志大片土地，德意志以东的华沙大公国，荷兰，比利时等，几乎一小半的欧洲都在拿破仑的名下，当然，有些地方为拿破仑的亲族们，比如他的哥哥约瑟夫、弟弟路易、热罗姆，妹夫缪拉，继子欧仁·博阿尔内等统治，不过这似乎和拿破仑直接统治没什么区别。

拿破仑的帝国只是看起来强大，其实背后隐藏着不可调和的矛盾。首先拿破仑和那些被他依次扶上王位的亲戚们就貌合神离，比如约瑟夫就曾说过："如果有人要我仅仅为法国的利益去统治西班牙，那就别指望我会这样做。"拿破仑的妹夫缪拉则在那不勒斯忙着培植自己的势力，他也曾说过："做国王不是为了听别人指挥。"拿破仑在荷兰做国王的弟弟路易更是放任英国走私活动，无视其兄的大陆封锁政策。亲情的纽带在政治利益面前不堪一击。

另外，拿破仑在侵占的地区，主要是伊比利亚半岛的统治并不稳固。1807

年 5 月，马德里爆发了人民起义，法国军队虽然大举镇压，但是当时的形势已然失控，到 1808 年夏天，西班牙很多地方都爆发了起义。一开始约瑟夫并没有将起义军放在眼里，认为他们就是一群乌合之众，不堪一击，但是事实证明他的判断是错误的。1808 年 7 月 28 日，被围在拜兰的 2 万法军投降。在葡萄牙的法军也不好过，被切断和西班牙法军联系的他们面临被英国和葡萄牙联军歼灭的处境，被迫在 8 月 30 日投降。拜兰战败以后，约瑟夫逃出马德里，拿破仑非常震惊，11 月亲率 20 万大军前往西班牙，也没有取得太大的战果。进入 1809 年以后，拿破仑匆匆将约瑟夫重新扶上王位以后，便率领一部法军回国，这是因为又有老对手向他发起了挑战。

拿破仑帝国的由盛转衰

　　法国的老对手是英国和奥地利，它们都趁拿破仑统治下的伊比利亚半岛出现动乱之际对拿破仑的帝国发起了挑战。英国直接出兵葡萄牙，配合当地武装反抗法国统治，又拉拢一心复仇的奥地利在 1809 年 1 月组成了第五次反法联盟。1809 年 4 月，奥地利不宣而战。4 月 12 日，刚回巴黎不久的拿破仑率领法军迎战，几场小胜利以后于 5 月 13 日占领奥地利首都维也纳，但是奥军主力并未有大损失。5 月 21 日、22 日，在阿斯佩恩—埃斯林战役中，拿破仑指挥的法军惨败，损失 2 万多人，拿破仑最信任的将领拉纳元帅等一批优秀将领都在这场战役中阵亡。这是拿破仑第一次打败仗，这一仗的失利也让拿破仑在德意志的统治岌岌可危。不过拿破仑力挽狂澜，在 7 月 5 日的瓦格拉姆战役中，出其不意击败了以逸待劳、占据有利地形的奥军主力，此役后无力再战的奥地利被迫求和。10 月 14 日，法奥签订《肖恩布鲁恩和约》，奥地利割地赔款。第五次反法同盟又被拿破仑瓦解。

　　打败第五次反法同盟以后，拿破仑帝国的强盛达到了顶峰：拿破仑统治的外国领土是法国本土的 3 倍，人口有 7500 万，这其中还有教皇国，拿破仑在 1808 年以后先后占领罗马、兼并教皇国、囚禁了为他加冕的教皇庇护七世。从查理大帝时期以来，法兰西还不曾统治过如此广大的区域。至于欧洲其他强国，奥地利屡战屡败，普鲁士一战惨败只好割地赔款，俄罗斯也只能选择和法国结成盟友，而不敢站在其对立面。达到顶峰的另一层含义是盛极而衰的开始，

《1808 年 5 月 3 日夜枪杀起义者》
西班牙画家戈雅的代表作，描绘了为了反抗法军而被残忍杀害的西班牙人民。

表面强大的拿破仑帝国危机四伏：西班牙的反抗战争声势浩大，伊比利亚的法国统治者已深陷泥潭。另外，拿破仑推行的大陆封锁政策本意是从经济上扼杀英国，但是却逐渐对法国的经济产生了巨大的消极影响。

　　大陆政策执行起来就存在严重的困难，需要整个欧洲大陆的行动保持高度的一致，但是各国都有自己的利益要求，而拿破仑却从法国一国的利益出发，将其他各国绑架在法国的战车上，时间一久必然招致不满。而决定其他国家对大陆封锁政策的执行程度的是拿破仑帝国的强盛程度。大陆封锁政策也影响了法国本身经济的发展，这削弱了拿破仑帝国的经济基础。在大陆封锁初期，因为少了昔日充斥市场的英货的竞争，法国的工业整体上获得了一定的发展，但是法国的工业基础与英国有较大差距，有一定发展以后也不能生产出大量的商品占领大陆市场，就像之前的英货那样。英国对大陆的海上封锁政策，使包括法国在内的大陆失去了原料产地和海外市场，只靠大陆内部贸易远远无法满足要求。相反英国有庞大的海外殖民地，少了大陆市场，只要扩大和美洲、大洋洲、非洲等地的贸易就足可以弥补了。因此拿破仑的大陆封锁政策到后来非但没有起到从经济上扼杀英国的目的，反倒令包括法国自己在内的大陆经济发展大受损伤。正像当时英国政论家伊韦尔努瓦的评价那样："封锁丝毫没有用！你们的妙计真是厉害，一心要饿死人家，结果却让人家吃得胀破了肚皮。"

　　大陆封锁政策让法国经济短暂发展之后陷入委顿，一些生活必需品再次出现短缺，生活受到影响的群众也对拿破仑有了不满的情绪。一些通过走私进来的商品价格奇高，同时没有了英货这个主要的征收关税对象，法国的财政收入锐减，政府又通过发行货币缓解财政危机，结果又造成通货膨胀。拿破仑常年对外征战需要大量兵源，大量劳动力从工厂、田地等走向兵营、走上战场，这也是法国经济凋敝的一个原因。同时，不少皇族、官员、少数暴发户资本家却大发战争财，普通民众却因为经济凋敝而生活困苦，还要承担"血税"，即应付政府的征兵，因此阶级矛盾也有激化的趋势。

建立大资产阶级专政统治的拿破仑在称帝以后，日益向封建传统堕落。一方面，拿破仑迎娶奥地利公主。拿破仑原来的妻子约瑟芬没有生育能力，为了不让波拿巴王朝绝嗣，拿破仑为自己物色新的皇后，他的目光只盯着欧洲几家最正统、最古老的王朝，在被沙皇俄国拒绝以后，他又盯上了奥地利的哈布斯堡王朝。在瓦格拉姆战役中被拿破仑打得惨败的奥地利只好同意，将女儿玛丽·路易丝嫁给拿破仑。这个玛丽是当年路易十四的王后玛丽·安托瓦内特的侄女，这样拿破仑便成为路易十六的侄女婿，和欧洲大陆上的最尊贵的家族之一攀上亲戚，拿破仑的虚荣心获得了极大的满足，但是此举却招致民众的极大不满：在民众眼中，王后玛丽·安托瓦内特奢侈浪费而又反动，简直是法国的灾星，因此对她的侄女自然也不会有好印象：又是奥地利的公主！就像当时一位青年军官所写的："全世界对玛丽·安托瓦内特都记忆犹新，她给我们带来了多少苦难，但是现在又来了一个奥地利公主！……我们可怜的法国！"

拿破仑向传统的封建帝王靠拢的另一个方面是他从 1808 年起就建立起一套帝国贵族制度，贵族的封号还沿袭封建时期那一套，亲王、公爵、伯爵、男爵等级鲜明。从 1808 年到 1814 年，拿破仑一共册封了 4 个亲王、30 个公爵、388 个伯爵、1090 个男爵以及 1600 个骑士，他们中只有 22.5% 是原来的贵族，

瓦格拉姆战役

而多达 58.5% 出身资产阶级。这样产生的贵族背后没有原来传统的贵族身份所需要的血统纽带。拿破仑还很重视贵族的那一套礼仪，恢复了波旁王朝那一套繁缛的宫廷礼仪，经常在宫廷里举办盛大的酒会，歌舞升平。拿破仑的这些和封建王朝靠近的措施，其实并没有取得他预期的效果，除了满足他的虚荣心：对上面，那些传统的封建君主看不起他这个出身行伍的"科西嘉人"，认为他是个暴发户，听命于他只是屈服于武力；对下面，他却因为靠近封建势力而渐渐失去了民心。

总而言之，拿破仑帝国已是危机四伏，由盛转衰。

拿破仑侵俄战争的失败

撬动拿破仑帝国根基的是沙皇俄国，造成两国矛盾激化的还是拿破仑的大陆封锁政策。沙皇俄国是一个传统的农产品出口大国，也是一个工业品进口大国，因此和英国的贸易对俄国来说非常重要，但是拿破仑的大陆封锁政策却粗暴地切断了俄国和英国的贸易往来，俄国经济大受影响。此外，法国在德意志、波兰以及巴尔干等地区的扩张也让沙俄感到了威胁，比如拿破仑兼并的奥尔登堡公国的公爵是沙皇亚历山大一世的妹夫，法国扶植的华沙大公国又离俄国非常近，俄国对这些都很是不满，因此俄国和法国的老对手英国逐渐接近。1810年 12 月，沙皇下令，中立国的船只可以进入俄国的港口，这等于恢复了和英国的贸易往来，第二年又提高了法国及其盟国陆路输入的工业品进口税，同时却给予英国和中立国水路输入的产品税收优惠，法俄矛盾开始激化。到 1812年 4 月，俄国更是彻底开放俄国港口，于是源源不断的英货从俄国登陆欧洲，随后流向欧洲各地，拿破仑的封锁体系名存实亡。

拿破仑对此怒不可遏，他决心用武力教训俄国。进入 1812 年以后，拿破仑开始征调征俄大军，同时在外交上积极活动，和沙俄争夺奥地利、普鲁士、瑞典以及土耳其等国家。这些国家早就对拿破仑帝国心怀不满，因此基本都站在俄国一边，组织了前五次反法同盟的英国自不必说。国际形势对拿破仑非常不利，但是拿破仑坚信自己在军事上的胜利能够扭转一切不利形势，他下定决心武力征服俄国，然后再对付老对手英国。

1812 年 5 月中旬，拿破仑已经调集了 70 万征俄大军，不过其中法国人只有20 万左右，剩下的士兵都来自法国的附庸国，其中以德意志最多，此外还有来

跨越阿尔卑斯山圣伯纳隘道的拿破仑

自波兰、意大利、荷兰和瑞士等国的士兵，这样一支杂牌军对拿破仑的效忠程度可想而知。6 月 24 日，拿破仑率领 61 万大军（一说 42 万）渡过涅曼河，入侵俄国领土，不宣而战。拿破仑的策略是通过一次决战彻底击败俄军主力，迫使俄国求和，速战速决，这也是他之前屡试不爽的战略。但是这一战略在俄国大地上行不通了，因为俄军统帅库图佐夫的策略就是充分利用俄国广阔的大平原，一路后撤、诱敌深入，就是不和法军展开决战。法军劳师远征，士兵疲惫不堪，远离本土又使得后勤供应不上，因此法军大量非战斗减员。8 月 16 日，法军进攻通往莫斯科的重镇斯摩棱斯克，据说此时法军的作战部队只剩下 16 万了。俄军顽强抵抗，双方均损失惨重，俄军主动撤出斯摩棱斯克，但是临走时却烧毁了这座城市，13 万法军占领的只是一座火光冲天的空城。9 月 5 日到 7 日，双方在莫斯科附近的鲍罗金诺再次展开大战，这又是一次两败俱伤的战役，双方都认定自己是胜利者，俄军统帅库图佐夫为了保存实力主动撤退，17 日拿破仑进入莫斯科，这又是一座空城。当晚城中又发生了大火，一直烧了 3 天才熄灭。拿破仑进入莫斯科以后没有再往前走，他想议和了。但是他连续 3 次派人向亚历山大要求议和，都被拒绝。拿破仑在莫斯科一直停留了 5 个星期，直到俄罗斯的寒冬降临，法军的后勤补给更加困难，拿破仑终于决定撤退，放弃了征服俄国的计划。1812 年 10 月 19 日，拿破仑率军离开莫斯科，此前一天，俄军已经开始反攻。拿破仑一路东撤，沿途不断遭遇俄军、哥萨克骑兵及游击队的袭击，再加上饥饿、严寒、疾病等因素，法军损失惨重，最后逃过涅曼河进入东普鲁士的法军只有几万残兵败将了。在撤退的路上，拿破仑接到了巴黎发生未遂政变的消息，他决定将军队交给缪拉指挥，自己只带着几名随从回国。

拿破仑入侵俄国

远征俄国的惨败耗尽了法国的力量，被拿破仑控制的国家纷纷趁机摆脱其控制，英国、普鲁士、俄国等国家更是趁此良机又组织起来。拿破仑回国以后也深知形势不妙，他在元老院表示要休养生息，不再发动战争。

第六次反法同盟和拿破仑帝国的崩溃

拿破仑遍布欧洲大陆的敌人们却不会给他喘息的机会，1813 年 2 月，俄国和普鲁士便结成同盟对抗法国，第六次反法同盟形成。拿破仑拼凑了 15 万法军于 4 月 15 日离开巴黎迎敌，先后取得了 5 月 2 日的吕岑战役、20 日的包岑战役的胜利，击败俄普联军，但是双方都损失惨重，三国于 6 月签订停战协定，然而到 8 月 16 日才停战。其间，英国给予俄罗斯、普鲁士大笔资金援助，同时表示奥地利如果加入也可以获得资助。奥地利出于对过分强大的俄国的忌惮，同时也因为和法国的姻亲关系，出面在法国和俄罗斯、普鲁士中间调停，奥地利的外交大臣梅特涅一度想和法国结成同盟。但是心高气傲的拿破仑拒绝了，因为他相信法国完全有能力通过武力解决反法同盟，和奥地利结盟就意味着交出霸权，他不甘心。奥地利曾和俄罗斯、普鲁士签订条约，如果奥地利调解不成就加入俄普联盟，8 月 11 日调停失败的奥地利加入反法同盟，对法国宣战。反法同盟有 85 万人的军队，拿破仑也拼凑了 55 万人的军队。

战争爆发之后，拿破仑一度取得德累斯顿战役的胜利，但是并没有彻底击溃联军。10 月 16 日，反法同盟军队集结 30 万兵力四面合围集结在德意志境内莱比锡附近的 20 余万法军，法军虽然取得局部胜利但是兵力相差悬殊而陷入被动。18 日，法国的盟国萨克森的军队突然倒戈导致法军彻底崩溃，拿破仑只好后撤，突围回到巴黎。

莱比锡惨败以后，那些被拿破仑控制的国家纷纷独立，包括德意志诸邦、荷兰及西班牙先后脱离法兰西帝国。随后反法同盟大军开始进攻法国本土。1814 年 1 月，反法联军越过莱茵河，拿破仑凭借其出色的军事才能连续击败各路联军，反法同盟一度要求和法国停战议和，但还是被骄傲的拿破仑拒绝了。3 月，反法同盟诸国在肖蒙签订了《肖蒙条约》，约定绝不与法国单独媾和，同时对击败法国以后战后欧洲的政治结构和某些重大的领土归属问题做了初步规定。此后反法联军改变策略，抓住拿破仑兵力部署上的弱点，避开其主力而直扑巴黎。29 日，反法联军进抵巴黎城下，次日巴黎守将马尔蒙元帅投

降，巴黎陷落，俄国沙皇亚历山大一世和普鲁士国王腓特烈·威廉三世随后进
入巴黎。

4月1日，在反法同盟的操纵下，以前外交大臣塔列朗为首的临时政府成
立。2日，元老院通过决议废黜拿破仑。此时身处枫丹白露的拿破仑还想放
手一搏，但是他手下的几名高级将领不仅拒绝出战，还劝他接受现实，主动
退位。这才发现大势已去的拿破仑于6日被迫宣布退位。11日，拿破仑签署
《枫丹白露条约》，条约上规定他可以终身保留皇帝称号，每年领取200万法
郎的年金，还拥有厄尔巴岛——在意大利的托斯卡纳和科西嘉岛中间的一个小
岛——的完全主权。20日，拿破仑离开枫丹白露，28日登上一艘英国军舰前
往厄尔巴岛。

反法同盟不过是一个因面对共同的敌人拿破仑而暂时捏合到一起的联合
体，其实各国之间也有矛盾。早在莱比锡大战以后，反法同盟各国就对如何处
理法国产生了分歧：俄国主张瑞典国王贝尔纳多特继位为法王，贝尔纳多特本
是拿破仑麾下元帅；奥地利担心俄国过分强大危及自身，于是主张由拿破仑之
子继位，皇后玛丽·路易丝摄政，这样法国和奥地利的关系将会非常密切；英
国则主张让波旁王朝复辟。最终反法同盟被塔列朗说服，决定复辟波旁王朝，
所以这才有4月6日元老院的公告，要求路易十八回国即位。

1814年5月30日，法国波旁王朝和英国、奥地利、俄罗斯、普鲁士签订
了《巴黎和约》，主要内容有法国放弃1792年以后侵占的所有土地，以1792

莱比锡战役

年 1 月 1 日以前的边界为准；荷兰、德意志诸邦、意大利诸邦以及瑞士恢复独立，比利时并入荷兰；英国和葡萄牙交还 1792 年以后占领的法国殖民地，不过英国继续保有马耳他岛等海外据点。这是一个对战败的法国相当宽容的条约，反法同盟诸国的目的只是让欧洲回到拿破仑之前的状态，并没有什么惩罚、报复性的措施，无意就此埋下法国对它们的仇恨。《巴黎和约》还约定，两个月以后，各国代表要齐聚维也纳，召开一次会议，讨论欧洲战后的各项事务。

维也纳会议的召开

1814 年 9 月，各国代表齐聚维也纳，除了奥斯曼帝国以外的所有欧洲国家都派代表出席，其中起主导作用的是奥地利、英国、俄国和普鲁士，这四国为了不让其他国家说其独断专行，专门成立了一个指导委员会，代表中除了四国以外，还有法国、西班牙、葡萄牙和瑞典代表，奥地利首相梅特涅为主席。不过实际上决定重大问题的权力还是掌握在四国手中。大部分与会代表无所事事，当时的东道国奥地利不顾本国财政拮据的窘境，出巨资操办"盛会"，整个维也纳张灯结彩，为了给那些无所事事的代表们打发时间，会议期间还经常举办各种舞会、酒会等，因此当时的德利涅亲王说："大会不是在行进，而是在跳舞。"

四大国都有着自己的目的：海上霸主英国自然要继续保持并扩大自己的海上霸权；俄国一心要继续向东扩张领土，在欧洲事务中发挥更大的作用；德意志两强则正好对立：普鲁士首先要夺回战争中丢失的领土，然后再继续扩张，而奥地利则主张恢复欧洲均势，同时不希望普鲁士过分强大，威胁自己的大国地位。另外，战败国法国也参加了会议，目的是借四国利益矛盾的不同，从中维护法国在欧洲的地位，同时找机会削弱它们。所以说，维也纳会议，实际上就是重划欧洲以及海外殖民地的政治帝国的会议。

主导会议的四大国也不是铁板一块，在主要的问题——俄国和普鲁士的领土扩张问题上，四大国就发生了分歧，英国和奥地利站在一起，俄罗斯和普鲁士结成同盟，法国趁机利用四国之间的矛盾而进行分化，支持英国和奥地利一方，也使法国成功跻身维也纳会议五强。英法奥和俄普争论的核心是俄国和普鲁士的领土扩张问题，即"波兰－萨克森问题"。拿破仑曾经在波兰扶持了一

维也纳会议

个附庸国华沙大公国，现在俄国准备以此为基础建立一个波兰王国，由沙皇亚历山大一世兼任国王，不过这就需要普鲁士和奥地利让出一部分原来占有的波兰土地。为了对普鲁士和奥地利进行补偿，普鲁士可以吞并萨克森，奥地利则可以恢复对意大利北部的统治。但是奥地利对此坚决反对，因为失去波兰领土，将直接面临一个吞并波兰、保护普鲁士的俄国，非常危险，而且吞并了萨克森的普鲁士也将会在德意志内部对奥地利的领袖地位构成威胁，两国的边界会比之前长一倍，因此奥地利坚决反对这一方案，便和同样不满的英国走到一起。在 1812 年以后，沙皇亚历山大一世就已经打着反对拿破仑的旗号占领了华沙大公国，谈判陷入僵局，最终在 1815 年 2 月，双方终于达成妥协：俄国得到一个比原来计划稍小一些的波兰王国，沙皇兼任国王；波兰剩下的部分，波兹南地区割给普鲁士，加利西亚割给了奥地利，克拉科夫成为所谓的"自由市"。另外，普鲁士获得了萨克森的北部领土，以约占整个萨克森的 2/5 的土地作为补偿，剩下的南部萨克森继续归萨克森国王所有。

"百日王朝"

正当列强在维也纳为了划分欧洲格局而争论不休的时候，法国传来了惊人的消息：拿破仑东山再起！原来复辟的波旁王朝首脑路易十八将反法同盟诸国的"不可造次"的劝诫抛在脑后，大行反攻倒算、打击报复之事。人们非常痛恨波旁王朝，自然而然又怀念起昔日拿破仑帝国时的荣光。身处厄尔巴岛的拿破仑得知国内的情况以后，决心趁势再起。1815 年 2 月 26 日，拿破仑趁夜率领 900 名卫兵悄然离开厄尔巴岛，躲开巡逻的法国和英国军舰以后，3 月 1 日在法国南部海岸登陆，随后向北、向巴黎挺进。一路上，他获得了士兵、工人、农民的热烈支持，波旁王朝派来镇压的军队纷纷倒戈。拿破仑 10 日进抵里昂，20 日重返巴黎，路易十八仓皇出逃，拿破仑重掌法国政权。

不到 3 个星期，拿破仑就重新登上了皇帝宝座，并且实现了他在登陆法国时立下的豪言壮志："我不放一枪就能到达巴黎"，堪称奇迹。拿破仑从过去的失败中吸取了教训，对内采取各种安定措施、稳定人心、巩固统治，这包括宣布废除复辟的波旁王朝一切反攻倒算的法令；公布《帝国宪法补充条款》，赋予人民更多的政治权利；对外致信欧洲各国，主张和平，无条件尊重各国的独立。同时拿破仑做了两手准备，为了应对可能的外国干涉势力而重组军队，现役的和退役的军人全部归队，将新入伍的和服过役的混编成军。就这样，拿破仑奇迹般地重返欧洲政治舞台。

正在维也纳开会的各国首脑知道这一消息后都震惊不已，他们决不允许拿破仑再次成为法兰西的皇帝，他们决定先将争议放在一边，共同对付这个东山再起的"科西嘉怪物"。第七次反法同盟形成，几乎欧洲所有的国家都参加了，他们组织了近百万军队扑向法国。拿破仑仓促间组织起来的军队只有 30 万（此数据有争议，还有 50 万、20 万、70 万等之说，不过肯定是大大少于反法同盟的军队）。1815 年 6 月，拿破仑决定在俄奥军队还没有渡过莱茵河之前，先对比利时的英国和普鲁士军队发动攻击。15 日，拿破仑率军进入比利时，次日在利尼会战中，击败布吕歇尔统率的普军。18 日上午 11 时，法军大举进攻布鲁塞尔以南 20 千米的滑铁卢，那里有英国统帅威灵顿统领的英、荷等 6.7 万联军。联军顶住了法军数轮进攻，直到拿破仑投入了所有的预备队。傍晚，布吕歇尔率领 3 万普军赶到，联军随即转入反攻，法军无力抵抗，全线崩溃。

拿破仑率残部逃回巴黎。滑铁卢战败宣告了拿破仑政治生命的终结，他将所有的希望、力量都用在了这一场战争当中。6 月 22 日，拿破仑第二次宣布退位。从 3 月 20 日重新掌权到 6 月 22 日宣布退位，拿破仑又做了近 100 天的皇帝，史称"百日王朝"。退位的拿破仑被流放到了南大西洋的一个小岛——圣赫勒拿岛上，在那里度过了他的余生。1821 年 5 月 5 日，拿破仑病逝，享年52 岁。

拿破仑传奇的一生用波澜壮阔来形容毫不为过：土伦战役崭露头角，成为

滑铁卢之战

法国军界新星；镇压王党分子叛乱，危急时刻果断开炮，赢得"葡月将军"美名；出其不意、以少胜多击败奥军，一战击溃第一反法同盟；远征埃及先胜后败，冒险抽身渡海回国，热月政变摇身一变第一执政；加冕法兰西帝国皇帝，连败第二、三、四次反法同盟，纵横欧陆声威鼎盛；"大陆封锁"封锁英国，不切实际反为话柄；悍然远侵俄国，速战速决败给步步撤退、诱敌深入，天寒地冻仓皇逃命；莱比锡大战遗憾败北，反法同盟军诡道入京，无奈退位听天由命；厄尔巴岛蛰伏十月，东山再起一呼百应；滑铁卢一战大势已去，圣赫勒拿岛惨度余生。后世对拿破仑的评价也是褒贬不一，其实，拿破仑本身就是典型的带有两面性的人物：他是大资产阶级的代表，所以他会对内坚定镇压王党叛乱，对外奋勇抵抗外国王权势力的干涉。拿破仑所到之处，如德意志、意大利等地，封建专制势力荡然无存，这些都是拿破仑对历史的贡献。同时，他又对广大群众、对广泛民主持敌视态度，剥夺群众政治权利，镇压反抗运动等，显示了他反动的一面。到帝国后期，野心膨胀的拿破仑将战争的性质从反干涉的自卫，变成对外扩张，幻想称霸世界，结果给法国人民带来了深重的灾难，他自己也从权力的巅峰直坠而下，沦为一个荒岛上的囚徒。总而言之，这是一个非常复杂的历史人物，他既有进步的一面，也有反动的一面，不过有一点可以确定，他对欧洲历史甚至世界历史产生了极大的影响，若给欧洲19世纪的前15年起一个名字，那么可以用他的名字来命名——拿破仑时代。

维也纳会议的最终成果和神圣同盟、四国同盟的成立

1815 年 6 月 9 日，即滑铁卢一战之前，与会各国匆忙通过了一个《最后议定书》，算是维也纳会议的最终成果。《最后议定书》中充分地展现了几大强国为了保障自己的利益，而肆意处理小国的原则，将小国的领土肆意割走、给予另一个国家的情形随处可见。《最后议定书》正式确立了之前达成的对波兰的"处理决定"，奥属尼德兰（比利时）和荷兰合并，成为尼德兰王国，奥地利获得意大利北部的伦巴第和威尼斯作为补偿，此外还获得了意大利的蒂罗尔、萨尔茨堡、的里雅斯特、伊利里亚和达尔马提亚等地，意大利继续分裂，仍然是一个地理上的概念；德意志 35 个君主国和 4 个自由市组成德意志邦联，奥地利首相梅特涅出任邦联议会议长；瑞典因为将芬兰割给俄国，而从丹麦获得了挪威；瑞士成为永久中立国，和尼德兰王国一道充当遏制法国的屏障。英国继续占领马耳他，法国殖民地多巴哥、圣卢西亚和印度洋上的毛里求斯等海外领土。法国、西班牙、葡萄牙、德意志和意大利境内诸邦的旧王朝复辟，罗马教皇也恢复原来的教皇领地。

1815 年 11 月 20 日，反法同盟诸国和法国签订了新的《巴黎和约》，一般称为第二次《巴黎和约》。条约规定，法国的边界以 1790 年的边界为准，比之前的第一次《巴黎和约》中规定的 1792 年边界少了一部分领土；法国要赔偿 7 亿法郎，还要将拿破仑在各国掠夺的艺术品归还；15 万反法同盟军队要在法国驻扎 3 到 5 年，由法国负担费用。第二次《巴黎和约》要比第一次严苛得多，这是因为拿破仑的"百日统治"着实让反法同盟诸国心惊胆战了一次，

维也纳会议与会代表

他们猛然发现法国是不思悔改的，因此要用更严苛的手段限制法国，以保证自己的安全。

英国和俄国是击败拿破仑帝国之后最大的受益者。吞并了波兰的沙皇俄国直接面对西方，实力也在列强中居于上等；英国再一次巩固了自己的海上霸主地位，此外英国还坚定了在欧洲大陆维持均势的局面，才能确保自己的利益的信念，因此英国以后更加主动地扮演调节平衡的角色，以自己为砝码，保持国际力量的平衡。

拿破仑战争以及维也纳会议对欧洲未来几十年的发展产生了重要的影响。列强都暂时放下了争夺欧洲大陆霸权的野心——拿破仑战争就是拿破仑从获得到失去霸权的全过程，也没有争夺海上霸权的想法，没有人是霸主英国的对手。因此，维也纳会议以后，一直到19世纪中期的克里米亚战争，近50年的时间里，欧洲列强之间没有发生过大规模的战争；一直到1914年的第一次世界大战爆发，欧洲也没有发生过一次列强全部参加、对世界造成重大后果的战争。

维也纳会议后，欧洲大陆上还出现了两个同盟。一个是神圣同盟。1815年9月20日，在沙皇亚历山大一世的倡议下，俄、普、奥签订了《神圣同盟条约》，6天后由亚历山大一世亲自起草的《神圣同盟宣言》公布。三国从基督教教义出发，声称三国是上帝统治下的"同一家庭的三个分支"，三国的君主"情同手足"，因此结成"真正的、牢不可破的"友谊关系，保证欧洲的正统统治。11月19日，法王路易十八宣布加入同盟，到1815年底，欧洲诸国除了英国、奥斯曼土耳其和教皇国以外，都加入了这个"神圣同盟"。神圣同盟是经历过革命洪流的冲击后的欧洲封建君主国们寻求集体安全的一项行动。

另一个同盟是针对法国的，在签订第二次《巴黎和约》的同时，英、俄、普、奥四国又签订了《四国同盟条约》，主要内容是维护第二次《巴黎和约》，任何一方被法国攻击，其盟国都要派出6万人的军队援助。这个条约是担心法国反抗第二次《巴黎和约》而成立的。沙俄倡导的"神圣同盟"从虚无缥缈的宗教上找根据，流于空泛，同时还没有英国的参加，因此四国成立这样一个四国同盟，联手抵御可能出现的法国反抗。到1818年，法国完全遵照《巴黎和约》、支付赔款，因此盟军撤出驻军。同年，法国加入四国同盟，宣布五国要维持欧洲的和平。已不是四国的四国同盟，实际上是均势平衡格局中的列强，联手对付可能出现的挑战均势力量的一种行动。

19世纪上半叶的欧洲革命

维也纳会议以后，神圣同盟在欧洲重新建立起了反动统治。然而这种神圣同盟不仅没能稳定欧洲局势，相反在 1820 年至 1848 年之间，在欧洲各国相继出现了革命和争取民族独立运动，沉重地打击了神圣同盟，使维也纳体系走向崩溃。

19世纪二三十年代欧洲革命浪潮的爆发

19 世纪二三十年代，欧洲各国革命风暴风起云涌，席卷了西班牙、意大利、希腊、俄国、法国等国，沉重打击了各国的反动势力，并最终促使神圣同盟瓦解。

1820 年，革命率先在西班牙爆发。根据维也纳决议，波旁王朝在西班牙复辟。国王斐迪南七世（1808 年，1814—1833 年在位）复辟后立即恢复反动统治，废除了 1812 年宪法，恢复宗教裁判所，重新确立西班牙封建主的特权等。此外，斐迪南七世宣称要恢复西班牙殖民帝国，集合舰队前往拉丁美洲，镇压当地人民的独立运动。斐迪南七世的倒行逆施激起了广大民众的愤慨。1820 年 1 月，西班牙军队发动革命，并迅速在各地蔓延开来。革命者成立了革命政府，要求恢复 1812 年的宪法。斐迪南七世被迫召开议会，同意了革命者的要求，组织新政府，宣布自己为立宪君主。

西班牙革命的爆发使欧洲各国君主感到十分惊恐。为了阻止西班牙革命运动，俄国沙皇向各国发出通报，倡议欧洲君主举行神圣同盟会议，商讨如何镇压西班牙革命。但是沙皇的倡议遭到了英国的反对，英国认为自己在神圣同盟中的义务是阻止拿破仑家族返回法国复辟，维护维也纳会议关于领土的规定，

斐迪南七世画像

自己没有责任干涉他国的内政。与此同时，意大利撒丁王国和那不勒斯王国爆发革命，奥地利为了继续维持对意大利的控制，同意了沙皇举行会议的提议。

1820 年 10 月，俄国、奥地利和普鲁士三国君主在特洛波举行会议。会议签署了《特洛波议定书》，强调人民没有权利去限制君主的权力，其主要目的是镇压欧洲各国的革命运动和民族解放运动。英国对此表明了自己的立场，表示不会参与会议规定的内容，英国与俄国、普鲁士、奥地利之间的分歧不断扩大。

在西班牙革命的影响下，意大利也于 1820 年至 1821 年爆发了革命。革命最先发生在意大利南部地区，不久迅速向意大利全境蔓延。1821 年 1 月，在奥地利的建议下，神圣同盟在莱巴赫召开会议，俄国、普鲁士、英国以及那不勒斯王国的代表参加了这次会议。会议决定由奥地利出兵镇压意大利革命。在俄国的支持下，奥地利派军队进入意大利，镇压起义运动。1821 年 3 月，奥地利军队镇压了那不勒斯的革命运动，恢复了斐迪南一世的统治。4 月，奥地利军队联合撒丁王国的军队进入皮埃蒙特，镇压了当地的起义，意大利革命失败。此后，奥地利军队继续驻扎在意大利，维持对意大利大部分地区的控制。

1822 年 10 月，俄国、奥地利、普鲁士、英国和法国在意大利维罗纳召开会议。原本会议的议程是讨论希腊独立革命的问题，然而在召开会议之前，西班牙局势严峻起来，使得各国将会议的主题转移到西班牙革命运动上来。在会上，法国称自己愿意出兵进入西班牙，镇压革命运动。英国坚持原则，反对武装干涉西班牙，从而阻止了同盟国一起对西班牙进行干涉。最后会议通过议定书，法国单独派军队干涉西班牙革命。1823 年 5 月，法国单独出兵进入西班牙，占领马德里，镇压了西班牙革命运动，西班牙封建王朝再次复辟。

希腊的独立

就在奥地利军队出兵镇压意大利革命的同时，希腊也掀起了反对土耳其苏丹统治和奴役的民族独立战争。1821 年 3 月，起义率先在摩里亚半岛爆发，并迅速蔓延到整个希腊本土和爱琴海各岛屿。数以万计的农民拿起棍棒、镰刀加入到了起义队伍中，捣毁土耳其封建地主的庄园。战争规模不断扩大，经过近一年的战斗，希腊大部分地区获得了解放。1822 年 1 月初，希腊革命者召开第一届国民议会，宣布希腊独立，并颁布宪法。

土耳其统治者不甘心失败，派遣大量军队对希腊人民的解放战争进行残酷镇压。土耳其军队所到之处，血腥屠杀当地希腊人民。土耳其军队进入开俄斯岛后，岛上居民惨遭屠戮，10 万居民幸免于难的不足 2000 人，除了被屠杀外，有的还被卖作奴隶。到 1827 年，希腊的起义力量遭受沉重打击，损失巨大，但希腊人民的斗争并没有因此而停止。他们在各地开展游击战，打击土耳其军队。希腊人民这种不畏强敌的革命精神，得到了欧洲各国进步人士的同情和支持。人们通过捐款或直接参与斗争等各种方式支持希腊人民的反抗斗争。英国诗人拜伦奔赴希腊，投入到希腊人民的解放战争中，并为此献出了自己的生命。

希腊人民的解放战争在神圣同盟各国当中引起不同的反响。各大国各怀鬼胎，采取了不同的态度。奥地利担心希腊的独立运动会引起奥地利境内的民族解放运动，因此极力主张镇压希腊革命。然而沙俄对此却持有异议。它希望希腊的独立运动进一步削弱土耳其的势力，从而自己趁机占领君士坦丁堡，控制黑海海峡，扩张其在巴尔干的势力。在沙俄看来，它可以借希腊的革命来削弱土耳其的实力，从而实现对巴尔干地区的扩张。因此，俄国以保护希腊东正教为借口，谴责土耳其军队屠杀希腊人的行为。英法两国为了扩张其在巴尔干地区的势力，既反对奥地利武装镇压的主张，又不愿意看到俄国在巴尔干势力的扩张。因此在如何看待希腊民族解放战争的问题上，神圣同盟各国产生了严重的分歧。为了争夺对该地区的控制权，俄、英、法三国出面干涉，于 1827 年

希俄斯岛大屠杀
法国画家欧仁·德拉克罗瓦绘，现存于巴黎卢浮宫。1822 年 4 月 12 日，土耳其军队对希俄斯岛发动袭击，这次行动导致两万希腊人死亡，幸存的几乎都沦为奴隶。

7 月在伦敦签订了《三国公约》，要求双方停战，作为解决希腊问题的前提条件，但遭到了土耳其的拒绝。同年 10 月，英、法、俄三国舰队联合出动，在纳瓦利诺海海战中歼灭了土耳其舰队。纳瓦利诺战役的失利沉重打击了土耳其，使其没有力量继续镇压希腊解放运动。然而俄国出于扩张的目的，继续打击土耳其，并于 1828 年正式对土耳其宣战。在俄土战争中，土耳其接连失利，不得不向俄国求和。在俄土战争期间，希腊人民借机解放了大片国土。1829 年 9 月 14 日，土耳其被迫与俄国签订《亚得里亚堡条约》，承认希腊的独立。希腊通过民族解放战争获得了独立，促进了巴尔干其他地区民族解放运动的发展，加速了奥斯曼帝国的瓦解。

俄国十二月党人起义

在希腊爆发起义的同时，俄国也爆发了十二月党人起义。19 世纪初，俄国在国外充当"欧洲宪兵"的角色，在国内加强农奴制统治。反法战争结束后，俄国出现了反农奴制的高潮。1816 年至 1820 年间，俄国各地爆发了 80 多起农民暴动。1816 年之后的 10 年间，俄国军队发生了 15 次兵变。俄国的进步人士进一步认清了农奴制度的腐朽，认清了农奴制度是俄国社会发展进步的障碍。

俄国人民要求进行社会变革，改变腐朽、落后的农奴制。此时的俄国经济发展缓慢，资产阶级力量薄弱，在革命初期，一些贵族进步分子起到了领导作用。一批青年军官成为最早起来斗争的力量。这部分军官大多接触过西方的文化和教育，曾参加抗击法国入侵俄国的战争。在国外作战时，他们受到了西欧资产阶级民主主义思想的影响，产生了推翻沙皇专制制度的革命思想。回国后他们积极开展活动，成立革命组织。1821 年，一些军官在乌克兰建立了以巴·伊·佩斯捷利（1793—1826 年）为首的秘密组织——南方协会。该组织提出了彻底推翻沙皇专制制度，解放农奴，建立共和制的主张。在南方协会成立的同时，1822 年春，在彼得堡成立了北方协会，领导人为军官尼·米·穆拉维约夫（1796—1843 年）。1823 年，诗人孔·费·雷律耶夫（1795—1826 年）加入该组织，成为协会的重要领导人。北方协会主张实行君主立宪制，废除农奴制，但承认土地是地主财产，农民只能分到少量土地。南、北协会在政治上的见解存在一定的分歧，但推翻沙皇专制统治，废除农奴制的共同目标使他

十二月党人穆拉维约夫及其妻子穆拉维约娃的画像

们联系在一起。为了这个目标，南、北协会领导人经过会谈，决定团结一致，共同举行武装起义。

1825 年 12 月 1 日，沙皇亚历山大一世突然死亡。因亚历山大一世没有后代，按惯例皇位应该由其弟康斯坦丁继承。然而康斯坦丁早就已经声明放弃皇位，就这样，亚历山大一世的第二个弟弟尼古拉被指定为皇位继承人，但这样的安排并未向外公布。当亚历山大一世死后，彼得堡军民向康斯坦丁宣誓效忠，宫廷却又宣布尼古拉继位为新沙皇，要求军民再次举行宣誓，这使俄国国内人心惶惶，军队中的不满情绪激增。

北方协会决定利用统治阶级内部混乱的时机发动起义，准备于再宣誓的当天，把那些有革命倾向的军队集中在参政院广场。北方协会希望通过集会拒绝宣誓效忠尼古拉，并迫使参政院颁布公告，废除农奴制，在俄国实行民主自由，举行制宪会议等。12 月 26 日举行再宣誓当天，大约有 3000 多名士兵聚集在参政院广场上，并发动起义。起义开始后，前来劝说士兵停止起义的彼得堡总督米格拉多维奇被起义者杀死。然而起义从一开始就缺乏有力的领导，起义总指挥特鲁别茨科伊在起义的关键时刻临阵脱逃，使起义队伍失去指挥，结果贻误时机。沙皇尼古拉一世迅速调集 4 倍于起义队伍的兵力，将起义队伍团团包围。沙皇下令对起义队伍进行射击，起义者奋力反抗，终因寡不敌众，最终被沙皇军队残酷镇压了。在这次起义中，有几百名起义者伤亡，许多北方协会的成员被当局逮捕。

半个月后，南方协会决定发动起义。由于叛徒的告密，协会主要领导人佩斯捷利在起义之前被逮捕。1826 年 1 月 10 日，南方协会举行起义，号召推翻沙皇专制制度，建立共和国。15 日，沙皇派大军镇压起义队伍，起义队伍顽强抵抗，但最终被击溃，起义以失败告终。起义失败后，尼古拉一世对起义者进行了残酷的报复。579 人被提交法庭审判，佩斯捷利等起义领导人被处以绞刑，120 人被剥夺了贵族称号，流放到西伯利亚，参加起义的士兵则遭到鞭笞的惩罚。这次起义最先在十二月爆发，因此历史上称之为"十二月党人起义"。十二月党人起义是俄国历史上第一次有组织、有纲领的反对农奴制度的革命运动，沉重打击了沙皇的专制统治。

法国的七月革命

1815 年波旁王朝复辟后，路易十八又重新坐上了法国王位。迫于形势的压力，路易十八被迫承认了革命时期所发生的变革，包括在法律面前人人平等、宗教宽容的原则以及拿破仑法典等。最为重要的是，王朝承认了在革命时期和拿破仑时期实行的关于所有制性质和财产分配方面的变革。那些已经转移到资产阶级和农民手中的地产，仍然归他们所有。此时的法国统治权虽然掌握在贵族和教士手中，但法国经济仍然沿着资本主义的道路在发展。

1820 年以后，随着西班牙革命运动的兴起，法国复辟王朝在政治上更加反动。一些极端王党分子成立极右反动组织，企图将王朝恢复至 1789 年以前的局面。1824 年路易十八死后，其弟阿图瓦伯爵继位，称"查理十世"（1824—1830 年在位）。查理十世上台后，进一步推行反动政策，由贵族和教士组成的反动势力更加肆无忌惮。查理十世任命天主教教士负责管理国家教育，并颁布法律，拨付 10 亿法郎用以补偿在革命时期被没收土地的亡命贵族。这项法律引起了农民的强烈不满。政府因为要筹集这笔补偿资金，将国债利息从5% 降到了 3%。这直接损害到了资产阶级的利益，引起了他们的反对和强烈不满。查理十世即位后，任命顽固派波林雅克为首相，继续推行反动政策。1830 年 6 月中旬，波林雅克政府派遣远征军侵略北非的阿尔及利亚，侵占阿尔及尔城。

19 世纪 20 年代初，为了反抗贵族和教士的反动统治，一批由资产阶级自由派和先进知识分子组成的秘密组织"烧炭党"策划发动起义，推翻复辟的波

《自由引导人民》
法国画家欧仁·德拉克洛瓦为纪念 1830 年法国七月革命而创作的油画，彰显了法国人民追求自由的民族精神。

查理十世像

旁王朝。查理十世任命波林雅克组阁后，烧炭党支部和共和派团体开始活跃起来。1830 年 3 月，众议院多数派对波林雅克内阁表示不信任，要求其辞职，但遭到查理十世的反对。他禁止议会举行会议，并在 5 月中旬解散众议院。此后法国举行了新的议会选举，结果君主立宪派和资产阶级自由派获得选举的胜利，形势变得更加紧张起来。

7 月 25 日，查理十世颁布新法令，解散新选出来的众议院，重新选举；减少议员人数，进一步提高选举资格，以便限制和取消工商业企业主的选举权；限制出版自由，对报刊实行检查制度，以控制反对派的舆论。法令激起了广大人民群众的愤怒。7 月 26 日晚，巴黎数千名工人和手工业者纷纷走上街头，与警察发生冲突。28 日，巴黎街头的示威活动发展成为武装起义。起义者在巴黎街头构筑了上千个街垒，与国王的军队对抗。在战斗中，军队纷纷倒戈，投降起义阵营，巴黎大部分城区被起义者控制。29 日，起义者占领了市政厅，士兵拒绝向起义者开枪。查理十世见大势已去，狼狈逃往英国，波旁王朝 240 年的统治彻底宣告结束。法国历史上称这次起义为"光荣三日"。起义者推翻复辟的波旁王朝后，由于缺乏组织以及共和派的软弱，政权落入了资产阶级自由派手中。他们主张实行君主立宪，拥戴波旁王朝旁系奥尔良家族的路易·菲利浦公爵为国王，史称"七月王朝"。经过"七月革命"，代表金融贵族利益的资产阶级君主立宪制国家在法国成立。

路易·菲利浦一世像

比利时、波兰的革命

在法国七月革命的影响下，欧洲各国掀起了一阵革命风暴，其中比利时脱离了荷兰的统治获得独立。比利时原本是奥地利哈布斯堡王朝统治下的一个行省。1794 年，比利时被法军占领，然后被并入了法国。在法国革命时期，比利时较为彻底地废除了封建特权和封建法规，促进了比利时资本主义经济的发展。在拿破仑战争时期，比利时遭到法国的残酷剥削，经济遭到严重破坏。比利时人民要求独立的呼声越来越高。

1815 年的维也纳会议上，俄、英、普、奥四国将比利时划入荷兰，以此遏制法国。然而比利时与荷兰在经济、文化上有着明显的差距，荷兰政府对比利时的剥削和压迫比法国有过之而无不及。此外，随着英国商品的大量输入，比利时经济遭受严重打击。1830 年，比利时出现经济危机，比利时人民借机拿起武器，要求脱离荷兰的统治获得独立。1830 年 8 月 25 日，比利时人民在布鲁塞尔发动了反对荷兰统治的起义，随后起义迅速蔓延到全国各地。荷兰一边派遣军队前去镇压，一边向列强求援。前去镇压起义的荷兰军队连遭败绩，起义者在各地建立了地方武装。但大部分起义武装力量被资产阶级控制了。9 月底，荷兰军队在比利时人民的打击下溃败，撤离了比利时。同年 12

月，英、法、普、奥四国举行会议，共同承认了比利时的独立，比利时脱离荷兰统治获得独立。

19世纪20年代，波兰人不堪忍受俄国的统治，出现了许多反对俄国的秘密团体，如军事同盟会和爱国协会。这些组织主要由资产阶级革命民主主义者创立，主张推翻俄国对波兰的统治，发动民族解放战争，争取民族独立。这些组织在开展活动的过程中，与俄国的十二月党人建立起了联系。

1830年11月29日，以贵族军官和青年为主体的军事同盟在华沙发动反抗俄国的起义。起义获得了华沙人民群众的支持，人们纷纷起来响应，起义队伍一度增至数万人。康斯坦丁大公狼狈逃离华沙。次日，起义队伍在人民群众的支持下，解放华沙。1831年1月，在革命运动的压力下，波兰议会废黜兼任波兰国王的沙皇尼古拉一世，成立民族政府，宣布独立。2月，沙皇尼古拉一世大军进入波兰镇压起义。在格罗霍夫战役中，起义军抵挡住了俄军的进攻。3月，起义军转入反攻，将俄军逼到布格河一线。但不久，起义军内部发生内讧，出现政治分歧，导致起义军遭到削弱，俄军借此发动反攻。5月26日，起义军在奥斯特罗文卡战役中被俄军击败。9月8日，俄军攻占华沙，起义失败。此后，俄国将波兰纳入自己的版图。

19世纪二三十年代的一系列革命，沉重地打击了维也纳会议后建立的反动统治，神圣同盟土崩瓦解，名存实亡。

年轻的沙皇尼古拉一世

法国1848年革命

法国 1848 年革命前夕，法国正处于七月王朝统治时期。七月王朝并不是整个资产阶级的政权，而是被金融贵族所控制。这些金融贵族不仅在政治上实行对自己有利的政策，而且还利用权力操纵国民经济，榨取国家财富，阻碍了法国资本主义工商业的发展。

七月王朝时期，法国的工业革命取得了较大的发展，资本主义经济得到了加强。然而金融贵族垄断选举权，广大工人、农民及中小资产阶级被剥夺了选举权，处于无权的地位。工业资产阶级遭到金融贵族的排挤，小资产阶级和广大农民处于破产边缘，生活每况愈下，无产阶级没有任何政治权利。七月王朝的统治引起了中小资产阶级和广大劳动人民的强烈不满和反对。

七月王朝苏尔特（1769—1851 年）内阁，尤其是基佐（1787—1874 年）内阁统治时期，法国社会进入最反动、最腐败的时期。1840 年，基佐入阁，成为苏尔特内阁中的重要人物。1847 年 9 月，基佐正式出任内阁首相。基佐是法国金融资产阶级的忠实代表，控制着法国的内政和外交。他在国内实行独裁政策，反对任何形式的民主变革，仇视各国的革命运动。

基佐内阁统治时期，广大劳动人民、中小资产阶级与金融贵族的矛盾不断加剧，反对七月王朝的呼声越发高涨。广大人民要求对选举制度进行改革，实行普选制，建立共和国，实现资产阶级民主。1845 年和 1846 年，马铃薯病虫害和农业歉收使法国出现了严重的饥荒。1847 年，从英国开始的经济危机迅速波及法国，大量工厂纷纷破产，大批工人失业。地主和资本家囤积居奇，导致粮食价格大涨。各地不断爆发饥民骚动事件，工人也不断掀起罢工斗争。这些活动加速了革命的爆发。

在工人、农民革命热情日益高涨的情况下，君主立宪派与共和派团结在一起，发起了反对七月王朝的聚餐运动。他们以聚餐为名，组织群众性的政治集会，宣传选举改革。这个运动引起了广大群众的强烈反响，法国各地也纷纷举行聚餐运动。国王路易·菲利浦认为，要求选举改革的聚餐运动威胁到了自己的统治，于是命令基佐政府下令禁止资产阶级反对派计划在 1848 年 1 月 19 日举行的聚餐活动。在此情况下，资产阶级反对派将聚餐时间改在 2 月 22 日举行，并准备在当天举行一次和平的游行示威，抗议基佐政府破坏集会自由。2 月 21 日，基佐政府再次颁布法令，禁止举行政治集会和游行，并称在必要时将会使用武力。在政府的高压政策下，资产阶级反对派决定退让、屈服，并取消

群众包围巴黎市政厅

了次日的聚餐活动。然而，巴黎广大人民群众没有因此而退却，决定斗争到底。

2月22日清晨，1000多名巴黎工人、手工业者和学生走上街头，举行了大规模的游行示威，要求政府恢复集会自由的权利，巴黎二月革命爆发。中午时分，示威群众高呼"打倒基佐！""改革万岁！"的口号。傍晚时分，示威游行队伍挤满了各条街道和广场，并开始构筑街垒。2月23日，工人群众继续举行游行示威。政府准备进行镇压，派政府军和国民自卫军安扎在一些重要的广场和街道。然而一部分的国民自卫军不仅没有到达守卫据点，反而公开支持革命，站到了革命群众这边。随后，革命群众与政府军在市政厅区爆发了激烈的巷战。

武装起义的爆发和国民自卫军要求撤换基佐内阁的消息传到皇宫，国王路易·菲利浦惊慌失措，匆忙解除基佐的职务，并任命在自由派中享有声望的莫尔伯爵组织新政府，希望以此来缓解资产阶级的不满情绪，阻止革命的发展。

基佐下台和莫尔伯爵组阁的消息传出后，资产阶级认为目的已经实现，于是准备与政府妥协。但是，巴黎的无产阶级和人民群众已经下定决心彻底推翻七月王朝的统治，建立共和制度。起义群众手持武器，坚守街垒，继续与政府军战斗。23日晚，起义群众举行通宵的全城示威游行，遭到政府军的袭击。这一血腥事件激起了人民群众的愤怒，武装的工人一夜间修筑起了1500多座街垒。从1848年2月24日开始，武装起义不断扩大，革命群众占领了市政厅、兵营、武器库等重要据点，并控制了巴黎各战略据点。与此同时，政府军中的士兵纷纷倒戈，革命群众高喊着"打倒路易·菲利浦！""共和国万岁！"的口号，向杜伊勒里王宫发起进攻。

路易·菲利浦见大势已去，匆忙宣布退位，然后逃往英国。与此同时，资产阶级企图保留君主立宪制，拥立路易·菲利浦的长孙巴黎伯爵为国王。起义群众很快占领了杜伊勒里王宫，并冲进波旁宫驱散立法会议。七月王朝最终被推翻，二月革命获得胜利。在这次革命中，巴黎无产阶级和广大人民群众用自己的鲜血和顽强的斗争精神，通过武装起义推翻了七月王朝的统治，粉碎了资产阶级保留君主立宪制的企图。

就在巴黎革命群众在街头与政府军斗争的时候，资产阶级借机窃取了革命果实。2月24日晚，资产阶级共和派在市政厅大厦宣布成立临时政府。临时政府由11人组成，其中5人为资产阶级共和派，2人为王朝反对派，2人为小资产阶级民主派，2人为工人代表。临时政府主席由律师杜旁担任，诗人以及资产阶级共和派代表人物拉马丁出任外交部长一职，律师克莱米约担任司法部长，天文、物理学家阿拉格出任海军部长，律师赖德律·洛兰出任内政部长。在工人的努力下，临时政府中出现了2名工人代表，即小资产阶级路易·勃朗和工人阿尔伯。从表面上看，各个阶级联合组成了临时政府，但实际上，资产阶级代表在临时政府中占据了大多数，资产阶级担任着政府中的重要职位。资产阶级最终窃取了二月革命的胜利果实。

资产阶级窃取政权后，开始露出了敌视无产阶级的真面目，将起义领导者排除在临时政府之外，竭力阻止革命的发展，拖延建立共和国。于是巴黎人民再次起来进行斗争。2月25日，在巴黎革命群众的强大压力下，临时政府被迫宣布成立共和国。这就是法国历史上的第二共和国。但资产阶级掌权的共和国，并不能成为无产阶级所希望的"社会共和国"，它只不过是资产阶级用以统治的工具而已。

在改良主义者路易·勃朗的阶级调和论的影响下，许多工人相信在资产阶级政府中只要有工人代表，就可以迫使共和国颁布相关的劳动权利法令，保障工人的就业和生存权利，改善工人的劳动经济地位。因此，在共和国宣布成立后，巴黎工人要求临时政府实现劳动权，建立劳动部，成立与工业或农业相关的劳动组织。在工人的强大压力下，临时政府颁布了与工人劳动权利相关的法令，成立了一个由路易·勃朗和阿尔伯主持的"工人问题委员会"，要求其寻找办法改善工人阶级目前的状况。这个委员会没有设在临时政府里面，而是设在城郊的卢森堡宫，因此又称"卢森堡宫工人委员会"。这个委员会实际上只是一个有名无实的机构，因为它既没有实权又没有经费。临时政府指定由路易·勃朗和阿尔伯负责工人委员会，是想借机将这两名工人代表排斥出临时政府。

为了进一步分化无产阶级，临时政府在 1848 年 2 月 28 日下令成立"国家工厂"。从 3 月 2 日开始，临时政府在巴黎、里昂、马赛等地先后建立了国家工厂，收容那些失去工作的工人。临时政府对国家工厂采取半军事化的管理形式，故意恶化工厂中的劳动和生活条件，使工人产生不满情绪，以此来败坏社会主义在工人中间的声誉。临时政府不断挑拨工人之间的关系，挑起农民、小资产阶级对工人、社会主义的不满情绪。临时政府以维持国家工厂的运转为理由，对原有的土地税增收 45% 的附加税。这些附加税加重了广大农民的负担，使农民迁怒于工人。此外，临时政府还四处宣称工人为共产主义者，他们的最终目标是没收私有财产。这使许多农民和小资产阶级对工人阶级产生了戒备的心理。就这样，在资产阶级的挑拨下，巴黎工人逐渐陷入孤立的状态。

临时政府通过所谓"让步"，不断积聚力量，当它的力量大大增强时，资产阶级开始了对无产阶级的打压。5 月 4 日，制宪会议开幕。5 月 10 日，临时政府被制宪会议选出的执行委员会替代，执行委员会行使政府权力，临时政府宣布解散。执行委员会由阿拉格、拉马丁、马利等 5 人组成，其中大部分为资产阶级共和派，而工人阶级的代表路易·勃朗和阿尔伯则完全被排除在外。5 月，制宪会议举行并成立执行委员会后，资产阶级的统治得到了进一步巩固，便开始向工人阶级发动进攻。

1848 年 5 月 15 日，执行委员会下令逮捕布朗基、阿尔伯等工人领袖，并从各地调集军队进入巴黎；解散卢森堡宫工人委员会，下令禁止集会、结社。6 月 21 日，执行委员会下令解散国家工厂。执行委员会颁布这些法令后，激起了工人群众的强烈不满和抗议，他们纷纷走上巴黎街头游行示威。工人高喊着"反对解散国家工厂！""打倒马利！"等口号，不久示威游行变为大规模的起义运动，六月起义爆发。巴黎工人群众在街头构筑工事，6 月 22 日至 23 日两天时间，工人在巴黎东部地区布满了街垒。6 月 23 日清晨，起义工人在巴黎街头与政府军展开激斗。

工人群众爆发起义后，资产阶级迅速调动军队镇压。6 月 23 日至 24 日，起义者与政府军激烈战斗。24 日上午，起义者在战斗中逐渐占据优势，控制了巴黎的郊区。在巴黎市区内，起义者兵分四路向市政厅发起进攻。这时制宪会议宣布解散执行委员会，授予资产阶级共和派的路易·欧仁·卡芬雅克以独裁大权，由他负责率军镇压工人起义。卡芬雅克调集大炮对起义者进行了猛烈的

《巴黎索夫洛特街上的巷战》
霍勒斯·韦尔内创作的油
画，再现了 1848 年 6
月 25 日的巴黎起义场景。

炮击，整个巴黎东部城区被战火覆盖。与此同时，政府的援军不断从各地进入巴黎。面对有着强大火力的政府军，起义的工人们坚守阵地，顽强抵抗。然而由于双方力量相差悬殊，大量工人在战斗中牺牲，起义队伍不断退缩。25 日，政府军逐渐掌握了战斗的优势，对起义者发动了更加猛烈的进攻。然而起义者毫不畏惧，英勇抵抗，高喊着战斗的口号。直到 26 日下午，起义者最后的据点圣安东区被政府军攻占。声势浩大的六月起义宣告失败。战斗结束后，政府军对起义者进行了血腥报复，11000 多名起义者惨遭屠杀，25000 人遭到逮捕，大部分人被流放到外地服苦役。六月起义失败有着多方面的原因，除了敌我力量相差悬殊之外，巴黎工人孤军作战，没有获得农民和城市小资产阶级的支持也是重要原因之一。

六月起义的失败，使广大工人认识到无产阶级与资产阶级之间的利益是根本对立的，只有推翻资产阶级的统治，才能实现真正的共和国。于是在六月起义后，工人队伍中开始出现了"推翻资产阶级！工人阶级专政！"的革命口号。

六月起义的失败，成为法国 1848 年革命的重要转折点。无产阶级在之前一直掌控局势，起义失败后，工人力量遭到沉重打击，资产阶级可以从心所欲地实行反动政策了。6 月 28 日，在镇压六月起义以后，制宪委员会推选卡芬雅克为政府首脑。从此，资产阶级不仅控制了制宪会议，同时也控制了行政大权，确立了资产阶级共和派的统治。

卡芬雅克上台后，立即取消了人民群众在二月革命取得的革命成果。7 月

28 日，卡芬雅克政府颁布法令，要求政府机构对各种俱乐部活动严密监视，实质上是为了监视人民的聚会活动，限制集会结社的自由；8 月 9 日至 11 日，颁布出版法令，规定出版报纸需要缴纳高额的赋税，间接限制出版自由；8 月 30 日，废除 10 小时工作日法令，将工作日恢复为 12 小时，延长工作日时间；恢复债务囚禁法；实行 45 生丁附加税，对拒不缴纳的农民进行迫害等。这些措施引起了广大农民和小资产阶级的反对和不满。

为了从法律上巩固其统治，卡芬雅克政府在 11 月 12 日颁布了法兰西第二共和国宪法，即《1848 年宪法》。宪法规定，议会是最高的立法机构，3 年进行一次改选。最高行政元首为总统，任期为 4 年，由人民直接选举产生。总统不得连选连任。总统可以任免内阁，内阁直接对总统负责。宪法承认人民享有人身、出版、言论、结社、集会等自由，但同时又强调这些自由必须接受国家的监督，不能危及社会的安全。宪法虽然确立了普选权，但是又规定在该选区居住半年以上的人才有选举的权利。这直接排除了那些居无定所的工人。

在颁布宪法后，紧接着就是进行总统选举。共有 6 名候选人参加了总统竞选。巴黎工人推选当时还在狱中的弗朗索瓦·樊尚·拉斯拜尔为候选人。小资产阶级的候选人为赖德律·洛兰。资产阶级共和派出现分裂，一派推选卡芬雅克为候选人，另一派则推选拉马丁为候选人。大资产阶级波拿巴派推选路易·波拿巴为候选人，奥尔良派推选盛加尼埃为候选人。在这 6 名候选人当中，当选可能性最大的是卡芬雅克和路易·波拿巴。卡芬雅克作为当时的政府元首，可以充分利用这些有利条件为自己的竞选服务。路易·波拿巴则获得了大资产阶级的支持，因此在总统的竞选中，路易·波拿巴成为卡芬雅克最大的对手。

路易·波拿巴（1808—1873 年）是拿破仑一世的侄子。波旁王朝复辟时期，他流亡海外，曾在意大利加入了当地的秘密革命组织。七月王朝时期，他曾两次试图发动暴动，夺取政权，都先后失败了。第一次失败遭到流放，第二次失败后被判终身监禁。入狱 6 年以后，路易·波拿巴越狱逃亡英国。七月王朝被二月革命推翻以后，他东山再起，再次登上政治舞台。路易·波拿巴虽然才能平庸，但是有着很大的政治野心，一直企图效仿他的伯父在法国建立一个新的帝国。

1848 年 12 月 10 日，法国举行总统选举。在选举过程中，路易·波拿巴不仅获得了大资产阶级的支持，同时通过欺骗的手段获得了广大劳动人民和小资产阶级的支持。结果路易·波拿巴在选举中以绝对优势击败卡芬雅克，当选为法国总统。

路易·波拿巴画像

　　1848年12月20日，卡芬雅克辞去政府首脑职务，路易·波拿巴就任总统。他就任总统后，在口头上宣誓忠于共和国，遵守宪法，实际上他时刻梦想着恢复帝制，建立独裁统治。因此，他上台后，便寻找机会消灭反对自己的人。路易·波拿巴就任总统后的主要政敌是共和派。此时的共和派把持政权，没有解散制宪会议，也没有进行立法会议的选举。在这种情况下，波拿巴决定联合秩序党对付共和派。秩序党由正统派和奥尔良派组成，它是在六月起义后才开始活跃起来的。正统派代表着大地主阶级的利益，拥戴被七月革命推翻的波旁王朝。奥尔良派则是大金融贵族利益的代表，希望复辟七月王朝。此时的大地主阶级已经开始资产阶级化，因此整个秩序党实际上代表着法国资产阶级的利益。尽管这两派有着各自的主张，然而为了对付共和派，两派团结在一个党中。

　　为了对付资产阶级共和派，波拿巴任命奥尔良派的巴洛组阁。巴洛上台后，集结奥尔良派和正统派组成秩序党内阁。在军队方面，波拿巴任命秩序党人盛加尼埃为国民军司令。在完成这些任命后，波拿巴联合内阁、军队一同向制宪会议施压，迫使其于1849年5月29日解散，宪法选出立法会议掌握大权。此后，波拿巴加紧了复辟帝制的活动。

　　在立法会议中，秩序党的势力最大，其主要的反对派是小资产阶级民主派。立法会议成立后不久，民主派便对秩序党及总统的对外政策进行抨击。

1849 年 6 月 11 日，民主派提议法庭对总统及其内阁成员进行审讯，称他们违反宪法，使用共和国的军事力量去反对人民的自由。然而立法会议否决了这个提议。6 月 13 日，民主派发表告人民书，号召人民起来反抗政府。然而民主派的号召没有获得人民的广泛响应，在当天进行了小规模的示威游行，很快被军队镇压了。在镇压民主派的活动后，秩序党开始对民主派进行打压，抓捕民主派议员，民主派领袖赖德律·洛兰被迫逃亡英国。

秩序党打败民主派后不仅控制了议会，还掌握了内阁和军权，成为波拿巴的主要对手。为了对付秩序党，波拿巴开始网罗亲信，培植自己的势力。1849 年 9 月，他在巴黎成立了一个名叫"十二月十日会"的组织。该组织主要由巴黎的流氓拼凑而成，共有 1 万人，波拿巴利用这个组织与秩序党进行斗争，派人殴打秩序党人，阴谋暗杀国民自卫军司令尚加尔涅和立法议会议长杜邦等。"十二月十日会"在路易·波拿巴复辟帝制的行动中起到了很大的作用。

1849 年 11 月，波拿巴解散了巴洛内阁，然后任命亲信特豪普尔组织内阁，从而获得行政大权。在夺取行政大权后，波拿巴下一个夺取的目标是军权。波拿巴在夺取军权之前，为了巩固其在议会中的地位，实行了一系列反动政策：1849 年 12 月，颁布法令恢复酒税，损害了酿酒农民的利益；1850 年 3 月，颁布国民教育条例，使天主教僧侣控制了学校。波拿巴的反动政策激起了广大劳动人民的不满和反对。这种不满在 1850 年 3 月的补充选举上得到了直接体现。一些工人和民主派在这次选举中当选，这引起了资产阶级的恐慌。5 月，波拿巴颁布法律取消普选制，将选举权从人民手中转移到议会中。

路易·波拿巴取消普选制后，加紧夺取军权。他利用从议会勒索来的巨款去收买军队，用金钱、美酒、佳肴款待军官和士兵。在波拿巴的积极活动下，他不仅控制了巴黎的卫戍部队，同时在军队中建立了自己的力量。在波拿巴认为自己实际上已经控制军队时，根据宪法规定，于 1851 年 1 月任命自己的亲信取代尚加尔涅将军的巴黎卫戍司令的职务，使秩序党失去对军队的控制。

路易·波拿巴在掌握行政、军事等大权后，开始胁迫议会修改宪法，包括恢复普选权和取消禁止总统不得连任等条款。波拿巴企图以此来取悦广大劳动人民，打击秩序党的残余势力，为政变做好准备。1851 年 7 月，议会否决了修改宪法的要求，波拿巴于是决定通过武力进行政变。1851 年 12 月 1 日晚，他调动军队占据巴黎各个重要据点，并于次日宣布解散立法议会，逮捕秩序党成员及所有反对他的议员。这就是法国历史上著名的"路易·波拿巴政变"。紧接着，波拿巴调集重兵镇压了共和派的武装反抗，在全国实行恐怖统治。这次政变的胜利，为波拿巴复辟帝制铺平了道路。

1852 年 1 月 14 日，路易·波拿巴颁布新宪法，将总统任期改为 10 年。11 月 21 日至 22 日，参议院通过了恢复帝制的决议。12 月 2 日，波拿巴宣布即皇帝位，称"拿破仑三世"。法兰西第二共和国被法兰西第二帝国所替代。

德意志1848年革命

19 世纪三四十年代，德意志在政治上仍处于四分五裂的状态，出现了许多邦。在各邦当中，以普鲁士和奥地利的实力最为强大，并实行封建专制统治。封建专制统治严重地阻碍了德意志的统一和资本主义工业的发展。1834 年 1 月建立关税同盟后，德意志消除了各邦之间的贸易障碍，加快了工业的发展速度，机械化生产得到了大幅增加。随着资本主义工业的迅速发展，德意志资产阶级的经济实力不断增强。为使资本主义经济得到更进一步的发展，资产阶级迫切希望德意志结束封建专制统治和分裂状态。而深受封建贵族压迫的广大工人和农民反抗封建专制统治的热情尤为高涨。从 19 世纪 40 年代中期开始，德意志资产阶级、工人和农民对封建制度的反抗斗争进入了新阶段。1845 年的马铃薯病虫害和 1846 年的农业歉收加速了革命的爆发。在法国二月革命的影响下，普鲁士首都柏林爆发了三月革命。

1848 年 3 月 13 日，柏林爆发了大规模的群众集会和示威游行。16 日，示威游行发展成为人民群众与军队的流血冲突。军队向示威群众开枪射击，造成 150 多人在冲突中伤亡。军队枪击示威激起了广大人民群众的强烈愤慨。18 日，示威群众将王宫团团包围，要求军队撤离柏林。国王威廉四世（1840—1861 年在位）不仅拒绝了群众的要求，反而还下令军队向示威群众射击。示威群众便在街头构筑街垒，开展武装斗争。威廉四世随即调集军队一万多人和数十门大炮镇压。但是发动起义的群众没有退缩，他们顽强奋战，经过一昼夜的抗争，最终击退了政府军队。国王威廉四世看到局势不妙，被迫将军队撤离柏林，释放被捕的起义者，并下令立即召开国民议会，制定宪法和对政府进行改组等。柏林三月革命取得胜利。

革命取得胜利后，资产阶级立即窃取了胜利果实。3 月 29 日政府进行改组，国王任命大工厂主康普豪森和大资本家汉泽曼组成资产阶级自由派新政府。5 月 22 日，德意志举行国民会议，其中资产阶级代表占了大多数。就这样，劳动人民通过起义夺取的政权被资产阶级窃取了。这个资产阶级政府为了巩固统治，联合封建势力，几乎保留了旧的国家机器。资产阶级内阁为了镇压工人，甚至请求国王把军队重新调回柏林。

受柏林三月革命的影响，普鲁士农民运动也迅速发展起来了。农民驱逐征收租税的官吏，攻打地主阶级的城堡，销毁地主的账本等。然而资产阶级与封建势力勾结起来，不断打压德意志的革命势力，使得德意志的斗争形势越发严峻起来。

三月革命后不久，资产阶级为了阻止革命的继续深入，希望在普鲁士或奥地利的领导下实现统一，主张由各邦选出代表组成全德议会，领导德意志的统一运动。

1848 年 5 月 18 日，在法兰克福举行了全德国民议会。在 500 多名议员当中，大多数是资产阶级自由派和贵族代表，拥护君主立宪制。在这个会议上出现了两个派别，一个是"大德意志派"，另一个是"小德意志派"。前者主张建立一个包括奥地利在内并由其领导的统一的德意志国家。后者主张将奥地利排除在外，建立一个由普鲁士领导的统一的德意志国家。两派为此在会议上争吵不休。全德国民会议无休止地争吵了几个月，依然没有获得统一意见，反而给了普鲁士封建反动势力积蓄力量的机会。6 月 14 日至 15 日，普鲁士国王镇压了以工人、手工业者和市民为主的起义，并成立了奥尔斯特瓦和汉泽曼内阁。10 月，普鲁士国王又罢免了奥尔斯特瓦和汉泽曼内阁，而另指派反动分子普菲尔组织内阁。11 月 1 日，普鲁士国王再次对政府进行改组，任命勃兰登堡伯

法兰克福国民议会

爵上台组阁。在这个内阁中，资产阶级自由派被完全排除在外。11 月 16 日，政府军强制解散了国民议会。1848 年底，普鲁士恢复了君主专制统治。这样，柏林三月革命以失败而告终。

1849 年 3 月 28 日，经过近一年的讨论，法兰克福议会最终通过了一部"德意志帝国宪法"。该宪法具有很大的妥协性和保守性，确定了德意志为一个联邦帝国，保留各邦君主的专制统治。同时它又规定在法律面前人人平等，并保障了言论、集会及结社的自由。然而这部帝国宪法没有任何力量作为支持，因此遭到了德意志各邦君主的拒绝。各邦封建统治者拒绝帝国宪法的行为激起了各邦人民的强烈愤怒，各地纷纷爆发了维护帝国宪法的群众运动。5 月，群众运动发展成为武装起义，并迅速蔓延到各邦。德意志各邦爆发起义后，各邦君主立即调集军队进行镇压。各地拥护帝国宪法的起义最终被镇压。6 月，维护宪法运动失败后，法兰克福议会被强行解散，德国 1848 年革命宣告结束。

奥地利1848年革命

19 世纪中叶的奥地利仍然是一个典型的封建专制国家，处在哈布斯堡王朝的统治之下。皇帝拥有极大的权力，贵族地主阶级享有各种政治、经济特权。此外，奥地利帝国还统治着匈牙利和捷克等地区。在奥地利，首相梅特涅大权独揽，维护着奥地利的封建统治。梅特涅利用民族矛盾，挑起各民族间的纠纷，对各民族的解放运动进行残暴镇压。因此，奥地利的民族矛盾和阶级矛盾日益尖锐起来，不堪压迫和剥削的广大人民经常起来斗争，反抗奥地利政府的反动统治。

巴黎二月革命和柏林三月革命的消息传入奥地利后，鼓舞了维也纳人民斗争的热情，人们纷纷举行群众集会，资产阶级自由派向广大民众发表演说，号召人民起来推翻政府的反动统治。1848 年 3 月 13 日，工人、手工业者和大学生等在维也纳议会前的广场上举行示威游行。示威群众高喊"打倒反动政府！""打倒梅特涅！"等口号，提出承认出版、信仰自由，建立责任内阁等要求。帝国政府立即派军队镇压群众的示威活动，导致流血冲突。这激怒了示威群众，使示威向起义运动方向发展。维也纳人民尤其是工人纷纷起来斗争，要求政府罢免梅特涅的职务。3 月 14 日，在人民的强大压力下，梅特涅最终被解除职务，逃亡英国。维也纳人民革命的斗争取得了初步胜利。

奥地利首相梅特涅画像

　　梅特涅被解除职位并没有缓和群众的斗争情绪，他们要求政府制定宪法，实行宪政。反动政府不仅拒绝群众的要求，反而任命温迪希格拉兹将军为维也纳行政军事首脑，企图镇压起义运动。广大起义群众没有被吓倒，成千上万的起义群众包围了皇宫。在这种情况下，皇帝不得不同意颁布新宪法，对内阁进行改组，并任命旧官僚出身的毕莱尔斯道夫组织新内阁。此外，这次革命斗争还迫使皇帝同意资产阶级成立国民自卫军和建立有资产阶级代表参加的安全委员会。这次革命也使大学生获得了建立武装组织的权利，他们成立了学生军。维也纳三月革命取得胜利后，资产阶级依靠广大人民的力量获得部分政治权利。

　　在革命胜利后不久，资产阶级就试图与封建势力达成妥协。虽然成立了新政府，但是封建贵族仍旧掌握了统治权。1848 年 4 月 23 日，皇帝颁布新宪法，确定立法机关为两院制，皇帝对立法有绝对的否决权。5 月 11 日颁布的选举法，剥夺了广大劳动人民的选举权。同时规定只有大地主阶级才有可能当选上院议员，下院议员则需要有一定收入的人才有资格当选。这使广大人民群众处于无权的地位，激起了他们的强烈反对和不满。工人、手工业者要求政府降低选举的财产资格，实行选举民主化。然而政府不仅拒绝了群众的要求，反而于 5 月 14 日下令解散国民自卫军中央委员会。政府的这个命令立即激起了人民的强烈愤慨，为了反击政府，维也纳民众于 15 日发动武装起义。起义群众要求皇帝废除君主制，逮捕反动大臣，对政府进行改组，并实行普选制和召开制宪国民会议等。在人民起义的强大压力下，奥地利皇帝斐迪南一世（1835—1848 年在位）及其宫廷成员逃往因斯布鲁克。5 月 17 日，政府被迫做出让步，起义获得胜利。

政府承认中央委员会的合法地位，并答应举行制宪国民会议，制定新宪法。然而反动政府不甘心失败，于 5 月 26 日下令解散学生军。这个命令再次引起了广大群众的武装起义，国民自卫军联合学生军参与了这次起义。政府再次作出让步，收回了解散学生军的命令。7 月 22 日，资产阶级代表占多数的制宪国民会议开幕。会议虽然废除与人身依附关系相关的封建义务，却保留了劳役地租和代役租的封建义务，农民想要解除这些封建义务需要交纳一定的赎金。此时的资产阶级认为已经完成革命，在实行革命后封建势力已经被削弱，因此他们与封建势力达成妥协，并表示欢迎斐迪南一世返回维也纳。8 月 12 日，斐迪南一世返回维也纳，并与资产阶级达成妥协。此后，斐迪南一世积极武装军队，加紧了对工人运动的镇压。

1848 年 8 月 23 日，维也纳工人走上街头举行示威游行，抗议政府取消失业工人的补助金。国民自卫军镇压了这次工人运动，许多工人惨遭屠杀。这成为资产阶级与工人阶级决裂的标志。同时，学生军也转而开始支持政府，对工人运动采取了敌视态度。革命阵营分裂后实力被严重削弱，封建势力于是加紧向革命力量发起反扑。在这一时期，匈牙利民族解放运动蓬勃发展，威胁到了帝国的统治。为此，奥地利反动政府决定派兵镇压匈牙利的革命运动。10 月初，奥地利派大军前往匈牙利镇压革命。维也纳人民为抗议和阻止奥地利反动政府镇压匈牙利革命，发动十月起义。10 月 6 日，工人、小手工业者、大学生聚集在一起发动起义。起义队伍攻占了武器库，数万起义群众被武装起来了。起义群众经过一天的战斗，最终取得胜利，奥地利皇帝再次逃出维也纳，逃往

摇摇欲坠的哈布斯堡王朝

欧尔姆茨。

十月起义胜利后，小资产阶级占优势的市议会掌握了政权。在这次起义中，起义的主力是工人、大学生和小资产阶级，而小资产阶级民主派成为领导力量。在起义群众为保卫革命成果而坚持战斗之际，领导起义的小资产阶级民主派却没有采取措施努力巩固胜利果实。他们既没有建立统一的革命领导机构，也没有联合匈牙利革命军队打击奥地利军队。

此时逃到欧尔姆茨的奥地利皇帝积极调动军队，准备对革命运动进行反击。耶拉契奇以及温迪施格雷茨领导的部队在维也纳附近集结。从 10 月 26 日至 28 日，温迪施格雷茨率领 7 万大军，携带 200 门大炮对维也纳城进行了连续炮击。11 月 1 日，在政府军的猛烈攻势下，起义群众孤军奋战，维也纳最终被攻陷，起义失败。

起义失败后，政府军对起义群众进行了血腥报复，处死了起义领导人美森豪塞尔。1849 年 3 月 4 日，反动政府解散制宪国民会议，恢复封建专制统治。奥地利 1848 年革命以失败告终。

匈牙利1848年革命

19 世纪初，匈牙利仍处于奥地利哈布斯堡封建王朝的统治之下。奥地利皇帝兼任匈牙利国王，并向匈牙利派遣总督进行统治。虽然匈牙利有议会，但议会不能讨论军事、外交方面的问题。匈牙利在政治、经济、文化和军事上变成了奥地利的附庸国。匈牙利的经济处于奥地利的控制之下，其与奥地利的贸易额占到了贸易总额的 90% 以上。当时的匈牙利是一个保存封建农奴制的国家，大封建贵族占有大量土地，残酷剥削广大劳动人民，并依靠哈布斯堡王朝维持其地位。那些中、小贵族则与商业资产阶级有着密切的联系，要求享有平等的政治地位，因此积极参与反对哈布斯堡王朝的民族解放斗争。

19 世纪前期，匈牙利的资本主义工业有了较大发展。1846 年，匈牙利已经有 800 多家手工工场，出现了诸如染色、纺纱、铸造等行业的作坊。工业的发展促进了商品的交流，运输业和金融业也迅速发展起来了。

1845 年至 1847 年，马铃薯病虫害引起的农业歉收和 1847 年经济危机波及了匈牙利，致使大量工人失业、农民破产。然而奥地利统治者对此漠不关心，继续加紧对匈牙利人民的剥削和压迫。匈牙利大封建贵族将这场危机全都转移

斐迪南一世画像

到了广大劳动人民身上，加紧了对农民的剥削。广大劳动人民被逼得走投无路，只好起来斗争。

维也纳三月革命胜利的消息传入匈牙利后，布达佩斯的革命者在爱国诗人裴多菲的领导下于 3 月 15 日发动起义。起义民众提出了摆脱奥地利哈布斯堡王朝的统治，争取民族独立等要求，并发表了自己的政治纲领——《十二条》。中午时分，起义群众就控制了整个首都，并成立公安委员会作为革命的政权机构。此后，革命运动在匈牙利境内迅速蔓延开来。

在匈牙利革命运动的强大压力下，奥地利皇帝斐迪南一世被迫同意成立匈牙利责任内阁。3 月 17 日，大贵族代表巴蒂安尼出任首相，组织第一个匈牙利责任内阁。在议会和人民的压力下，这个内阁颁布了匈牙利在军事、财政上独立自主，取消什一税和劳役制，实行普遍课税等法令。但农民要想取消劳役，必须交纳高额赎金。直到 4 月上旬，斐迪南一世才批准了这个法令。然而斐迪南一世不甘心作出让步，决心要镇压匈牙利的革命运动。9 月 4 日，斐迪南一世任命耶拉契奇为镇压匈牙利革命的奥军总司令。11 日，耶拉契奇率领奥地利军队向匈牙利发起进攻。在奥地利军队向匈牙利推进之际，匈牙利国内掀起了保卫革命的热潮。在人民群众的要求下，匈牙利议会通过了成立国防委员会以替代政府的决议，并由科苏特担任委员会主席。在科苏特的领导下，匈牙利人民积极加入自卫军，参加保卫革命和争取民族独立解放的战争。

在奥地利军队向布达佩斯不断推进时，一部分匈牙利军人与奥地利军队达成妥协，放弃抵抗。在国防委员会的号召下，匈牙利人民开展游击战，与奥军进行周旋。9月29日，在起义农民的协助下，匈牙利自卫军一举击溃了耶拉契奇率领的奥军，获得了解放战争的首次胜利。10月10日，在匈牙利军队的打击下，奥地利军队一度撤退到了奥地利境内。

奥地利统治者在镇压了维也纳十月起义后，又派大军于12月中旬向匈牙利发动反攻。匈牙利军民在科苏特的指挥下，采取诱敌深入和游击战的战略，一步步拖垮奥军。但是随着寒冬的到来，江河和沼泽结冻，匈牙利丧失了有利的防御条件，奥军得以长驱直入。在奥地利军队的逼迫下，匈牙利军民逐渐撤退到了布达佩斯。1849年1月5日，奥地利军队攻陷布达佩斯，匈牙利议会被迫迁往德布勒森。

匈牙利军民没有因此而泄气。1849年4月14日，匈牙利议会通过"独立宣言"，宣布匈牙利获得独立，并推举科苏特为国家元首。匈牙利宣布独立极大地鼓舞了广大军民的斗志，战局逐渐向匈牙利方面好转。4月19日，匈牙利军队在纳沙罗战役中击溃奥军。4月26日，匈牙利军队解放了科马罗姆要塞。5月21日，匈牙利军队收复首都布达佩斯。

奥地利军队被驱逐出匈牙利后，匈牙利政府内部的右翼势力又开始活跃起来。他们极力阻止匈牙利革命的进一步发展，企图与奥地利哈布斯堡王朝达成妥协。与此同时，匈牙利的投降分子戈尔盖与谢米尔勾结起来，反对科苏特的领导，密谋向奥地利投降。此外，科苏特领导的匈牙利政权在革命胜利后，没能解决农民的土地问题和民族问题，失去了广大农民和少数民族的有力支持。这给奥地利重整军队、组织新进攻和沙皇俄国的干涉创造了时机。

匈牙利民族解放战争的胜利，震惊了欧洲反动势力。以"欧洲宪兵"自居的沙皇尼古拉一世尤为恐慌。在他看来，匈牙利革命的胜利会影响欧洲革命运动的发展，尤其是波兰等东欧国家民族解放运动的发展。这样一来，欧洲的反动秩序不仅会遭到破坏，俄国在巴尔干和波兰各国的利益也会受到威胁。因此，沙皇尼古拉一世不希望看到匈牙利获得民族独立解放。当奥地利向俄国请求出兵时，尼古拉一世立即就答应了。1849年5月27日，沙皇派巴斯格维奇率军兵分两路进攻匈牙利，一路向加里西亚进发，一路向摩尔多瓦和拉瓦赫进攻，总兵力为14万人。

沙皇俄国派军队干涉，使匈牙利处于两面作战的境地。6月初，奥地利10万大军从西面进攻匈牙利。在匈牙利东部和东北部，科马罗姆要塞以及特兰西瓦尼亚等地区，匈牙利军民与入侵者激烈战斗。匈牙利军队顽强反抗，数次击溃了奥俄军队的进攻。然而戈尔盖却采取了不抵抗的措施，导致匈牙利军队接连受挫。在 7 月上旬的科马罗姆会战中，匈牙利军队遭受沉重打击。

7 月中旬，俄国军队攻占匈牙利东部和东北部地区，不断向布达佩斯推进，计划与那里的奥地利军队汇合，对匈牙利军队进行两面夹攻。在特兰西瓦尼亚战场上，匈牙利军队在贝姆将军的指挥下与俄奥联军激烈战斗。在人民群众的支持下，匈牙利军队采取灵活多变的战术，重创了俄奥联军。然而长时间的作战使这支部队疲惫不堪，导致在 7 月 31 日的吉格尔什瓦尔战役遭遇失败，其中匈牙利的爱国诗人裴多菲在这次战斗中也光荣牺牲。

随着战事的不断进行，形势逐渐有利于匈牙利军队。在这种有利形势下，科苏特命令戈尔盖率领增援部队向西挺进，与那里的匈牙利军队汇合，共同抵抗俄军的进攻。但是戈尔盖拒绝执行命令，反而秘密与俄军进行投降谈判。迫于广大军官和士兵的压力，戈尔盖被迫率领匈牙利军队向西南推进。然而戈尔盖不仅没有率领军队与西部的匈牙利军队汇合，反而将匈牙利军队引入俄军的包围圈中。8 月 13 日，戈尔盖在维拉格什向俄军缴械投降，出卖了匈牙利革命。9 月底，守卫科马罗姆要塞的匈牙利军队被迫向俄军投降，匈牙利民族解放战争以失败而告终。

匈牙利著名爱国诗人裴多菲

匈牙利革命失败后，在俄国的指示下，奥地利统治者和戈尔盖投降分子在匈牙利恢复了旧的封建秩序，对匈牙利革命者和人民进行报复，许多人惨遭屠杀，匈牙利一时处于白色恐怖之中。匈牙利民族解放战争沉重打击了匈牙利的封建制度，为欧洲被压迫民族的解放斗争树立了榜样，在欧洲和匈牙利革命史上写下了光辉的一页。

捷克布拉格六月起义

长期以来，捷克王国处于奥地利帝国的统治之下，成为帝国的一个行省，在政治、经济、文化和军事上成为奥地利的附庸国，丧失了独立自主的地位。奥地利帝国在捷克王国实行德意志化，捷克资产阶级只能够经营中小工厂，德意志人则控制了大型工厂，同时还竭力打击捷克的工商业资本家，试图将其排挤出捷克市场。这严重阻碍了捷克民族工商业的发展。在捷克封建贵族和哈布斯堡王朝的统治下，广大劳动人民遭受残酷的剥削和压迫。他们不仅需要缴纳繁杂的租赋，还要履行花样繁多的劳役，广大劳动人民普遍处于贫困状态。

19 世纪前期，捷克王国的资本主义工业有了较大的发展，成为奥地利帝国资本主义经济较为发达的地区。19 世纪 40 年代，捷克出现了 200 多家棉织工厂，其中大部分已经开始使用机器生产，产量占到了帝国的 3/4。这一时期，首都布拉格已经成为重要的机器制造业中心。在机器制造业的促进下，冶金业也有了较大发展，生铁、钢和煤炭的产量有了大幅增长。随着工业的快速发展，工人阶级不断发展壮大，其中从事呢绒生产的工人就有数万人。

随着资本主义工业的不断发展，捷克资产阶级和广大劳动人民要求民族独立的呼声日益高涨。资产阶级在这场独立运动中担当起了领导者的角色。在争取民族独立的过程中，资产阶级分别形成了温和自由派和革命民主派两个派别。温和自由派没有提出争取民族独立的要求，主张实行君主立宪制，并通过赎买方式废除封建特权。革命民主派不仅要求争取民族独立，建立民主共和国，还提出了废除封建特权，实行普选制度，承认捷克语和德语享有同等地位，改善工人生活状态等要求。

1846 年，革命民主派在布拉格成立了秘密组织"星皮尔社"。该组织与工人阶级建立起了密切联系，在工人队伍中间进行革命宣传，并建立起了许多工人革命团体。在革命民主派的影响下，广大工人、农民开始起来举行革命运动。

在革命前夕，布拉格以及各城市的工人开展了大规模的毁坏机器的斗争。在农村地区，农民不断起来暴动，毁坏地主庄园，拒绝缴纳租税和服劳役。捷克民族独立革命的主要对象，是那些对奥地利帝国统治者唯命是从的捷克大贵族地主。

1848 年 3 月初，星皮尔社在布拉格以及许多城市散发传单，要求政府实行宪法和言论自由。在星皮尔社的号召下，人民群众起来请愿，要求捷克举行由各地区参加的统一议会，并提出了废除封建义务，建立责任内阁等要求。在广大劳动人民的压力下，奥地利皇帝斐迪南一世被迫作出让步，同意成立责任内阁。

随着群众运动的不断兴起，捷克资产阶级自由派感到恐慌。6 月 2 日，资产阶级自由派为了转移民众的斗争目标，在布拉格举行奥地利境内斯拉夫人的代表大会。自由派在会上采取了向奥地利哈布斯堡王朝妥协的立场，主张保持奥地利帝国对非德意志人的统治。与自由派相反，民主派则坚持进行革命斗争，争取民族独立的立场。布拉格六月起义就是在民主派的领导下发起的。

维也纳五月起义胜利的消息传入捷克后，鼓舞了捷克工人、农民的斗争情绪。为了镇压可能到来的革命，奥地利在布拉格布满军队。布拉格人民要求奥地利政府撤走军队，并解除反动将军温迪施格雷茨的职务，但都遭到了拒绝。于是在民主派的号召下，布拉格工人、农民和知识分子于 6 月 12 日清晨举行起义。起义队伍与奥地利军队进行了顽强的战斗，并抓获了地方议会议长，但不久后就被自由派释放了。6 月 17 日，战斗在持续 5 天后结束，起义者寡不敌众，被奥地利军队镇压下去，起义失败。

起义失败后，奥地利统治者对起义者大肆搜捕，进行残酷镇压，使布拉格弥漫着白色恐怖的气息。布拉格六月起义失败后，捷克民族解放运动开始走向低谷。

03

工业革命及工人运动的兴起

　　资本主义经济的快速发展引发了一场机器生产的革命，即工业革命。工业革命最先在英国兴起，并很快扩展到整个欧洲。在这场革命中，资本主义完成了从工场手工业向机器大工业的过渡。大规模的机器替代了人力，引发了社会结构的巨大变革，工人阶级走上了历史舞台，工人运动开始在各国兴起。

———— ✦ ————

兴起于英国

　　工业革命的发生是资本主义经济发展的必然结果。
资本主义经济发展到一定程度，必然会引发一场深刻的
技术变革。工业革命最先爆发于英国也具有其必然性。
英国独特的地理条件、经济发展轨迹以及政治条件都为
工业革命的爆发做了充足的准备，而这些条件是其他国
家所不具备的。

工业革命的背景

　　光荣革命之后，英国大地主大资产阶级上台。他们在不断加强资产阶级统
治的前提下，开始利用手中的权力进行大规模的资本主义原始积累活动。

　　首先，英国在国内进行了大规模的圈地运动。1709 年，英国国会通过了
第一个圈地法案，将资本主义资本积累合法化。随后连续地出台了多项法案来
支持圈地运动。在 1714 年至 1820 年短短的百年之间，英国就圈占了 600 万英
亩以上的农民土地。农民被迫与土地分离，世代耕种的土地被资产阶级剥夺。
圈地运动一方面使资本主义生产资料迅速集中到了少数人手中，促进了资本主
义原始积累，另一方面使大量的农民从农业劳动中脱离出来，形成了大量的劳
动力。曾经的农业生产地区变成了资本主义原料产地和工业品的销售市场，从
而扩大了英国的国内市场。

　　其次，英国积极地进行海外贸易和殖民扩张。在同法国的战争中，英国取
得了胜利，并获得了大量的海外殖民地。通过对殖民地的疯狂掠夺，英国将大
量的珍宝财物运回国内，并转化为资本，建设厂房，购置设备，雇佣工人，发
展资本主义手工业。此外，海外殖民地的扩大也为英国的商品打开了广阔的海

马拉条播机

英国人发明的马拉条播机极大地提高了农业生产效率，为工业革命奠定了基础。

外市场。在强大的海军力量支持之下，英国大肆进行海外贸易，从贸易差价中赚取巨额利润。贸易公司为攫取财富不择手段，甚至在海上强盗式掠夺。其中奴隶贸易更是为英国商人赚来了惊人的财富。英国的奴隶贸易在海外奴隶贸易中占有很大比重，这为英国带来了巨大的财富。1718 年自非洲运往美洲的黑奴，超过 30% 都由英国奴隶贩子经手。全部的贸易所得同样源源不断地流入英国转化为资本。

再次，17 世纪末至 18 世纪中叶，英国资本主义工场手工业，尤其是毛织业获得了蓬勃发展。在英国国内，至少有 1/5 的人口依赖毛织业维持生计。手工工场的规模也逐渐扩大，形成了大量大中型的手工工场。在这些手工工场中，分工协作得到了高度的发展。精细的分工大大地提高了生产效率，使工人能够积累工作经验，很好地提高自己的技艺，同时也使工人有更多的精力来对自己的工具进行改良。但是由于手工劳作本身的局限，生产规模很难扩大。产品无法快速地增长，这就不能够满足广大海外市场的巨大需求量。

在地理大发现之后的海外殖民掠夺中，英国殖民主义者形成了唯利是图的思想。为了攫取财富，人们不惜采取各种卑鄙手段。这种对于金钱的过分追求和不惜一切手段获取利润最大化的心态也促使着每一个商人想方设法改良设备，提高生产效率，以期获得最大利润。这也为工业革命的产生提供了精神上的动力。

工业革命的发生

虽然英国的毛织业历史悠久，已经获得了高度的发展，但工业革命却并没有从这一行业发端。而是在英国新兴的棉纺织业中最先采用了新的技术。

英国的棉纺织业起步较晚。17 世纪之前，充斥英国市场的多是毛纺织产品，少量的棉织品也多从印度、中国等地进口。16 世纪末，英国才首次接触到了棉纺织业。直至 17 世纪中叶，英国人才在曼彻斯特建立了自己的棉纺织工业。棉织品以其低廉的价格、优异的质量很快获得了社会各阶层人士的青睐。再加上英国得天独厚的气候条件，英国的棉纺织业蓬勃地发展起来。棉纺织品巨大的市场需求为棉纺织业带来了很大的生产压力。为了扩大规模和增加产量，棉纺织业比其他行业更为迫切地需要革新技术。同时作为新兴的产业，棉纺织业不像毛织业那样有着诸多的行会行规的约束，也相对容易采用新的工业技术。

1733 年，棉纺织业中的第一项技术革新出现了。机械工兼织工约翰·凯伊在长期的工作经验中总结创新，发明了飞梭。通过手拉动绳子使梭子在滑槽上运动，改变了手掷梭子的传统方式，不仅节省了人力，更提高了速度。这样一来工作效率便获得了极大的提升。1760 年，飞梭已经在纺织业的各个部门普及，同样织一匹布，时间缩短了一半。

纺织工业下游工作流程效率的大大提升，为纺纱带来了不小的压力。为了能够充分满足市场需求，纺纱业也发出号召，鼓励人们发明加速纺纱的机器。1765 年，织工兼木匠哈格里夫斯发明出了多轴纺纱机，将传统一人操作一根

珍妮纺纱机模型

纱线的手纺车提升为一人操作八根纱线的"珍妮纺纱机"。随着技术的不断改良，"珍妮机"甚至能同时纺出 80 根纱线。这项改进很快在棉纺织业中普及开来，大大提升了工作效率。但珍妮机也有不足之处，它纺出来的线纤细易断。1768 年，钟表匠凯伊与木匠海斯共同协作，发明了水力纺纱机。水力纺纱机虽然更省力，获得了更高的工作效率，但它纺出的线却太粗。1779 年，工人塞缪尔·克伦借鉴珍妮机和水力纺纱机，扬长避短，发明了能够纺出既精细又牢固的纱的机器，人们称为"骡机"。为了适应纺纱技术快速改进、生产效率大幅提高所带来的生产压力，1785 年，埃德蒙·卡特莱特研制出了水力织布机，一下子把织布的工作效率提高了 40 倍。

经过一系列的工业技术改进，棉纺织业的整个工作效率得到了大大的提升，并且很快传播到了其他纺织工业中，很大程度地提高了英国纺织业的竞争力。轻工业的迅猛发展，带动了煤炭、钢铁等重工业。继纺织机器的成功改良之后，一项重大的发明彻底改变了英国的工业发展和布局。

1769 年，机械修理工詹姆士·瓦特在吸收前人成果的基础上，成功发明了单向蒸汽机，并在随后进行改良，于 1782 年发明出了可以旋转操作的双向蒸汽机。瓦特的这一发明彻底解决了工业发展所需要的动力问题，从此工场不必依赖水力。蒸汽机的大规模使用使英国摆脱了轻工业的局限，凭借丰富的煤铁蕴藏量，煤炭、钢铁等重工业迅速地成长起来，成为英国近代工业的支柱。

纺织机和蒸汽机的发明，带动了一系列技术变革，在短短的时间里，凿井

瓦特改良蒸汽机

机、曳运机等纷纷被发明出来运用在工业中。在这场重大的技术革命中，人力被解放了出来，自然力得到了很好的利用，大大地提高了工业效率，历史跨入了大工业时代。

扩散到欧洲

英国工业的巨大变革，在欧洲乃至世界范围内引起了巨大反响，但由于政治和战争等影响，工业革命并没有同步在欧洲各国展开。凭借着先进的技术和设备，英国工业获得了超前的发展，积累了大量的财富。随着战争的结束，英国富有的工商业者开始寻求境外投资场所，机器开始带到了其他国家。欧美各国先后开始了工业革命的脚步。

法国的工业革命

法国是继英国之后，第二个开始工业革命的国家。同英国一样，法国的资本主义工场手工业十分发达。发生在18世纪末的大革命将阻碍资本主义发展的障碍一扫而空。拿破仑统治时期所实行的一系列经济政策，推动了资本主义工商业的发展，为工业革命的发生打下了物质基础。此外，法国是英国的近邻，英国工业改革如火如荼地开展，直接给法国资本主义工商业带来了影响。法国大革命结束后，政局相对稳定下来，法国工业大革命轰轰烈烈地开展了起来。

法国的工业革命主要分为两个阶段。同英国一样，法国的工业革命也首先从轻工业开展起来。19世纪20年代，法国的纺织业开始大量引进并使用机器。以棉纺织业为代表的轻工业获得了迅猛的发展。迟至30年代，法国重工业内的工业改革也起步了。煤炭、钢铁行业都采用新的设备和技术，大大增加了煤炭和钢铁的产量。与此同时，法国开始了铁路建设，从1826年第一条铁路（圣埃蒂安－安泰基矿山铁路）建成通车，到40年代末，不足20年的时间里，法国的铁路迅速增长到约3000千米。交通的迅猛发展也进一步推动了工业的繁荣。

19世纪50年代开始，法国的政局趋于稳定，工商业资产阶级也掌握了政权。政策上的大力支持，进一步加速了工业的发展进程，法国的工商业获得了前所未有的大发展。在数十年的时间里，焦炭炼铁法在冶铁行业内得到了全面的普及，更引入了贝氏炼钢法和西门炼钢法，大幅增加了钢铁的产量。在政府的鼓励和支持下，铁路建设更是掀起了高潮。截至1870年，法国基本完成了全国各主要干线的铁路修建工作。这一时期，法国的轻工业也并不落后。它们积极引进更新的技术装备，全面替代手工劳作。棉纺织品产量大增并且远销国外。在20年的时间里，法国的工业生产总值翻了两番，工业革命完成，资本主义制度基本确立下来。

虽然法国的工业革命在不到半个世纪的时间里就已经完成，工业生产总值也获得了较大的发展，但总的来说，法国的工业革命在借鉴英国工业革命成果的基础上，发展还是比较缓慢的，其工业革命的成果也远不如英美。这主要是由法国独特的社会历史条件决定的。

首先，法国并没有像英国一样开

埃菲尔铁塔
始建于1887年1月26日，于1889年3月31日竣工，并成为当时世界最高建筑。

展大规模的圈地运动，也没有可供大肆掠夺的大片殖民地，因此法国的资本原始积累远不如英国那样突出。农业中小农经济长期存在，使得农业的发展陷于落后状态，同时也没有相应充足的工业劳动力，这严重制约了法国工业生产的发展。

其次，法国的轻工业占据着经济的重要地位。法国服饰业、高级化妆品和奢侈品制造等轻工业历来十分发达。这些奢侈品业的生产主要依靠手工技艺，很难在制作过程中转换为机器生产。这就在很大程度上制约了产业的规模和供应范围。因而在法国工业革命完成时，虽然重工业获得了很大的发展，但以轻工业为主导的工商业中依然存在着大量的小手工作坊，大的雇佣企业寥寥无几。

第三，法国的高利贷资本高度活跃，广泛存在于社会的各行各业。大量的高利贷资本吸引着大量的社会流动资金，大量资金作为借贷资本输出国外，严重制约了工商业的投资水平。此外，法国并不像英国那样拥有丰富的原料和资源，多方面的原材料进口增加了了成本，严重削弱了法国工业产品的市场竞争力，这也制约了法国工商业的顺利发展。

正是由于种种不利因素的制约，在 19 世纪 60 年代末工业革命基本完成的时候，法国在世界工业生产中所占的地位不仅没有获得提升，反而有所下降了。

美国的工业革命

美国的工业革命开始也比较早，大约与法国同步进行。这主要是由于美国在多方面都有着得天独厚的有利条件。

首先，美国在殖民地时期就已经出现了资本主义萌芽。工场手工业有了一定的发展。美国在建立之初没有经历过封建社会，不存在行会的制约，因而能够较快地接受新的技术。而独立后建立起来的资产阶级共和制度很好地保护和促进了资本主义工商业的发展。联邦政府制定了一系列积极的政策鼓励工商业的发展和技术革新，为工业革命的发生提供了政策支持。

其次，美国在独立之后，开展了大规模的"西进运动"。美国东部居民向西部地区进行开发性的挺进，通过吞并、廉价购买等方式，持续向西部扩张领土。在短时间里，美国的领土就迅速扩张了数倍。这不仅仅意味着国内市场的扩大，还因为西部地区能源蕴藏十分丰富，并且拥有优良的地理环境和气候条件，这就为工农业的发展提供了便利。

再次，美国展现出了兼容并包的开放姿态，吸引了大量外国移民的到来。19 世纪初期，美国人口只有 700 万左右，然而仅仅 19 世纪后半期，就有多达 2700 万的移民涌进美国。大量移民的到来不仅为美国工业发展解决了劳动力的问题，更为它带来了世界各地先进的生产技术。大量外来的熟练手工业者，有力地推进了美国工业革命的进行。

毫不例外，美国的工业革命也从棉纺织业开展起来。最初的棉纺织业的技术改革首先从仿造开始。1789 年，塞缪尔·斯莱特对英国的珍妮纺纱机进行仿制，并获得了成功。1793 年，塞缪尔·斯莱特建立了美国第一家棉纺织厂。紧接着，美国又发明了轧棉机，超大幅度地提升了清理原棉的效率。19 世纪初期，美国又从英国引进了织布技术。棉纺织业的机器生产方式基本确立。新英格兰地区则迅速成长为棉纺织业的中心。紧随棉纺织业的步伐，一些服装、玻璃、毛纺等轻工业也迅速实现了机器大工业的生产方式。

19 世纪 30 年代起，美国的冶铁业大量引进英国先进的生产方式，获得了巨大的技术进步，大幅度提高生铁的生产效率和生产规模。冶铁业的迅猛发展在重工业内引起了连锁反应。煤炭和石油的开采提炼技术也相继获得提升。蒸汽机在煤矿中获得了广泛地普及。

缝纫机
1844 年由美国伊莱亚斯·豪发明，他采用了双线连锁缝纫法，使得机器制造的织物比以前坚固得多。

为了沟通东西广阔的地域，美国掀起了铁路建设的高潮。大规模的铁路修建、设备制造为国内工商业提供了巨大的市场，同时修建的铁路也便利了商品的流通，促进了国内工商业的大繁荣。

美国在借鉴英国工业革命成果的同时也在不断地进行自我创新，很快地对引进的设备进行了技术改革，从而制造出更为先进的机器。美国还最先采用了机器零部件的标准化生产。这一创造性的改进，大大降低了机器的生产成本。此外，国家政策的扶持更促进了国内的发明创造。因此，美国在很短的时间里迅速成长为世界经济实力最为雄厚的国家。

德国的工业革命

德国的工业革命起步较晚。

16 世纪以来，德国国内战争持续不断。政治上的动荡不安直接影响了经济，造成德国经济的持续缓慢发展。此外，长期的政治分裂也严重制约了德国的对外扩张，使它并不能像英国一样进行海外殖民地的掠夺。资本主义原始积累只能依靠对国内的剥削。

19 世纪初期，德国的封建制度逐渐瓦解，开始注重资本主义的发展。1807 年，德国开始了长期的农奴制改革，废除农民对于地主的人身依附关系，但是农奴在获得解放的同时需要缴纳赎金。这一举措一方面大肆敛聚财富，为德国资本主义的发展积累了原始资本；另一方面将农民从与地主的封建关系中解放出来，为资本主义经济的发展提供了大量的自由劳动力。并且，行会等资本主义经济发展的壁垒进一步被破除。德国的资本主义企业获得了较为自由的发展空间。一些资本主义手工工场开始从英国引进机器设备和技术人才。在 19 世纪的头 20 年里，德国的资本主义工场手工业获得了广泛的发展，纺织业中开始使用机器生产。

虽然 1815 年德国建立了新的德意志邦联，但它的内部依然是四分五裂，各自为政。政治上的不和谐导致了工商业中经济制度的混乱。国内关卡林立，多种货币并存，度量衡制度杂乱无章。1819 年，德意志内部开始成立小范围的关税联盟。1834 年，原本相继分散成立的关税同盟走向了合并。一个德国范围内具有统一性质的关税同盟成立了。关税同盟规定，在它的内部实行免税交易，并且将各种经济元素统一起来，很大程度上解除了经济发展的重重壁垒。德意志关税同盟的成立将德国经济从四分五裂的政治影响下拯救出来。正是在 19 世纪 30 年代，德国真正走上了工业革命的道路。纺织业的生产规模开始大幅扩展。煤炭开采和钢铁冶炼也都开始采用先进的设备和技术，产量也有很大增长。蒸汽机的使用范围逐步扩大。值得一提的是，德国在工业革命伊始便开始着手水陆交通建设。早在 1835 年，就已经建成了全长 12 千米的纽伦堡－费尔伯特铁路。德国还大力修建港口，开凿运河，积极开展公路建设。到 19 世纪下半叶，德国的铁路建设已经超越英法，达到世界领先水平。

　　1848 年革命之后，德国进一步肃清了城乡的封建残余，建立十余年的关税同盟也日益显示出强大的作用，再加上交通行业的大力发展，德国的工业革命迎来了辉煌发展阶段。无论是轻工业还是重工业，都在短短 20 年的时间里获得了几倍的增长。一些机器工厂的规模甚至超越了英国。截至 1870 年，德国的工业总产量已经超越法国，跻身先进的资本主义国家之列。

俄国的工业革命

　　19 世纪 30 年代起，工业革命的浪潮传到了东欧。俄国也开始了机器大工业生产代替手工业生产的进程。19 世纪 30 年代的俄国并没有摆脱沙皇的封建专制统治，依然是农奴制国家，这严重延缓了工业革命的发生，但当时的俄国资本主义经济已经获得了一定的发展，国内开展工业革命的条件大体上已经成熟。

　　首先，俄国的资本主义工场手工业已经初具规模，成为主要经济形式，并且在这些资本主义手工工场内部已经开始了精细的分工。此外，俄国还出现了一批以村为单位的手工业中心。这些村集中进行一种手工业生产，积累了丰富的工业技术经验。

　　其次，一些大商人、富农和工场主、地主贵族等已经积累了丰厚的资本。他们将商业活动中积累的大量财富投入到工业生产中，为工业革命的发生提供了一定的资本支持。此外，俄国还在对外扩张的过程中吞并了大量的土地，一方面为俄国的工商业提供了广阔的市场，另一方面通过对这些地区的掠夺也敛聚了巨额财富，成为工业革命的重要资金来源。

　　除此之外，俄国也获得了较为有利的国际环境。这一时期，英、法等工业

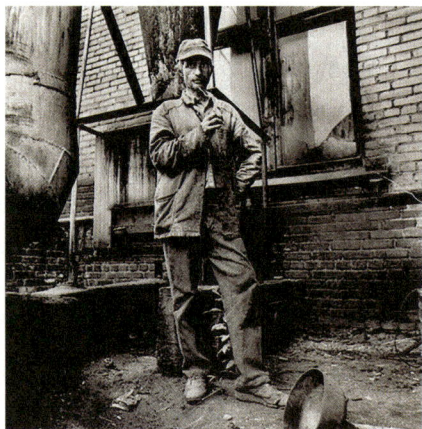

一位俄国工厂工人

革命或硕果累累，或如火如荼，很大程度上带动了俄国资本主义进行工业革命的热情。英法等国工业革命的成果——先进的技术经验和机器设备都为俄国开展工业革命提供了便利。

19 世纪 40 年代起，俄国开始在棉纺织工业中引进机器设备，建立较大规模的工厂。并且在纺织业的带动下，轻工业内也开始了机器化变革。制糖工业在 19 世纪 30 年代后期就已经开始采用蒸汽机，到 60 年代初，全俄已经有 85% 的砂糖采用机器制造。1861 年，俄国进行了农奴制改革，释放出大量的自由劳动力，并且收取的巨额赎金也为工业革命的发展提供了资本。至 19 世纪下半叶，俄国工业革命的步伐进一步加大。重工业中也开始大规模地引进国外先进技术和先进设备。不仅建立了煤炭和石油两个新的工业部门，贝氏炼钢法和平炉炼钢法也已经在冶金业中获得了普及。此外，俄国的铁路、航运等交通运输业的发展也是日新月异。19 世纪 80 年代末，俄国的各主要工业部门中都建立起了机器生产的工厂制度。工业革命基本获得了成功。

由于俄国始终没能建立起与资本主义工商业相适应的上层政治建筑，它的工业革命受到制约；再加上俄国自身资本积累的不充足，很大程度上依赖外国资本的投入，所以俄国很多大型企业都掌控在外国人手中；此外，俄国技术相对落后，完全依赖于设备和技术的引进，没能在本土形成门类比较齐全的机械制造业。总而言之，俄国的工业革命虽然取得了一定的成就，但并不能算是一场完全成熟的工业革命。

工人运动的发展和科学社会主义的诞生

工业革命的蓬勃发展带来了社会经济的巨大变革。而社会生产力的飞速发展，带来了一系列的连锁反应：工人的社会地位和生存状况发生了改变，新的社会阶层开始出现。为了寻求自己的合法权益和合理的福利待遇，觉悟了的工人阶级开始要求改善自己的地位。工人运动开始蓬勃发展，并最终催生了科学社会主义的诞生。

工业革命对阶级关系的影响

工业革命虽然是经济领域的技术革新和生产力的巨大提升，但经济基础决定上层建筑，经历了工业革命之后的经济获得了惊人的发展，也带来了上层建筑的全面变革。

工业革命改变了传统手工工场的生产方式。资本主义生产制度建立起来。在新兴的工厂制度中，大量采用机器生产，大大地提升了生产效率。大量的手工工场和家庭作坊被挤垮。同时机器生产也带来了生产规模的扩大，这就要求更多的工人参与到生产当中来。大量破产的独立手工业者都加入到了工人的队伍中。工人日趋成为一个庞大的社会阶层。于是社会出现了两大阶级——工业资产阶级和工人无产阶级。

机器的生产方式改变了工人的地位。他们不再有闲暇去从事农业劳作，只能靠出卖自己的劳动力来获取生活的资本。工人的工作方式不再是主动性的创造，而是只能配合机器的生产做简单而机械的附属工作，工作过程枯燥乏味而且工作强度大，严重影响了工人的身心健康。由于劳动力的过剩供应，为了追求最大利润，资产阶级一再压低工人的劳动报酬。甚至有时候，工人长达18

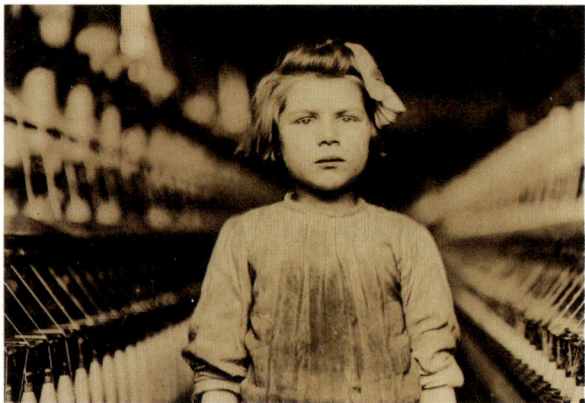

棉纺厂童工
1909 年美国佐治亚州一家
棉纺厂的童工。

小时的劳作获得的报酬只能买来一磅面包。工厂还倾向于大量雇佣廉价劳动力，于是薪酬较低的女工和童工备受青睐。高强度、超负荷的劳作严重损害了他们的身体健康。为了获得更多的剩余价值，工人的工作时间不断被延长，来配合无休无止的机器生产。虽然社会财富大大增加，但工人阶级用辛苦劳动创造出的巨大财富都落入资产阶级手中。工人阶层的生活状况不仅没有获得改善，反而越来越难以为继。大量的工人家庭家徒四壁，辛苦的劳动甚至解决不了基本的温饱问题。与此同时，工业资产阶级窃取了工人的劳动成果，经济资本日益雄厚，也逐渐巩固了自己的社会地位。资产阶级贪婪的本质使他们对工人阶级的压榨不择手段，变本加厉。于是贫富分化、城市人口膨胀等社会矛盾开始凸显，社会两大阶级——工业资产阶级和工人无产阶级的对立也越来越严重。

工业革命在引发社会结构变革的同时，也给人们的思想带来了改变。大量机器的发明创造使人们意识到"人定胜天"，物质的极大丰富不断冲击着人们的思想。同时，在工业革命和机械化劳作过程中，工人的思想日益觉醒。他们越来越清晰地认识到自己的力量和重要性。他们意识到正是自己创造了巨大的社会财富但却没有获得相应的报酬；意识到自己的劳动成果正在被资产阶级无耻地占有，而靠个人的力量很难对抗强大的资产阶级。于是日益壮大的工人阶级队伍开始一步步走向团结，开始寻求有效的与资产阶级对抗的方式。

英国宪章运动

19 世纪 30 年代，完成了工业革命的英国，工业资产阶级的力量壮大起来，不仅在经济上占据统治地位，更在议会中争取了一席之地，保证了自己的政治地位。然而支持了资产阶级的工人阶层却依旧一无所获。随着队伍的成长壮大和自我意识的觉醒，工人阶级要求获得一定的政治地位，从而改善本阶层的经济状况。在与资产阶级的长期对抗中，工人阶级中逐渐出现了新的观念。一些工人开始意识到工人阶级与资产阶级的矛盾是不可调和的，于是他们反对继续跟随资产阶级的脚步，而要求凭借工人阶级自己的力量来反对资产阶级。部分工人开始意识到本阶层在工业生产中的决定性作用，认为罢工是对抗资产阶级的有力武器。由于长期被议会排挤在外，一部分工人对议会彻底失去了信任和期待。他们期待工人阶级能够获得独立自主的地位。

在议会改革中受挫的工人阶级开始致力于成立自己的组织，工会组织蓬勃地发展起来。1834 年，"全国各业统一公会"成立，目的是为工人阶级争取政治地位，会员迅速发展至几十万。英国政府对于公会的镇压、新立法对工人阶级的压迫、爆发于 1837 年的经济危机，都使得工人阶级的生存状况更加恶化。工人阶级对此严重不满，一场全国工人的统一运动呼之欲出。1836 年 6 月，"伦敦工人协会"成立。协会的宗旨在于争取普选权和其他的民主改革。

1837 年 2 月，"伦敦工人协会"行动起来，宪章运动随之发生。他们进行集会并由领导者洛维特执笔草拟了"请愿书"来申诉工人阶级的政治要求。请愿书中提出年满 21 岁的男子都有普选权，投票选举应秘密进行，废除议会候选人的财产资格限制，国会每年进行一次改选，平均分配选区等要求。在次年的 5 月份公布之后，这份请愿书被称为《人民宪章》，宪章运动由此得名。1839 年，请愿书被递交议会。然而，议会却在接下来的讨论中否定了工人阶层的请求。这一决定立刻引发了工人阶级的大规模罢工，伯明翰的工人甚至占领了这座城市。由于宪章派内部的矛盾与分歧，第一届国民公会宣告自行解散，最初的宪章运动以失败告终。

1840 年初，全国各地的宪章派派出代表齐聚曼彻斯特。他们召开会议，宣告成立旨在争取工人阶级政治经济权利的全国宪章派协会。协会规定了严格的入会流程，要求会员交纳会费，领取会员证，参加协会活动。工人阶级政党的雏形开始出现。1842 年，宪章派再一次向议会递交了请愿书。新的请愿书不仅要求工人阶级获取政治地位，更进一步提出了经济要求。然而第二次请愿书再一次遭到了议会的否决。这又一次激起了工人阶级的强烈抗议。以曼彻斯

宪章运动中的示威活动

特为中心，大规模的罢工浪潮席卷全国。这一次的罢工行动引起英国政府的巨大恐慌，他们开始了对工人运动的疯狂镇压。而宪章派的领导人由于害怕事态扩大为起义，撰文表示反对罢工运动的进一步扩大。由于缺乏有力的领导，工人运动再一次被镇压下去。

第二次请愿的失败导致了宪章派内部的分崩离析。少数左派人士继续坚守宪章派原则进行抗争。1847 年，英国再一次爆发经济危机。工人阶级的生存状况再一次岌岌可危。宪章运动再一次燃起了火苗。同年，宪章派领导者当选议会议员，极大地鼓舞了宪章派的运动。1847 年，《北极星》报刊登了全国宪章协会执行委员会对全国工人在新拟定的请愿书上签名的呼吁。工人运动再一次活跃起来。1848 年，全国各地的群众集会规模越来越大，次数越来越多，更多的人在请愿书上签字支持。第三次的请愿书更进一步指出：劳动是一切财富的来源，工人阶级应优先享有劳动果实。伦敦、曼彻斯特、伯明翰等大城市都爆发了大规模的工人示威游行。同年 4 月，宪章派试图再一次将请愿书递交国会，然而却在途中遭遇了宪兵的镇压，国会拒绝接受请愿书。接着，政府下令解散全国宪章派协会。英国的宪章运动从此衰落下去并以失败告终。

马、恩创立科学社会主义

在资本主义生产中，生产方式日趋社会化，然而生产资料却高度集中在个人手中。随着资本主义经济的快速发展，一边是无产阶级被机器排挤而失业，逐步走向贫困，无力购买商品；另一边是资本家加速扩张，生产高度过剩。矛盾显得越来越不可调和，周期性爆发的经济危机不断给资本主义经济带来沉重打击。在危机中，大批企业倒闭，工人失去赖以生存的工作，生活状况极度恶化。资产阶级和无产阶级之间的矛盾也变得越来越尖锐而不可调和。

虽然工人阶级的自我意识已经开始觉醒，也组织了大规模的罢工以期获得与自己的付出相应的政治地位和经济基础，然而由于缺乏正确的革命理论指导，无产阶级没能够找准自己的历史使命和历史地位，以罢工为主的大规模的反抗活动最终都流于失败。社会矛盾和阶级矛盾的日益尖锐使得无产阶级急需一个科学的理论来指导自己的行动。

顺应社会和时代的要求，马克思（1811—1883年）和恩格斯（1820—1895年）创立了科学的社会主义理论，为无产阶级指明了斗争的方法和前进方向。

一方面，马克思、恩格斯亲身参加革命实践。马克思在大学毕业之后，被聘为《莱茵报》主编。他以《莱茵报》为阵地，发表了大量的文章来抨击德国封建君主制度，使报纸日益呈现出革命民主主义的色彩。在被普鲁士反动政府迫害离职之后，马克思又创立了《德法年鉴》杂志，在这个杂志上，马克思指出了政治解放和人类解放的革命思想，论证了社会主义革命和消灭私有制的必要性。恩格斯则积极参与工人的集会和运动，在对英国工人运动失败经验的总结中，他指出只有通过暴力才能改变现状，改善无产阶级的经济政治地位。

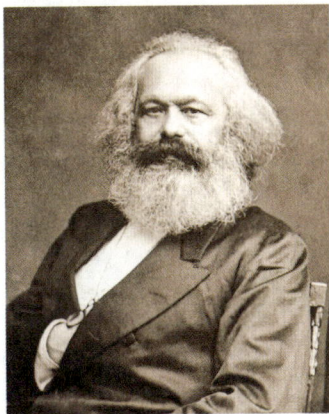

马克思画像

恩格斯画像

另一方面，马克思、恩格斯对德国的古典哲学、英国的古典政治经济学，以及法国的空想社会主义进行了批判地吸收。德国古典哲学以黑格尔和费尔巴哈为代表。黑格尔是著名的唯心主义哲学家，但他的辩证法却是合理而科学的。费尔巴哈虽然是唯物主义哲学家，但他的历史观却是唯心和形而上学的。马克思和恩格斯吸收了两位哲学家理论中合理的部分，抛弃其糟粕，创立了无产阶级辩证唯物主义和历史唯物主义的世界观。英国古典政治经济学由威廉·配第创立，经亚当·斯密发展，由大卫·李嘉图完成。他们共同奠定了劳动价值论的基础，然而却陷于时代和阶级的局限之中。马克思和恩格斯在此基础上，创立了剩余价值学说，揭示了资本家剥削的本质，创立了马克思主义政治经济学。空想社会主义者以圣西门、傅立叶和欧文为代表。他们将社会主义的一切理论都建立在假想的基础上，虽然有理论，但却流于空想，很不成熟。马克思、恩格斯以唯物主义历史观和剩余价值学说为基础，对无产阶级的伟大历史使命进行阐释，使社会主义摆脱了空想而走向科学。此外，19世纪自然科学方面的新成就也为马克思、恩格斯辩证唯物主义的创立提供了支持。

马克思和恩格斯创立的科学的政治学理论，指出了无产阶级解放斗争的发展规律，对无产阶级斗争的性质、条件和目的进行了科学的界定，从此为无产阶级的斗争提供了科学的理论支持和指导。

共产主义联盟和《共产党宣言》

马克思、恩格斯不仅创立了科学的革命理论来指导无产阶级的革命斗争，也积极地致力于创立一个用革命理论武装起来的革命政党。

1846年初，"共产主义通讯委员会"在布鲁塞尔建立起来，它是马克思、恩格斯建立的第一个科学社会主义理论指导下的无产阶级团体。很快，法国巴黎、英国伦敦、比利时莱比锡等地纷纷建立了支部。各组织之间还建立了密切的联系，共同致力于共产主义的宣传。

当时由德国流亡者和工人建立起来的"正义者同盟"已经发展壮大起来，形成了包括法国、英国、波兰和瑞士等国工人参加的庞大国际性组织。为了建立起无产阶级革命政党，马克思和恩格斯积极参加正义者同盟的活动，向工人们宣传科学社会主义理论。越来越多的正义者同盟成员对马克思、恩格斯的革命理论表示热烈的拥护。1847年春，正义者同盟正式向马克思、恩格斯发出

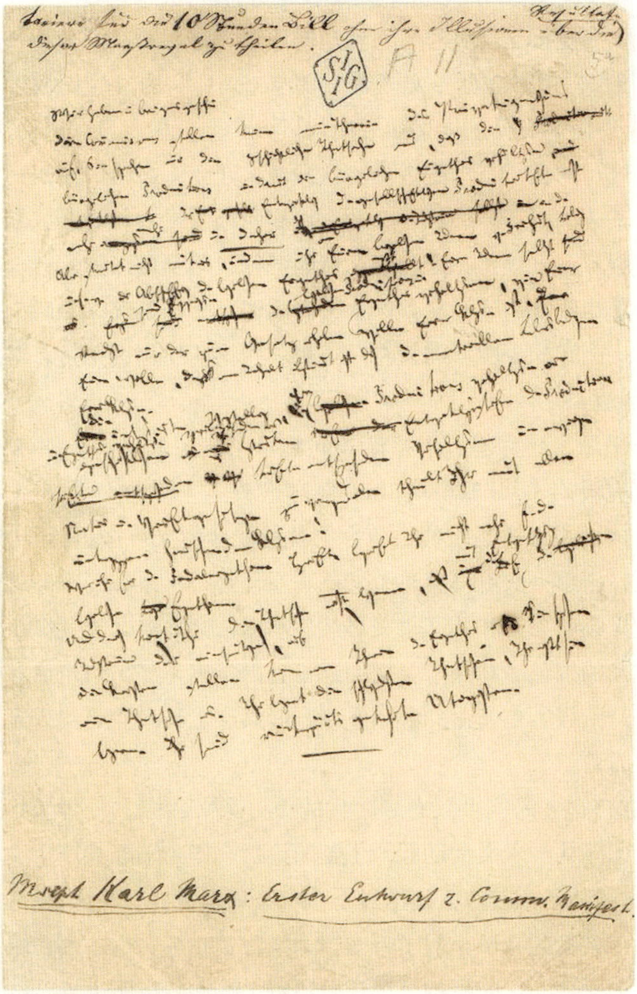
Mscpt Karl Marx: Erster Entwurf z. Comm. Manifest.

《共产党宣言》手稿

邀请，希望他们能够加入，并愿意接受马克思、恩格斯的建议对正义者同盟进行改组。

1847 年 6 月，正义者同盟的第一次代表大会在英国伦敦召开，恩格斯出席了大会。会议决定接受马克思、恩格斯的建议，将正义者同盟正式改组为"共产主义者同盟"，用"全世界无产者，联合起来！"的口号代替了旧有的"人人皆兄弟"。在随后召开的同盟第二次代表大会上，马克思、恩格斯共同出席，并规定同盟的目的在于：推翻资产阶级政权，建立无产阶级统治，消灭旧的以阶级对立为基础的资产阶级社会，建立没有阶级、没有私有制的新社会。两次大会的胜利召开，确立了无产阶级革命的章程，昭示着以科学社会主义为指导的无产阶级革命政党的建立。共产主义者同盟是无产阶级国际联合的最初组织形式，是第一国际的先驱。同盟在马克思、恩格斯的指导下进行革命工作，直至 1852 年解散。

大会结束后，马克思、恩格斯共同起草了同盟的宣言。1848 年 2 月，由马克思执笔完成的《共产党宣言》在英国伦敦出版问世。《共产党宣言》由引言和四章组成，不仅对当时社会流行的各种社会主义流派进行了批判和揭露，更重要的是，它第一次对马克思主义基本原理进行了系统而完整的阐述。它指出了资本主义必然灭亡和共产主义必然胜利的社会发展客观规律；认为无产阶级是资本主义的掘墓人和共产主义的建设者；指出无产阶级革命和无产阶级专政是实现无产阶级历史使命的必由之路，而共产主义政党是实现无产阶级历史使命的领导力量。

《共产党宣言》的问世具有划时代的历史意义，标志着科学共产主义的诞生，意味着国际共产主义运动翻开了新的篇章。作为国际共产主义运动的首个纲领性文件，《共产党宣言》是世界无产阶级认识世界、改造世界的思想武器，为各国共产主义者的斗争指明了方向。列宁曾赞扬道：这本书篇幅不多，价值却相当于多部巨著，它的精神至今还鼓舞着、推动着文明世界全体正在斗争的无产阶级。

第一国际

1848 年革命之后，资本主义获得了飞速发展，资本主义世界市场逐步形成，全世界劳动人民遭受的压迫也日益加剧。19 世纪 50、60 年代，欧洲工人运动和民主运动再一次高涨。与此同时，马克思、恩格斯抓紧时间进行经济理论的研究，发表了《政治经济学批判》，并从 1851 年起开始了《资本论》的创作。《资本论》第一卷德文版于 1867 年出版。在理论研究的同时，马克思、恩格斯还在欧美的大量进步刊物上发表文章，对自己的学说进行宣传，对无产阶级革命者进行理论普及和提升；给各国无产阶级革命者以理论培养和物质支持。

1863 年，波兰爆发起义。次年 9 月，英国工联在伦敦圣马丁教堂召开了群众大会，以声援波兰人民的正义之战。在这次集会中，来自英国、法国、德国、意大利、波兰等国近 200 名工人代表及部分资产阶级民主人士参加。马克思出席了本次大会。会上，根据英法两国代表的提议，决定建立一个国际性的工人协会，通过选举产生 21 名成员组成临时中央委员会（1866 年更名为总委员会），国际性的工人协会宣告成立。马克思当选为临时委员会委员。1864 年 10 月初，协会举行了临时委员会第一次会议，对各国的代表委员进行选举。会议决定将组织正式命名为"国际工人协会"，选举并任命英国工联领导人奥哲尔为协会主席，马克思为德国通讯书记。在这次会议中，协会的主要领导人都确定了下来，并且完善了协会的各项职能。会议还通过选举产生了一个九人专门委员会，专门负责协会指导性、纲领性文件的起草工作。马克思当选该委员会委员。

虽然马克思并没有出任协会主席一职，但他始终被公认为协会的国际领袖。马克思执笔的《国际工人协会成立宣言》，充分体现了马克思国际工人阶级统

马克思与恩格斯

一战线的思想，体现了《共产党宣言》的主要思想。《协会临时章程》同样由马克思执笔起草，指出了无产阶级的阶级任务，规定了协会的组织机构和活动方式。为保证协会的无产阶级性质，马克思还坚决反对资产阶级分子的加入，并且同各国工人阶级组织内部的多种流派进行理论的辩论，然后加以引导，将其纳入马克思主义轨道中来。因此，是马克思一手创立了国际工人协会，正是他孜孜不倦的工作才将国际工人协会引入科学共产主义的道路。马克思实际上是协会中的灵魂人物，是协会的真正领袖。

国际工人协会建立伊始就着手在各国建立支部。1865 年，巴黎支部建立，这是国际的第一个支部。随后，里昂、圣太田、卡恩等地也相继成立了支部。短短两年的时间里，法国就已经成立了 26 个国际支部。然而在英国，虽然从 1865 年起就有工人组织和群众陆续加入了国际，但英国工联的领导机构——伦敦工联理事会却拒绝改变自己的独立地位。德国国内政治的严格控制，切断了工人组织与国际的联系，但一些思想先进的个人加入了国际，他们为国际思想的传播做出了重大贡献。

总委员会将对敌斗争放在首要地位，积极组织和参与无产阶级的对敌斗争。1866 年春，马克思组织募捐活动来支持伦敦和爱丁堡的成衣工人大罢工；1867 年 2 月，英国工会向法国巴黎铜工罢工者提供贷款和无偿捐助；1868—1869 年英国罢工活动也获得了国际工人协会的募捐支持。此外，总委员会还积极支持了日内瓦罢工运动。国际工人协会不仅积极支持各国工人的罢工斗争，还声援各被压迫民族的解放运动，很好地体现了国际工人协会的无产阶级性质和国际性。

第一国际会员证

国际工人协会一方面积极组织和领导工人的对敌斗争，另一方面致力于内部流派的统一化。先是挫败了蒲鲁东主义，解决了私有制的存废问题，然后又粉碎了巴枯宁主义在组织内部篡改国际宗旨的阴谋。

国际工人协会广泛而深入地宣传了马克思主义，提高了无产阶级的理论水平，在国际范围内将工人阶级组织起来，有力地推动了工人运动的发展，为各国建立无产阶级政党奠定了基础。1876年，国际工人协会完成了自己的历史使命，在美国费城正式宣告解散。在第二国际成立之后，国际工人协会开始被称为"第一国际"。

巴黎公社

无产阶级运动的持续高涨，引起了特权阶层的警惕。1870年，法国拿破仑三世为了转移国内工人阶级的视线，挑起与普鲁士的战争。然而法国却在这场战争中惨败，拿破仑三世下令投降，第二帝国宣告崩溃。同年9月初，法国巴黎爆发了革命。资产阶级共和派和奥尔良派分子组成了新的国防政府，宣告了第三共和国的成立。无产阶级在战斗中表现出高度的热情，以工人和小资产阶级为主的新的国民自卫军很快建立起来，并迅速增加到194个，约30万的巴黎无产者被武装起来。他们选举出各区的监察委员会，建立共同的领导机构——20区中央委员会。这个委员会领导了巴黎人民的武装斗争，是一个与资产阶级政府相对峙的群众组织。

资产阶级掌权的国防政府惧怕武装起来的人民力量日益壮大，于是在对外抗战中消极抵御，甚至破坏抗战，并且寄希望于外国的调停，暗中与敌人进行投降谈判。1871年1月，法国政府屈膝投降，与德军签订了停战赔款协定，临时政府召集国民大会选举资产阶级代表梯也尔为新的政府首脑，国防政府解散。1871年2月，梯也尔政府同普鲁士签订了丧权辱国、割地赔款的条约，并着手准备发动国内战争，解除国民自卫军的武装。梯也尔政府调集大量武装力量进入巴黎，并于3月17日召开会议，宣布解除工人武装，逮捕国民自卫军中央委员会委员。

资产阶级政府的卖国行径引起巴黎无产阶级的强烈愤慨。3月18日凌晨，在政府军按照会议计划占领蒙马特尔高地停炮场的时候，巴黎人民群众奋起反抗。巴黎无产阶级在蒙马特尔发动了武装起义，并迅速将起义范围扩展到了巴黎市中心。梯也尔见大势已去，仓皇出逃，资产阶级政府也土崩瓦解。革命胜利了，巴黎无产阶级夺取了政权，国民自卫军中央委员会成为临时革命政府。

3 月 18 日，取得阶段性胜利的国民自卫军中央委员会并没有对反革命者乘胜追击，反而号召巴黎人民开展公社选举。这一重大决策失误为后来巴黎公社的覆灭埋下了隐患。3 月 26 日，巴黎举行了公社选举，选出 86 名代表工人阶级的公社委员，成立巴黎公社。

巴黎公社在政治、经济、文化等方面，都进行了伟大的创新，推行了一系列革命措施。

首先，在政治上，巴黎公社大胆地进行了无产阶级民主的尝试。他们打碎了旧有的国家机器，以国民自卫军取代资产阶级常备军，以治安委员会取代警察局，组建新的民事法庭，颁布新的法律法规。公社还宣布政教分离，采取人民选举和群众监督制度，取消高级官员的高薪制度，在无产阶级民主的道路上进行了积极的尝试。其次，在经济上，公社没收了资产阶级逃亡时所遗弃的工厂，将其收归工人协作社所有，并且在这些工厂内部尝试进行民主化管理，建立由工人代表参加的工厂管理委员会。第三，在文化上，公社宣布每个受教育者都应受到全面教育，摒弃了教会在学校的掌控地位，提高教师的工资水平，鼓励发展教育。同时巴黎公社还积极邀请艺术家、建筑家参与公社建设，制定艺术教育方针。

在巴黎公社大刀阔斧政治改革的同时，溃逃至凡尔赛的军队始终积蓄力

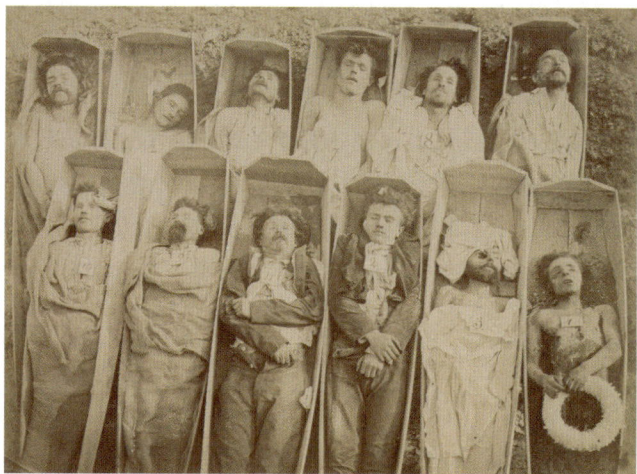

被杀害的巴黎公社社员

量寻求反击。1871 年 4 月 2 日，凡尔赛军队与巴黎公社的国民军进行了交战。虽然国民军得到巴黎人民的大力支持，军事装备充足，但由于领导者的不和谐以及训练不足，还是失去了巴黎西北部的一些重要据点。随后国民军又一次主动进攻，积极出兵凡尔赛，但由于缺乏作战经验，更没有周密计划，国民军遭遇重创。4 月 7 日，凡尔赛军队入侵巴黎西郊。巴黎国民军和广大群众顽强抗击。战斗一直持续到 20 日之后，凡尔赛军才有所进展。5 月 10 日，梯也尔在丧权辱国的和约上签字，从而获得了俾斯麦 10 万战俘的回报。5 月 21 日，凡尔赛军队大举入侵，巴黎保卫战拉开序幕。公社发表了《告巴黎人民和国民书》。全巴黎的男女老幼都踊跃参与到战斗中来，与敌人进行了殊死的搏斗。3 万多人遭到了血腥的屠杀，5 万多人被逮捕。至 5 月 27 日夜，梭蒙高地被敌人占领，公社的最后一批战士同敌人浴血奋战至最后时刻，全部牺牲。人类历史上的第一个无产阶级政权宣告湮灭。

巴黎公社的失败是由当时法国无产阶级在政治上的不成熟造成的，但它为无产阶级推翻资产阶级统治、夺取政权提供了宝贵的历史经验，其伟大的历史意义不可磨灭。

04

西方殖民侵略下的亚非拉

随着西方国家的兴起并在全世界范围内形成了优势，东方诸国逐渐衰落，欧洲列强对欧洲以外地区的侵略、扩张进一步加大。在亚洲、在非洲、在拉丁美洲，大批古老的国家一步步沦为殖民地。不过亚洲的日本是个例外，它通过"明治维新"及时转向，避免了被奴役的命运，反而走上了迅速发展的道路。在最早沦为殖民地的拉丁美洲也掀起了一场独立运动，最终摆脱了殖民统治。

中国：沦为半殖民地

中国作为东亚的政治和经济中心，很早就成为列强殖民扩张的目标。18世纪之前的中国还很强大，西方列强的殖民意图无法实现。19世纪以后，清朝日趋衰败，地大物丰的中国成为西方列强眼中的待宰羔羊，成为它们在东亚殖民的最大目标和争夺的焦点。晚清以后，在列强的坚船利炮下，中国国门洞开，迅速沦为了半殖民地。

第一次鸦片战争：列强入侵的开端

清王朝统治下的中国是一个独立的封建国家，以农业和手工业相结合的自然经济为主，社会经济保持着自给自足的平衡状态。中国不仅对西方大工业品毫无需求，它的农业和手工业品如茶叶、瓷器、药材等在国际上还有着广泛的市场，再加上清王朝的"闭关锁国"政策，中国的对外贸易始终保持着出超地位。

随着资本主义的迅速发展，英国资产阶级迫切地想打开中国这个庞大市场的大门，以扭转本国对华贸易的不利状况。于是，英国开始大肆向中国输入鸦片。这不仅严重毒害了中国人民的身心健康，还给中国带来了严重的经济问题。大量白银外流直接导致清政府的财政拮据，进而影响到清朝的政治统治。因此，清政府不得不采取挽救措施，开始禁烟。1840年，林则徐在虎门销烟为英国挑起战争提供了借口。1840年2月，英政府任命英国好望角舰队总司令乔治·懿律为全权代表、侵华英军总司令，组成"东方远征军"，入侵中国广东海面，封锁珠江口。中英鸦片战争爆发。英国不仅一路北上，攻陷定海，进而在天津大沽口炫耀武力，还向清政府提出无理要求，要求割地、赔款并牟取鸦片贸易的合法地位。衰朽的清政府无力抵抗英国的坚船利炮，被迫于1842

《〈南京条约〉的签订与钤印》

1842 年英国画家约翰·伯内特根据现场素描创作的版画，描绘中英代表在"康沃利斯"号签署中国近代首个不平等条约的场景，《南京条约》的签订标志着中国半殖民地化的开端。

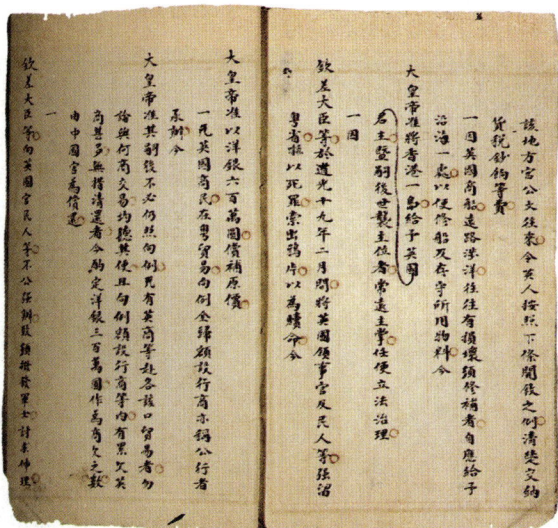

《南京条约》局部图

年 8 月 29 日签订了不平等的《南京条约》。条约规定：一、中国割让香港岛给英国；二、开放广州、福州、厦门、宁波、上海为通商口岸，英国可以派驻领事；三、中国赔偿 2100 万银圆；四、协定关税；五、取消行商制度，英国商人可以自由与中国商人贸易。在随后签订的《五口通商章程》和《虎门条约》中，英国又获取了领事裁判权、永久居住权和片面最惠国待遇。

英国凭借坚船利炮打开了中国市场的大门，并且从中牟取了巨大的经济政治利益。英国的获利引起了西方列强的觊觎，美、法等国相继趁火打劫。1844 年 7 月，中美签订了《望厦条约》，同年 10 月，中法签订了《黄埔条约》。这使得美国和法国不仅获得了英国在中国的所有特权，还有进一步的扩大。中国的软弱可欺很快引来了更多西方小国的注意。葡萄牙、西班牙、荷兰、比利时等争相与中国签订条约，牟取到了相应特权。中国开始沦为半殖民地半封建社会。

然而英、法、美等西方列强并不满足于既得利益。随着资本主义的发展，它们要求中国进一步开放市场，于是对中国提出修约，要求中国开放全境，并允许三国派使臣常驻北京，解除一切通商贸易的限制，改造中国司法机关。随着谈判以失败告终，它们开始寻求借口发动第二次战争。

1856 年 10 月，以"亚罗号事件"和"马神父事件"为导火索，英军悍然发动对广州的进攻，第二次鸦片战争爆发。1857 年 12 月，英法联军向广州发起猛烈进攻。在侵占广州之后，英法联军继续北上进犯，直抵天津城外，扬言攻占北京。西方列强的凶猛气势使清政府万分恐慌，慌忙于 1858 年 6 月和 1860 年 10 月，与英法侵略者再一次签订了不平等条约——《天津条约》和《北京条约》。条约规定：外国公使常驻北京；开放营口、烟台、台南、淡水、琼州、汉口、九江、南京、镇江、天津为通商口岸；向英、法赔偿白银各 800 万两；鸦片贸易合法化等 9 项特权。紧接着，沙俄和美国则以从中调停为借口，在英法之前胁迫清政府签订了中俄、中美《天津条约》，除割地赔款之外，享有英法所获得的全部权利。此外，沙俄还同中国签订了《瑷珲条约》《北京条约》《中俄勘分西北界约记》，牟取了中国约 150 万平方千米的领土。

中国在西方列强殖民地的深渊中步步深陷。1894 年，中日甲午战争爆发。1895 年，中日签订了《马关条约》。中国东方大国的形象彻底毁灭。频繁地割地赔款使得人民不堪重负，1899 年义和团运动爆发。1900 年（清光绪二十六年），为镇压义和团运动，英、法、德、美、日、俄、意、奥（奥匈帝国）等国派遣的联合远征军侵入中国，从而引发了深入中国境内的大规模战争。八国联军一路烧杀抢掠，不仅消灭了义和团，更使京津一带清军大幅溃败，最终清政府于 1901 年与包含八国在内的 11 国签订《辛丑条约》，再一次付出了巨额赔款，并丧失大量主权。自此，中国彻底沦为半殖民地半封建国家。

紫禁城内的八国联军

THE FALL OF THE PEKIN CASTLE THE HOSTILE ARMY BEING BEATEN AWAY FROM THE IMPERIAL CASTLE BY THE ALLIED ARMIES.

日军与英军在皇城内与清军激战

经济入侵：从商品输入到资本输入

凭借一系列不平等条约，西方列强彻底改变了与中国的贸易格局。外国资本主义对中国的入侵日益加剧。西方列强首先从政治上控制了清政府，从1861年起，外国列强相继派出公使进驻北京。他们在干涉中国的内政外交，敦促清政府履行不平等条约的同时，还继续为各自的国家攫取新的特权。通过对政治的控制获得经济上的特权，西方列强谋求了更多经济侵略上的便利。

1861年，为了适应外国侵略的需要，清政府设立了总理衙门。1858年，在西方列强的胁迫下，清政府不得不设立总税务司。外国人掌控了总税务司和各个税务司，彻底把持了中国海关。英国人赫德自1863年开始出任总税务司长达45年。在政权上的掌控为列强的对华经济掠夺大开方便之门，使得中国在对外贸易中始终处于被宰割的地位。西方列强一方面开始对中国大规模倾销商品，另一方面大力收购原材料，严重冲击了中国原本自给自足的自然经济。中国农业和手工业产品无法与物美价廉的西方大工业产品竞争，导致了大规模的手工业破产。同时，农副产品的生产也紧紧依赖国际市场的需求而发生改变，产品的数量和价格都由外国商人控制。中国成为资本主义的原料供应地和商品销售市场。中国的社会生活以及经济的稳定受到了严重影响。中国的封建经济在激烈的资本主义竞争中彻底败下阵来。

随着甲午战争的结束，外国资本对中国的经济侵略由商品输入为主转为资

镇远舰
北洋舰队主力舰之一，在中午甲午海战中迎战日本联合舰队。

本输入为主、商品输入为辅。外国资本主义的经济入侵导致中国大量的资金外流，加剧了中国资金的短缺。西方列强相继在中国开设银行，向清政府提供政治性贷款，并以此为手段逐步控制中国的财政金融。英、法、德、俄等国先后在中国设立了汇丰银行、法兰西银行、德华银行以及华俄道胜银行等。以银行业为中心，西方列强在中国投资建设工厂，建立起庞大的商业机构和航运机构，利用中国廉价的劳动力从事轮船修造，直接榨取剩余价值。此外，西方列强还纷纷在华投资修建铁路，非法开矿，抢占中国的铁路运输业，对中国进行直接的自然资源掠夺，与中国民族企业争夺市场。

资本主义大规模的商品输入和资本输入直接导致中国农业和手工业相结合的封建经济的解体，在一定程度上促进了城乡商品经济的发展。在西方列强的粗暴干预和强力推动下，中国的农业和手工业直接同世界市场联系起来，成为资本主义世界市场的直接附庸。而农民在遭受旧有的地主和高利贷等封建剥削之外，还要遭受西方列强所强加的资本主义剥削。在双重压迫之下，农民被迫发动起义来求取生存的机会。各地人民起义和反抗斗争十分频繁。

晚清政府的腐朽统治

列强的侵略不断削弱、侵扰着中国的经济政治，再加上西方资本主义经济对中国落后经济形势的干扰，在内忧外患的夹缝中，清朝的国势日渐衰微。而晚清政府统治阶级自身的腐朽更加速了清王朝的灭亡。

晚清政府的吏治腐败成为它走向衰亡的重要推力。在晚清的官场上，贪污受贿无所不在，已经具有相当的普遍性。除科举之外，大量富足之家都走以财求官的捷径。一些新兴的企业家也对保官求官抱有相当大的兴趣。在卖官鬻爵中，清政府的吏治完全堕入权钱交易的恶性循环之中。大家并不关心国家的兴衰，而只是满足于既得利益，在官位上搜刮、贪污，中饱私囊。以这种形式建立起来的统治阶层腐朽不堪，管理效率极其低下。中央政权持续地衰弱下去。

在整个晚清时期，中国经济模式的落后严重制约了经济的发展。虽然在外国资本主义的冲击下，中国民族主义萌芽开始出现并获得了一定的发展，但农业和家庭手工业相结合的自然经济依然占据了主导地位。落后的生产方式直接导致社会生产水平的低下，整个社会的财富极其有限，能够分配到军事费用中的就更加有限。再加上连年战争，清政府签订一系列的不平等条约，中国不断丧失主权。其中协定关税、领事裁判权和片面最惠国待遇直接打破了中国政权的自主性和完整性。中国的海关行政权、司法行政权被严重破坏。第二次鸦片战争之后，西方资本主义侵略势力更是深入到了中国内地，给晚清的政治、经济和文化等领域都带来了巨大影响。此外，晚清政府还不得不承担巨额的战争赔款。数据显示，《南京条约》《马关条约》和《辛丑条约》中，清政府几乎要赔偿西方列强白银共计 12 亿两。清政府的财政陷入了入不敷出的崩溃边缘。然而封建统治阶级将战争所带来的沉重负担全部转嫁到农民身上。在旧有赋税的基础上，清政府又增加了更加沉重的新名目。再加上连年的战乱和各种自然灾害，农民的日子难以为继，不得不纷纷起义谋求生路。农民起义一方面断绝了清政府的各种赋税来源，另一方面镇压农民起义同样需要大量的军费支持，这都严重地动摇了清政府的统治地位。

面对西方殖民主义的侵略，积贫积弱的晚清政府根本无力也无心对抗。为了维护自身的统治地位，晚清政府并没有坚决地予以抵抗，而是迅速地转为步步退让，屈膝投降。咸丰皇帝驾崩之后，慈禧太后与恭亲王奕䜣形成联盟，公然发动宫廷政变，废除一干顾命大臣，攫取了清政府的实权，慈禧任命奕䜣为议政王大臣，同时改元"同治"。清政府开始与西方列强共同治理中国。奕䜣的背后，是英国人在撑腰。因此，奕䜣与慈禧的掌权，正是英国操纵晚清政府的开始。

为了便于处理西方列强的相关事务，清政府设立了总理衙门专门负责。英国人把持了中国海关。紧随英国的脚步，西方各国纷纷在北京设立使团，以"太上皇"的地位来左右清王朝的政权。而清政府也将注意力转移到了对国内农民起义的镇压之中。清政府与西方由对抗到屈膝投降，进一步发展为相互勾结，联手镇压农民起义。

太平天国运动

由于清政府的腐朽统治和沉重的剥削，封建统治阶级和农民阶级之间的矛盾日益尖锐，而西方列强对中国的侵略进一步激化了阶级矛盾。连年不断的自然灾害更是将穷困无依的广大农民推向了绝路。在中华大地上，各地人民纷纷发动了起义，如 1842 年湖北崇阳钟人杰起义、1843 年湖南武岗曾如炷起义等。在这些起义的队伍中，以广西洪秀全（1814—1864 年）起义规模最大，成就最

太平天国天王玉玺

高，轰动了整个世界，史称"太平天国运动"。

洪秀全原名洪仁坤，是汉族客家人。1843 年，洪秀全吸取了早期基督教义中的平等思想，以紫荆山为根据地，创立了"拜上帝会"。在布教的过程中，他撰写了《原道救世歌》，对"天下为公"的盛世思想进行宣传。在儒学大同理想和中国古代的农民平均主义思想的影响下，洪秀全提出了"天下多男人，尽是兄弟之辈，天下多女子，尽是姊妹之群"的平等思想。在传教的过程中，他积极号召人民拿起武器，抗争腐朽的清朝统治。1849 年，拜上帝会中共同传道的杨秀清、萧朝贵、冯云山、韦昌辉、石达开等人结拜为异姓兄弟，自此以洪秀全为首的领导核心逐渐建立。

1851 年 1 月 11 日是洪秀全生日，数万会众齐聚金田村"恭祝万寿"，并发动了起义，太平天国运动爆发。大量广西贫苦农民和工人，乃至部分知识分子和富裕阶层的人都参加了起义。洪秀全自称为"天王"，宣布建立"太平天国"，并改元为"太平天国元年"。同年 9 月，太平军攻占永安，并封杨秀清、萧朝贵、冯云山、韦昌辉、石达开为东、南、西、北、翼王，建立了太平天国的基本制度。随后，太平军自永安突围，一路北上，随后沿长江顺流而下，经过几场战争之后，太平军迅速壮大，人数增至 50 万，并于 1853 年攻克江苏南京。太平天国将南京改名为"天京"，并定都于此。以天京为中心，太平军开始了大规模的北伐和西征。虽然都以失败告终，但太平军作战勇猛，屡破清军江南、江北大营，并且解除了清军对天京三年的包围，太平天国在军事上达到了全盛时期。

　　而此时，在太平天国内部却起了兄弟纷争。由于洪秀全长期退居幕后，政权旁落于东王杨秀清的手中。1856 年 9 月，北王韦昌辉、燕王秦日纲杀死了东王杨秀清及其部属、军民共计 2 万多人，史称"天京事变"。翼王石达开不满韦昌辉滥杀无辜，率部负气出走。为平众怒，洪秀全处死韦昌辉、秦日纲、陈承瑢，太平天国内部出现了无将的局面，太平天国由盛转衰。

　　天京事变中负气出走的石达开随后被召回京。同时陈玉成、刘秀成、杨辅清、石镇吉等后起之秀迅速成长起来，成为太平天国内部的栋梁之材。石达开的英明仁爱获得了民众的大力支持，天王洪秀全开始心生嫉妒，为了避免再次爆发内讧，石达开被迫于 1857 年 5 月离京，前往安庆避祸。

　　1861 年 7 月 26 日，安庆被湘军攻陷。太平天国从军事上开始转入防御阶段。由于清政府与外国侵略者勾结起来，对太平天国进行联合绞杀，太平军在东西战场上开始接连失利，形势急剧恶化。1864 年 6 月，洪秀全病逝。次月，天京便陷落敌手，太平天国灭亡。

安庆之战

太平天国的举措和影响

　　太平天国运动以推翻清朝封建统治、建立农民政权为目的，是中国近代史上的一次大规模的农民起义。太平天国运动呈现出了显著的特征，太平天国颁布了一系列的举措，并且对后世产生了巨大的影响。

　　随着金田起义的发生，太平天国建立起第一个经济制度——圣库制度。太平天国军中和城乡都编立军伍。依据规定，军伍各层级都设立圣库。在天朝设立总圣库，总管财物。虽然在起义初期，圣库制度有力地保障了军队的供给和军事纪律，吸引了贫民参与革命，但是在定都天京之后，又将城市市民的财产也纳入圣库之中，曾以"民无私财"对民间进行管理。而洪秀全则大建宫室，诸王也挥霍无度，不加限制，圣库制度的弊端逐步显现出来。随着太平天国的覆亡，圣库制度也随之消失。

　　太平天国定都天京后，于 1853 年颁布《天朝田亩制度》。它废除了地主阶级的土地私有，对土地进行平均分配。以"天下田，天下人同耕"和"无处不均匀，无人不饱暖"为原则，不论男女，按照人口平均分配土地。同时以"天下人人不受私，物物归上主"的原则，规定每户留足口粮，其余归圣库。太平天国试图以此建立一个"有田同耕，有饭同食，有衣同穿，有钱同使，无处不均匀，无人不饱暖"的理想社会。《天朝田亩制度》是太平天国关于土地改革的纲领性文件，突出反映了农民要求废除封建土地所有制的强烈愿望。然而这个制度却并不符合历史发展的潮流，它严重脱离社会现实，同时由于战事频繁，很多措施并没有真正实施，也根本无法实现。

　　天京事变之后，太平天国由盛转衰。为了振兴太平天国，洪秀全开始了向西方学习，进行经济、政治和文化的改革。1859 年，洪仁玕来到天京，并带来了他在香港、上海等处学到的西方文化。结合自身所了解的情况，洪仁玕写成《资政新篇》，随后，这一改革方案获得了洪秀全的批准并刊刻颁行。《资政新篇》主张广开言路，设立新闻官；提倡兴办医教，建立慈善机构；在社会文化方面，提倡改革文风，鼓励发明；在对外关系上，提倡中外自由通商，平等往来；在经济上，兴办工矿、交通、水利等事业。《资政新篇》是洪仁玕所提出的一套具有发展资本主义意愿的政治改革方案，体现了中国先进的农民知识分子向西方学习探索救国救民道路的迫切愿望，符合当时中国社会的发展方向，具有一定的进步意义，但是由于战乱频仍，政策也不涉及农民关心的土地问题，没能得到农民的支持，没能发挥其实际作用。

此外，太平天国还进行了一系列的改革，如重新划定行政区划、发行钱币等，但由于太平天国自身的行政混乱，一些省份的具体划分模糊甚至重叠。

太平天国定都天京之后，领导层贪图享乐且日益腐化，他们之间争权夺利，直接引发了领导层的分裂衰弱，军心涣散，再加上清政府与外国侵略者的联合绞杀，太平天国运动失败。但失败的最根本的原因在于太平天国的领导者出身农民阶层，并不能代表当时中国的最先进生产方式，他们以宗教思想为指导，无法提出一个相对科学的政治纲领，因此失败也就成为必然。但太平天国运动轰轰烈烈地进行了 14 年，其运动范围波及长江中下游的数个省份，在很大程度上动摇了清政府的统治，一定程度上缓解了西方列强对于中国的瓜分势头，展现出中国农民阶层不屈不挠的斗争精神。太平天国颁行的一系列措施，宣扬了平等思想和反清情绪，有力地推动了中国改革与革命的进行。同时，清廷中一些对镇压太平天国运动有功的汉人如曾国藩、李鸿章等受到了重用，汉人势力开始逐渐上升并获得地方实权。

全图采鸟瞰式全景，描绘了清军各路围剿南京太平军的场景。

✥

越南：沦为法国殖民地

　　越南原为大清属国。19世纪初，阮福映掌控了越南
的大局，建立了阮朝。清政府册封其为越南王，并规定
了二年一贡，四年一朝。然而阮朝的腐朽统治引起了越
南人民的普遍反抗，国内起义不断。这给了觊觎越南已
久的法国以可乘之机。经过两次大规模的入侵，法国迫
使阮福映签订了丧权辱国的《西贡条约》，越南在清末时
期沦为法国的殖民地。

法国的入侵和两次《西贡条约》

　　早在17世纪初期，法国传教士和商人就已经来到了越南。他们在传教和
贸易的同时，积极参与越南的政治。19世纪初，阮福映在法国势力的协助下，
建立了阮朝。作为清朝的属国，阮福映的上台很快受到了中国清政府的支持，
他被册封为越南王。阮朝以顺化为都城，将全国分为南圻、北圻和中圻。阮朝
规定了繁重的苛捐杂税和严酷的刑法来维护自身的统治。水利设施年久失修，
极度不完善，越南境内水旱灾害频发，大量农民食不果腹，病饿而死。即使是
这样的状况，阮朝依然穷兵黩武，对弱小邻国发动兼并战争。1834年，越南
将柬埔寨变成了自己的"保护国"。

　　农民阶层不满封建阶级的残酷剥削压迫，纷纷发动起义。与此同时，柬埔
寨也进行着对越南侵略的反抗斗争。1840年，越南在与柬埔寨的战争中大败。
越南陷入了内忧外患的境地之中。

　　觊觎越南已久的法国，乘势发动了对越南的殖民战争。早在19世纪40年
代至50年代末，法国就曾多次派遣舰队侵略越南，但都遭到了越南人民的奋
勇抵抗，法国最终撤兵了事。1858年，法国入侵越南。1860年，侵越法军作
为援军被调往中国战场。1861年，第二次鸦片战争中国战败之后，法国将注

意力集中在对越南的侵略上，再一次出兵侵略越南，占领了嘉定、边和、定祥三省，并展开了血腥的屠杀。腐朽的阮朝无力抵抗，被迫于 1862 年同法国、西班牙签订了丧权辱国的第一次《西贡条约》。在条约中，越南被迫割让边和、嘉定、定祥以及昆仑岛给法国，以后越南割让土地给他国必须征得法国同意；将土伦、巴叻、广安三港及湄公河及其支流全部开放，保障法国人的贸易自由；还必须在 10 年内向法国和西班牙进行大额的战争赔款。在这个条约中，越南开始丧失自己的领土和政治主权，这是其沦为法国殖民地的开端。

在随后的一年中，法国又攫取了越南对柬埔寨的保护权。1867 年，法国再一次出兵侵占了越南南部。1873 年法国又进一步发动了对越南北部的袭击，并很快占领了古都顺化以及河内等地。1874 年 3 月，阮朝被迫与法国再一次签订了《西贡条约》，即第二次《西贡条约》。条约规定：越南南部全部割让给法国；开放河内、海防、归仁和红河；法国监督越南外交；法国侨民在越南享有治外法权。在这一次的条约中，法国鲸吞了越南的半壁江山，进一步加深了对越南的殖民控制。

1883 年，法军又一次占领了顺化，阮朝不得不于是年 8 月与法国再一次签订不平等条约——《顺化条约》。在这个条约中，法国取得了对越南的保护权以及外交监督权。法国在顺化设立了总督，对越南的阮氏政权进行监督。1884 年 6 月，法国又拟定了《巴德诺条约》，并以此取代之前的所有条约，迫使阮氏王朝签字。法国终于将越南全部收入囊中，最终确立了它在越南的殖民统治。

法国的殖民统治

法国侵略越南，目的是要将其变为侵略中国的基地和跳板。因而，在一步步吞食越南的同时，法国还挑起了中法战争。虽然中法战争最终以中国取得胜利告终，但腐朽的清政府却与法国签订了屈辱求和的不平等条约，将越南拱手让给了法国。1887 年，法国将柬埔寨、老挝和越南合并为"印度支那联邦"，从此开始了对越南的殖民统治。

在政治上，法国对越南的殖民统治以"分而治之"为最显著的特点。法国的分而治之包括两个方面。一方面，法国在对越南的侵略战争时期，就积极招募、组建伪军，同时挑动越南、老挝、柬埔寨之间的矛盾，用越南的力量牵制老挝和柬埔寨，甚至让越南人打越南人。在印度支那三国之间的相互制约中，法国坐收渔翁之利。另一方面，法国对越南的殖民统治也采取了不同的手段。法国承袭了越南阮朝南圻、中圻和北圻的行政区划，并以不同的统治形式对三

中法战争
中国清军与法国侵略
军在谅山鏖战

地进行治理。法国对南圻进行直接的殖民统治，设立总督进行管辖；对中圻，
则以"保护领地"的形式，虚留了阮朝的傀儡统治机构，同时派总监进行监督；
对北圻则实行间接的"半保护领地"形式，由阮朝傀儡政权统治。

在不同的政治手段治理之下，法国对越南进行了疯狂的经济剥削。这首
先表现在法国对越南土地资源的大肆掠夺上。法国借助开垦、登记土地，乘人
之危的强制性购买和直接没收等方式，侵占了越南的大量土地，经营大规模的
种植园。而在此过程中失去了赖以生存的土地的农民，则不得不沦为其雇佣工
人，遭受着严酷的剥削，还有一大部分土地被转手出租给农民以收取高额地租。

此外，法国殖民者还对越南人民征收繁重的高额赋税。在法国殖民统治期
间，越南不仅旧有的税收被大幅度增加，更出现了大量新的税种，因而殖民政
府的税收收入连年增加。数据显示，1892 年至 1912 年，短短 20 年间，印度
支那的预算收入迅速增长了一倍。从社会底层征收上来的高额赋税流入殖民政
府，用以填补巨大的军费支出缺口和偿还资本家的高利贷债款。

法国对越南的经济剥削还表现出高利贷资本主义的特点。在法国的侵略者
刚刚占领了越南领土的时候，法国银行立刻在越南开设起来。法国的资本家只
将少量的资本进行高回报率的实业投入，如修筑铁路、开采矿藏和经营大种植
园等，绝大多数资本都被用来购买殖民政府的公债。而无论是向殖民政府贷款，
还是向农民发放高利贷，所有的资金投入都能够被保证巨额的利息。在巨额利
润的催生下，银行的资本同时也获得迅猛地增长。1875 年，法国在越南开设
了东方汇理银行，其初期资本只有 800 万法郎，而到 1919 年的时候，它的资
本已经猛增至 7200 万法郎。

法国殖民者在越南进行了残酷的剥削，榨取了越南人民的巨额劳动财富，破坏了越南自身的生产力，严重阻碍了越南社会的发展进程，使得越南人民长期处于水深火热之中。

朝鲜：朝鲜王朝的危机

1392 年，原高丽王朝的武将李成桂在出征的过程中发动了政变，建立了朝鲜半岛的最后一个朝代——朝鲜王朝（李氏朝鲜）。朝鲜王朝由高丽改朝换代而来，依然不能摆脱倭寇的侵扰。为摆脱困扰，李朝下令实行闭关锁国政策，与此同时，朝鲜国内爆发了接连的农民起义，为了应对国内的政治危机，朝鲜王朝走上了改革之路。然而大肆扩张的西方列强并没有放过朝鲜王朝。美、法等国四处寻找借口，开始加紧对朝鲜王朝进行侵略活动。

朝鲜王朝的锁国政策

李成桂建立了朝鲜李氏政权之后，推行了一系列的政策来巩固封建统治。首先他将国都迁往汉城（今首尔），建立起了一套以中国明朝为模板的国家制度。朝鲜王朝建立初期，十分注重对国内生产力的恢复和对外的经济文化交流，这对于朝鲜的经济、文化发展具有重大的意义。

然而，从 14 世纪开始的倭寇侵袭给朝鲜带来了很大的困扰。日本海盗在朝鲜沿海地区频繁地活动，给朝鲜人民带来了巨大的灾难。尤其是 16 世纪下半叶，中国明朝取得了抗倭的巨大胜利，遭遇挫折的倭寇转而大规模地北进侵犯朝鲜。

1592 年，丰臣秀吉完成了日本国内的统一，开始出兵大肆侵略朝鲜。由于内部政局的混乱，朝鲜在对日的战斗中节节失利，甚至连汉城都陷落敌手。

直至 1593 年，中国明朝出兵援朝，局势才有所好转。朝鲜收复了大量失地，日军溃败至南部沿海地区，双方议和。1597 年，朝、日战事再起，日本再一次侵犯朝鲜，明朝政府再一次对朝鲜伸出援手，中、朝合力将日本彻底赶出了朝鲜国土。自此之后，倭寇之患始终未能断绝，朝鲜饱受倭寇侵扰之苦。

1644 年，明朝被清灭亡。17 世纪中叶，朝鲜王朝也开始实行海禁，规定除了官方指定国籍的商人外，一律禁止别国商人到本国贸易。朝鲜王朝严令禁止朝鲜人同外国人接触，即使是海上相遇的渔民也不能有所接触，否则将被处以死刑。同时，李朝还下令沿海地区的居民向内陆迁徙，而改由军队驻扎沿海地区。船只出海远航也是绝对不允许的。在政府闭关锁国的严苛政策中，朝鲜沿海居民纷纷内迁，大片的沿海土地被荒废了。

朝鲜王朝的闭关锁国政策并不是真正地断绝与世界的一切联系。政策所指仅仅限于沿海地区。17 世纪中叶之后，朝鲜王朝的对外贸易，尤其是对中国清朝的经济往来逐渐活跃起来，不仅派遣使臣进行贸易，还在两国边境定期开设了互市。从最初的公家贸易，严禁个别商人的私人贸易，到后来的私人贸易活跃，闭关锁国的规定日渐松弛，中朝之间进行着频繁的经济文化交流。此外，朝鲜和日本的贸易也逐渐由公家贸易转向了私人贸易的活跃。随着商品流通的日渐活跃，朝鲜的经济获得了较快成长。清朝建立之后，尤其是 18 世纪之后，大量著名的朝鲜学者开始跟随使节团进入中国。他们在中国进行学术交流，积极地推进了中国和西方文化在朝鲜的传播。在这一时期，朝鲜逐渐将局限于中国的视野慢慢打开，一部分欧洲的先进科学传入了朝鲜。于是，在一部分朝鲜知识分子中间，自主思想开始觉醒，逐渐产生了先进的意识。特别是在 17 世纪之后，朝鲜封建制度出现了巨大的危机，社会矛盾尖锐，社会动荡不安，一些对社会现实的批判态度也开始萌生。

李朝的实学思潮

17 世纪之后，朝鲜特权阶层进行土地兼并，迅速将生产资料集中并急剧扩张。地主份田逐渐增多，而农民的份地却日渐减少，自耕农的数量锐减。然而自耕农的负担却益加沉重，名目繁多、数额巨大的苛捐杂税使得农民阶层的生活难以为继。同时，朝鲜货币经济的成长也刺激了封建剥削者的贪婪欲望，促进了高利贷资本的发展。高利贷剥削成为压在农民阶层头上的又一座大山。这

一位朝鲜官员的画像

一切全部加剧了对农民的剥削，恶化了农业的生产条件。大量的农民迅速破产，引发了社会的剧烈动荡。1644年和1684年，朝鲜庆尚道农民和"杀尽贵族"的教派先后发动起义，而1751年爆发的农民市民起义更是持续了3年之久。

此外，朝鲜的封建阶级上层也展开了激烈的权力争夺。在长达一个世纪的时间里，朝鲜王朝的封建统治阶级上层逐渐产生了"南人""北人"和"西人"等派别，"西人"又分离为"老论"与"少论"两派。他们明争暗斗，为朝鲜的封建统治阶层带来了很大的不安定因素。

尖锐的社会矛盾，使得朝鲜的封建统治大大动摇。为了缓解国内的政治危机，朝鲜王朝开始寻求缓和社会矛盾的改革方案。由于对外科学文化交流的日益密切，西方的科学技术从中国传入朝鲜，这在朝鲜形成了一批强调实用科学，以实事求是为准则的实学派。他们要求利用实证的方法来研究和探讨社会实际问题，解决社会现状中存在的诸多矛盾问题。这一思潮被称为"实学思潮"。

朝鲜最早出现的具有先驱意义的实学家是李晬光（1563—1628年），他针对朱子理学的空谈清论进行了抨击，提出了以"实心而行实政、以实功而行实效"的主张，他将"实"提高到了安邦定国的崇高地位，为后来实学的形成奠定了坚实的基础。较晚一些的柳馨远（1622—1673年）是实学派的创始人。柳馨远是一位卓越的学者，他集中毕生精力规划政治改革和研究各种学问，为了改变国家落后、社会矛盾尖锐的现状，实现富国强兵的目的，他在自己退隐田园时期所著的《磻溪随录》中，提出了具体办法。在文中，他主张：对国家的土地集中再分配，平均赋税和杂役，取消一切不合理的剥削。除土地、赋税之外，他对于人才选拔、门阀制度、工商业政策乃至军事制度等都提出了系统的改革方案。柳馨远的这一整套改革方案具有相当大的进步意义，它标志着实学的开创，为朝鲜文化的启蒙起到了重要作用。

受到实学思潮的影响，早在显宗时期，"西人"中的"老论"统治集团，已经开始了缓和社会矛盾的尝试。他们在国内废除了儿童人头税、盐税、渔场税等税目，将集中在特权阶层手中的林地重新分配，并建立社会福利机构，收养流浪人口和乞丐。丈量土地，普查人口，从根本上解决税收下降的问题。到朝鲜英宗统治时期，更多缓和社会矛盾的措施被施行开来，税收项目进一步减少，严酷的刑罚被废止，并积极兴修水利，造福百姓。

由于统治阶层的大力支持，同时，也由于中国明清之际实学思潮的推动，在17世纪末和18世纪上半期的时候，朝鲜的实学思潮开始兴盛。

朝鲜杰出的思想家李瀷（1681—1763年）继承和发展了前人的实学成果。为打破对学术思想的禁锢和束缚、提倡实学，他主张摒弃对儒家经典的盲目背诵，提倡广泛而有目的的学习，对于历史、地理、风俗等方面都应广泛的涉猎。此外，李瀷还对科举制度、党派斗争、特权阶层的腐败等社会问题进行了尖锐地揭露，并提出了社会改革的设想。李瀷所倡导的实学思想为后世子弟所继承和发扬，形成了具有深远影响力的实学一派。

朴趾源（1737—1805年）是18世纪后半期的著名实学思想家。他将在中国的游历经历编著成为传世之作——《热河日记》。书中对诸多文化、科学、艺术领域都有涉猎，并以中国为例，对朝鲜的社会改革提出了建议。

此外，洪大容、丁若镛等人，都是当时实学派中的杰出代表，为朝鲜社会改革和社会发展都作出了有益的贡献。

美国、法国的入侵

随着实学派的蓬勃发展，朝鲜出现了各种西方的先进科学思想，而基督教教义也同期进入到了朝鲜。虽然朝鲜早在 16 世纪就有了基督教，但直到 18 世纪才开始直接的传教活动。当时的朝鲜奉行的是闭关锁国的政策，因而对基督教严厉镇压。18 世纪末，外国传教士进入朝鲜，部分"南人"中开始出现基督教徒。到了 18 世纪末 19 世纪初，天主教在朝鲜的势力逐步壮大起来。19 世纪初期，朝鲜即对其严酷镇压，处死了很多外国传教士和南人中的基督教徒。自 1835 年起，法国传教士开始进入朝鲜，进行频繁的传教活动，天主教徒也迅速增长至几万人。

朝鲜对基督教徒的严酷镇压给了美、法两国侵略者借口。1847 年，法国以保护传教士为由，派遣舰队以武力威胁，要求朝鲜开放口岸，以达到通商的目的。然而在这次行动中，法国由于船只触礁不得不无功而返。在随后的时间里，出没于朝鲜沿海的外国军舰和商船急剧增加，他们并不安分于商贸活动，常常对朝鲜沿岸进行武力袭击，甚至侵入了朝鲜济州岛大静县、东莱龙唐浦乃至釜山和通川境内。1856 年，数百名法国士兵乘军舰登陆朝鲜长谷岛烧杀抢掠，随后又在黄海道丰川沿岸进行疯狂的迫害活动。美、法侵略者不断在朝鲜边境挑起事端，为侵略朝鲜的行动寻找一个合理的借口。

1866 年 1 月，朝鲜当权者大院君发起了对天主教徒的大规模镇压活动，逮捕和处决了上万名天主教徒。9 名法国神父也在处死之列。这给了法国入侵朝鲜的绝佳借口。同年 8 月，法国印度支那舰队司令罗兹在法国神父的引领下，率领 3 艘军舰进犯朝鲜南阳湾，进而侵占了江华海峡，并沿汉江而上，一直侵入汉城附近的杨花津和西江。在武力威胁之下，法国要求朝鲜签订不平等的通商条约。然而朝鲜军民对此坚决反击。在朝鲜人民的英勇抗击之下，法国侵略者被赶出了朝鲜。

1866 年 7 月，在法国派遣舰队入侵朝鲜的同时，美国也开始了在朝鲜的侵略活动。原本在天津活动的美国商人普雷斯顿，率领由 24 人组成的海盗集团，乘坐装有 2 门大炮的"舍门将军"号商船，侵入平壤地区。他们以通商为借口，实际上却妄图盗取平壤附近的古代王陵。他们对于当地政府的警告置若罔闻，一意进行烧杀抢掠、盗掘王陵的海盗活动。美国此举同样引来了朝鲜民众的奋起抗击。朝鲜军民用火攻战术将入侵者一举全歼。为避免发生战争冲突，朝鲜对此次事件的真相进行了详细的说明。然而，美国资本家等待的恰恰是这样一个入侵朝鲜的完美借口。1868 年，原美国驻上海总领事馆翻译詹金斯试图盗取大院君之父南延君陵墓珍宝，企图借盗取的财宝迫使大院君答应美国的无理要求，但是行动失败，盗宝未遂。然而美国侵略者并不肯善罢甘休，1871

江华岛死亡的朝鲜驻军

年4月初，美国驻华公使镂斐迪、美国亚洲舰队司令罗杰斯，组织了5艘军舰和大量兵力，组建远征朝鲜舰队入侵江华岛。虽然美国侵略者打着和平交涉的旗帜，但实则以武力相威胁，要求朝鲜赔偿"舍门将军"号损失并且开放口岸进行通商活动。朝鲜政府断然拒绝了美国侵略者的无理要求，并对入侵江华岛的美国侵略者进行了英勇的抵抗。美国舰队损失惨重，被迫在5月撤退。朝鲜民众殊死抗争的民族精神给了美国侵略者以强烈的震慑。镂斐迪在给美国政府的报告中就曾经写道："朝鲜人决心殊死战斗，他们的勇敢是世所罕见的，从来没有一个民族能够超过他们。"

虽然朝鲜人民以勇敢坚决的爱国精神，战胜了法国和美国的殖民侵略，捍卫了国家的独立和完整，但大院君政府却对战争的胜利有着错误的理解。他们认为朝鲜的胜利完全得益于朝鲜的闭关锁国政策，因而并没有在这几次战争中吸取教训，反而陷入了自我膨胀之中，反对民众的革新要求，国力日渐衰弱。大院君终被反对势力赶下台，闵氏一派两班权贵掌握了政权。

印度：英国殖民地

　　15 世纪末，欧洲资本主义势力开始向东方发展至印度。随着好望角航线的发现，葡萄牙航海家达·伽马的商船驶入了印度马拉巴海岸的卡里库特。而荷兰、法国、英国紧随葡萄牙的脚步，也在印度建立了据点。1600 年，在英国女王特许之下，英国东印度公司成立。东印度公司在英国争夺印度殖民地的频繁战争支持下，玩弄手段，排挤对手，对印度进行商业掠夺，在很短的时间里，便从商业贸易公司转变成为印度的主宰者。

英国东印度公司的活动

　　葡萄牙殖民者于 15 世纪末最早来到印度，并在 16 世纪初建立了大量据点，在整个印度洋占据了霸权地位。17 世纪，荷兰、英国、法国侵略者相继来到印度，纷纷成立各自的东印度公司，展开了对于印度殖民地的争夺活动。

　　英国的东印度公司创立于 1600 年，在同年 12 月，被英国皇家授予贸易专利特许，成为英国官商结合的贸易公司。1613 年，英国在印度西部苏特拉设立了贸易站。随后，又通过购买等方式在马德拉斯、加尔各答等地建立了贸易据点。与此同时，荷兰攻占斯里兰卡，逐渐在印度建立了柯钦等据点。从 17 世纪 40 年代中期起直至 19 世纪 20 年代初，英国进行了一系列的战争来排挤法国势力，征伐印度独立的国家，从而夺取在整个印度的统治地位。1849 年，英国吞并旁遮普。至此，英国完成了对印度的全部占领，印度彻底沦为英国殖民地。

　　掌控了印度领导权的英国开始了对印度的大肆掠夺和剥削，而在这个过程中，东印度公司则扮演着主要角色。英国的东印度公司是英国对印度侵略和剥

英国东印度公司鸦片制造厂仓库

削的直接执行机构。早在英国对印度展开殖民战争的时期，为了满足英国国内的资本主义原始积累，东印度公司就开始对印度进行掠夺性贸易，对印度殖民地抢劫和搜刮。东印度公司每占领一处，都会对国库进行劫掠，在占领了孟加拉之后，东印度公司直接对其国库进行了洗劫，高达 3700 万英镑的财富被掠走。此外，他们还通过提高土地税来获取高额收入。对于印度的手工业者，东印度公司则通过低价进行加工订货的方式对其进行掠夺。英国商人所给出的价格甚至不足以购买原材料。此外，英国商人对于烟草、粮食和盐等重要行业的垄断也为他们牟取了高额的利润，给印度人民带来了灾难性的后果。大批印度人因无力购买粮食饥饿而死。来自印度的大量财富源源流入英国，支持了英国国内工业革命的完成。

随着英国工业革命的完成，英国工业资产阶级逐渐强大起来，他们要求参与到对印度的剥削之中。1813 年，东印度公司对印度的贸易垄断权被取消，英国工业资本开始了对印度剥削的新阶段。东印度公司也逐渐脱离了贸易业务。

19 世纪初期的英国，已经在世界资本主义工业国家中独占鳌头。借助于政治优势和低关税，英国对印度展开了棉织品的倾销活动。虽然印度在历史上有着棉织业大国的辉煌，但终究难以抵挡英国工业资本主义的强势侵袭。英国资本主义破坏了印度的自然经济。原本自给自足的印度手工业迅速破产。大量的手工业者失去了生活来源，在贫困、饥饿的死亡线上痛苦挣扎。以往人口稠密的大城市也日益衰败，人口锐减。

与此同时，英国资产阶级在农业上实行了新的田赋制度。1793 年，印度总督康沃利斯首先在孟加拉、比哈尔和奥里萨等省实行了"固定柴明达尔制"。这一制度剥夺了农民的土地所有权，而包税人柴明达尔则成为私有地主。柴明

东印度公司马德拉斯军队制服

达尔以 1790 年的征税额为"固定"数额，而土地税收的 9 成必须上缴公司。此外，英国殖民者还分别在马德拉斯和孟买省、中印度实行了"莱特瓦尔制"和"不固定的柴明达尔制"。虽然在不同时期，针对不同地区，英国实行了不同的田赋制度，但总体来说都是要对印度农民进行最大程度的压榨，使印度农民陷入贫困的深渊。

英国资产阶级在统治和掠夺整个印度期间，严重破坏了印度的经济体制，彻底毁灭了印度原本自给自足的自然经济。然而，在对殖民地的疯狂掠夺中，英国并没有为印度建立起新的社会经济体制，这直接导致了印度社会矛盾和民族矛盾的尖锐化，引起了印度社会的剧烈政治动荡。

印度民族大起义

英国殖民者强行将印度带入了世界资本主义市场，给印度广大农民和手工业者带来了毁灭性的打击，这激起了农民和手工业者广泛而强烈的民族仇恨。然而已经在印度占据了统治地位，并在不平等贸易中赚得盆满钵满的英国殖民者并不满足于既得利益，他们将贪婪的目光又瞄向了印度本土的特权阶层。1848 年，戴贺胥出任印度总督，他一手炮制了兼并封建领主土地的政策。按照该项政策，印度王公没有立嗣权，如果死后没有直系子嗣，他们的财产将会被彻底没收。大量土邦因此被兼并。此举严重损害了印度封建王公的利益。此外，英国殖民者还巧立名目，搬来各种借口从封建领主手中夺取土地。这引起了诸多王公的强烈不满。1849 年，英国吞并旁遮普，基本完成了对印度的征服。此前在战争中被雇佣的近 20 万印度兵士被取消特权。而在管理过程中，英国殖民者对印度雇佣兵实行种族歧视政策，称他们为"土兵"。英国殖民者这种兔死狗烹以及民族歧视的姿态彻底激怒了大批印度雇佣兵。

英国殖民者在印度的疯狂奴役激起了印度全国范围内的反抗情绪。19 世纪50 年代，印度到处都酝酿着反英的起义。早在 1856 年，印度教徒和伊斯兰教徒就开始在印度的广大城乡宣传反英思想。在印度，一种被称作"恰巴提"的薄面饼被公认为外敌入侵、瘟疫或灾难发生的象征。1856 年，这种薄面饼开始在印度城乡广泛传递，成为最终起义的信号。而在印度"土兵"之中，也开始出现了起义的秘密组织。与薄面饼相似，他们以红莲为起义信号，在"土兵"之间传递。他们或在深夜里秘密集会，或秘密通信联系，一些鼓舞"土兵"起来反抗的传单在他们中间广泛流传。而对英国殖民者心怀不满的封建王公也在积极奔走，进行反英宣传，密谋发难。

最终，1857 年"涂油脂的弹药"成为起义的导火索。1857 年初，英国在印度军队中广泛使用新式的恩菲尔德火枪。而殖民当局发给印度士兵的，与这批火枪相匹配的子弹却都是由涂了牛油和猪油的厚纸包裹。印度士兵在给枪支装子弹时，必须用牙咬破油纸才能使用。这对于禁食猪肉的伊斯兰教徒和不食牛肉的印度教徒来说，是莫大的种族歧视和宗教信仰的侮辱。1857 年 2 月，印度大量地区出现了士兵拒绝使用新子弹的事件。英国当局对此采取了严酷的镇压。1857 年 5 月，因拒用新子弹，第 3 轻骑兵团的 85 名士兵被判处了 10 年苦役。次日，驻扎在米鲁特的"土兵"师团首先举行了起义。他们打死英国军官，释放第 3 骑兵团士兵，攻击欧洲人居住区，屠杀了发现的欧洲人和基督教徒。"土兵"的反抗得到了广大农民的支持，大量农民赶来参加了起义活动。由于当地英国军事力量的薄弱以及应对迟缓，起义军迅速控制了局势，于 11 日进入了德里。更多的市民加入到了起义大潮中。5 月 16 日，起义军控制了整个德里，并推举莫卧儿王朝的末代皇帝登上印度皇帝宝座。

由于之前的反英宣传，印度起义的大潮迅速席卷全国。在短短两个月的时间里，民族起义之火在整个印度燃烧起来。而印度北部和中部的起义更是开展得如火如荼。举国上下出现了勒克瑙、康波尔和詹西等多个起义的中心，从加尔各答近郊到白沙瓦的广泛地域里都有起义发生。

整个印度范围内爆发了广泛的民族起义，使得英国殖民者大为恐慌，他们迅速调集主力对德里起义进行镇压。从 1857 年 6 月起，起义者开始了长达 3

个月之久的艰难的德里保卫战。虽然在这个过程中，起义军英勇奋战，曾屡挫英军攻势，但起义军并没有统一的指挥，也没有形成牢固的整体，在行动中各自为政，甚至出现了分裂。9 月 14 日，英国殖民者派出了大量兵力对德里发动猛攻。起义者进行了 6 天的激战，德里陷落。勒克瑙成为战斗中心，在进行了近 6 个月的保卫战之后，1858 年 3 月，勒克瑙陷落。英军转而进攻詹西，女王拉克什米·巴依领导军民对英军展开了顽强的抵抗，终因力量悬殊，4 月 5 日詹西陷落。

此后，印度起义形势逆转，各地起义军被迫转入游击。艰难突围之后的詹西女王与唐提亚·托比的队伍汇合，在瓜廖尔成立了临时政府，继续战斗。女王牺牲后，唐提亚·托比继续坚持战斗。然而 1859 年 4 月，由于封建主曼·辛格的出卖，唐提亚·托比被捕牺牲。同年年底，起义结束。

这次为期两年的印度反对英国殖民统治的民族大起义，是由印度的爱国封建者领导的，印度雇佣兵和广大人民群众积极参与的革命。虽然起义最终以失败告终，但它标志着广大印度人民爱国主义思想的觉醒，显示出了亚洲人民的英勇反抗精神，为日后印度民族运动的发展提供了强大的精神支持。

伊朗：沦为半殖民地

伊朗在悠久的历史中，曾多次遭到外族的入侵，其文化和文明受到了很大的影响。在这些外族入侵者中，以蒙古人入侵所造成的破坏和影响最大。15 世纪后期，西方列强开始海外扩张，入侵中亚地区，伊朗也未能幸免，逐渐沦为半殖民地国家。

伊朗人民反抗外族的统治

7 世纪中叶至 13 世纪初，伊朗一直处在外来民族的统治之下。伊朗最初为

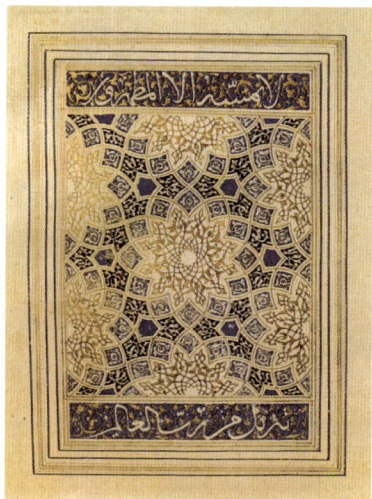

《古兰经》插页
这份《古兰经》手稿是在 14 世纪初被蒙古人统治的伊朗创作完成的，现存于开罗国家图书馆。

阿拉伯国家，之后为塞尔柱突厥国家。在被外族统治的 500 多年里，伊朗人民为了独立进行了不屈不挠的反抗斗争。

13 世纪初，蒙古人开始入侵伊朗。1256 年，伊朗被成吉思汗的孙子旭烈兀征服。1258 年，旭烈兀率领蒙古大军攻占巴格达，并建立了伊儿汗国。蒙古军队在征服的过程中肆意烧杀掳掠，破坏水利设施使许多城市遭受浩劫，成为一片废墟。伊儿汗国统治时期，对伊朗人民横征暴敛，残酷剥削。伊儿汗国政府每年数次征收统一捐税，税额往往高达作物收成的 4/5 以上。广大农民无力缴纳如此沉重的赋税，只能背井离乡，流离失所。从被蒙古人征服的那天起，伊朗人民就不断爆发反对蒙古人的残暴统治和残酷剥削的起义。14 世纪中叶，伊朗人民在反抗斗争中，曾一度建立起一个独立的国家 —— 塞尔白达尔。

1337 年 3 月，伊朗东部的呼罗珊爆发了大规模的人民起义，广大人民纷纷起来响应。军人艾卜顿·赖札克领导起义的农民在白什丁村起事。起义农民打死驻守在村庄里的蒙古官吏，然后发动反抗蒙古人统治的武装斗争。起义农民宣誓宁愿将自己的头颅挂在绞索上，也不愿再忍受蒙古人的残酷压迫。起义者因此被称为"塞尔白达尔"。

起义队伍在与蒙古人的斗争中迅速扩大，广大农民、城市贫民、手工业者成为起义队伍的主力，那些受到大封建主威胁的小地主也加入到起义队伍当中。当年，起义队伍通过游击战的方式击败了蒙古军队，解放了呼罗珊西北部地区的部分城市，并以塞卜札瓦尔作为都城，建立国家。至 1344 年，塞尔白达尔

根据帖木儿面部复原制作的帖木儿画像

国家统治了长 550 千米、宽约 200 千米的区域。

1353 年，伊儿汗脱花帖木儿以订立和约为名，邀请塞尔白达尔首领前去赴宴，阴谋在宴席上将他们逮捕。塞尔白达尔首领借赴宴的机会先发制人，在宴会正酣时杀死伊儿汗和部分蒙古士兵。此后，伊儿汗国迅速瓦解，分裂形成割据，塞尔白达尔的国家疆域不断扩大。14 世纪 60、70 年代，塞尔白达尔的势力不断壮大，其影响力达到了中亚的撒马尔罕以及里海南岸的吉朗。塞尔白达尔反抗蒙古统治和封建压迫的斗争持续了近半个世纪。1381 年，塞尔白达尔被帖木儿灭亡。

帖木儿为突厥化的蒙古贵族，1370 年灭亡察合台汗国，成为撒马尔罕统治者，然后便一步步向周边地区扩张。帖木儿在征服中亚后，于 1380 年至 1393 年征服伊儿汗国，占有伊朗全境。伊朗人民于是爆发了反抗帖木儿统治的斗争。

1441 年，伊朗西南部的胡吉斯坦发生了大规模的人民起义。什叶派的赛义德·穆罕默德成为起义队伍首领，他宣扬救世主即将来到，自称"救世主的使者"。起义队伍主要由农民、手工业者和贫穷牧民组成，人数有 1 万多人。起义队伍杀死了一些封建贵族，多次击溃了帖木儿帝国的大军。经过多次交锋，起义者建立起了一个类似于塞尔白达尔的小国家，其统治持续到 16 世纪初。

萨非王朝

16 世纪初，帖木儿帝国在被统治的各族人民的反抗斗争中日趋衰落，统治区域只限于伊朗东部和中亚地区。在伊朗西部和阿塞拜疆一带，则出现了两个由土库曼游牧部落贵族所建立的对峙王朝——黑羊王朝和白羊王朝。15 世纪中叶，阿达比尔城的萨非家族加入了两个王朝的斗争之中。

13 世纪时，萨非家族的始祖萨非丁（1252—1334 年）在阿达比尔建立教团，其后裔也相继成为教团的领袖，在什叶派群众中享有名望。1468 年，萨非家族依靠由突厥游牧部落组成的号称"基泽勒巴什"的武装力量，联合白羊王朝灭亡了黑羊王朝。

1494 年，伊斯迈尔（1487—1524 年）成为萨非教团的领袖。1499 年，伊斯迈尔率领基泽勒巴什与白羊王朝展开斗争。1501 年，萨非教团在沙路尔一役中击溃白羊王朝的主力，并于次年占领大不里斯，推翻白羊王朝的统治。伊斯迈尔自立为王，以大不里斯为首都，建立萨非王朝，从此开始了萨非王朝在伊朗的统治。

由于什叶派在伊朗有着重要的影响，伊斯迈尔即位后宣布伊斯兰教什叶派为国教，并自任什叶派的领袖。伊斯迈尔试图借此统一人民的思想，维系属下

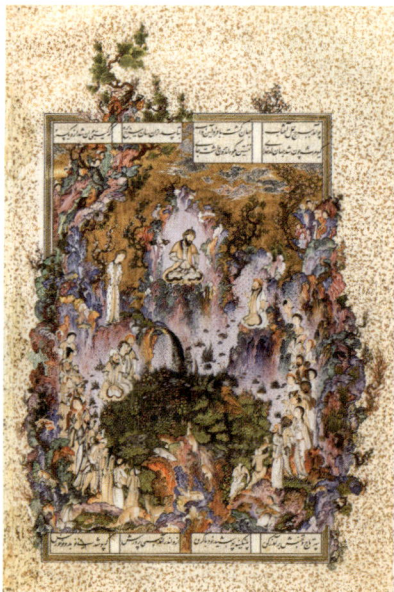

《凯尤莫尔兹宫廷》
该画是由伊朗著名画家苏丹·穆罕默德于 16 世纪上半叶创作的，主要描绘的是波斯经典巨著《列王纪》中写到的凯尤莫尔兹宫廷。

各地部落和黑羊、白羊两个王朝的人民，以便对抗中亚的乌兹别克汗国和西面的奥斯曼帝国。

此后 10 年间，伊斯迈尔致力于武力统一伊朗全境，并向外拓展领土。1503 年至 1508 年间，萨非王朝几乎征服整个伊朗、亚美尼亚和伊拉克大部。然而伊斯迈尔在扩张的过程中遭到了乌兹别克汗国、奥斯曼帝国的阻击。1514 年，伊斯迈尔被奥斯曼帝国苏丹塞里姆击败，奥斯曼帝国入侵伊朗，一度占领大不里斯。此后，萨非王朝与奥斯曼帝国为争夺亚美尼亚、库尔德斯坦和伊拉克等地区，进行了长达一个多世纪的时断时续的战争。

到阿拔斯一世（1571—1629；1587—1629 年在位）即位时，萨非王朝内部的基泽勒巴什贵族骄横割据，外部则面临着强邻和西方殖民主义势力的威胁。为了振兴萨非王朝的国力，加强王权统治，重建王朝的统治结构，阿拔斯一世在统治初期实行了一系列改革。

在政治方面，为了加强中央集权，阿拔斯一世对中央和地方的行政机构进行了改组。中央设立最高会议，成员由国王在军事贵族和教长中选定。会议成员绝对服从国王，在国王处理国家事务时提供建议和意见。撤销摄政一职，加强首相的地位，由其总理政务。设立总司令一职，负责管理全国的军队事务。在地方行政机构上，国王任命当地大贵族担任各省总督，全面掌握全省军政大权。国王另派副总督负责监督总督的行为，副总督只接受国王的节制，不受总督管辖。各城市市长由国王直接任命，仅对国王负责。设立底万·贝格一职，主管全国的司法工作，将司法权收归中央，改变司法由宗教官员萨德尔控制的局面。在审判时，尤其是涉及违反宗教法的审判，中央的萨德尔和地方卡迪都会参加，但在出现涉及"帝国法"的犯罪时，则由底万·贝格和地方法官一同处理。在对行政机构进行改革的过程中，阿拔斯一世逐步削藩，征讨和兼并了拥兵自重的土库曼贵族和边远地区的属国，有力地打击了各地割据势力。

在军事方面，阿拔斯一世进行了两个方面的军事改革：一是削减部落军队；二是建立正规的常备军。他将部落军的数量从 6 至 8 万减到 3 万，改变了"红帽军"占主导地位的局面，并将部分部落军合并，驻守不同的地区。他组建正规的常备军，吸收大批高加索民族的穆斯林入伍，使伊朗军队从一支带有部落痕迹的军队，发展成为有火枪、大炮等装备的新型军队。当时的伊朗军队有骑兵 1 万人，拥有 500 门大炮的炮兵队和火枪队各 1.2 万人。这些有着新型装备的军队成为伊朗军队的主力。常备军由国王全权控制，并由国库支付军饷，使其脱离了与部落的联系。经过这些改革，部落贵族不再拥有特权，军队实力进一步加强。阿拔斯一世统治时期，伊朗有各种军队共约 12 万人。

在经济方面，阿拔斯一世进行了一系列改革。萨非王朝建立初期，曾赐予土库曼部落贵族大片土地作为其封地。在伊儿汗朝末期就已经出现这种可以世袭的土地，它成为土库曼贵族集团拥军自立的经济基础，直接影响到了国家的经济收入。阿拔斯一世即位后，通过禄田替代封地，分封给官员的禄田不能够世袭，按照官职收受，接受禄田的官员只有征收地税的权力。此外，阿拔斯一世还通过购买、捐献、没收等方式将大量土地变为王室土地，不断扩大王室的土地面积。1588 年至 1606 年间，阿拔斯一世从土库曼贵族手中获得了卡善、伊斯法罕、克尔曼和亚兹德的部分地区以及古姆、加兹温、吉兰和马赞德兰的大片土地。国王直接占有这些土地，极大地增加了国王的经济来源。

为进一步发展经济，阿拔斯一世采取了一系列措施。修缮和兴建水利设施、降低土地赋税，促进农业生产；建立丝织、地毯厂，兴建金属等工艺学校，使手工业有了较快发展。当时伊朗有 30 多个王室作坊，工人数量超过 5000 人，每个作坊平均有 150 多人。这些工人除了有伊朗工匠之外，还有来自亚美尼亚和欧洲的工人、技师。私人作坊按照各行业分别组成行会，行会领袖接受中央政府的领导。王室垄断了制盐、采矿等一些重要的手工业部门。地毯业在手工业中有着十分重要的地位，纺织品、陶瓷、皮革制品等都得到了较大发展。

为了促进商业经济，政府专门设立官员负责道路建设，严厉惩罚破坏经济发展的犯罪分子；设立专门的官员管理集市，扩大集市的规模。在对外贸易上，王朝的主要出口商品为蚕丝，主要销往欧洲、土耳其、印度等国家。阿拔斯一世的时代正是大航海时代，世界各地的商人纷至沓来。在首都大不里斯，经常有许多外国商人前来经商，其中有中国人、英国人、法国人、荷兰人、俄罗斯人、意大利人和西班牙人等。对外贸易的发展带动了伊朗国内手工业的发展，萨非王朝时期已经出现了资本主义萌芽。

阿拔斯一世统治时期，在宗教、外交、迁都方面也进行了一系列改革措施。在宗教方面，伊斯迈尔在建立萨非王朝初期，立伊斯兰教什叶派为国教，迫害逊尼派。阿拔斯一世统治时期对什叶派大力扶植，将什叶派思想等同于爱国主义。但是他以比较温和的方式扶植什叶派，对逊尼派采取宽容政策，允许亚美尼亚人保持基督教礼仪，允许欧洲商人在伊朗兴建教堂和修道院，保留他们的信仰。

在外交上，为了发展对外贸易，寻求同盟反抗奥斯曼帝国，阿拔斯一世加强了外交活动。1599 年和 1608 年，阿拔斯一世两度派遣使团出访欧洲，抵达

阿尔达比勒地毯

这条地毯长 10.5 米，宽 5.3 米，是 16 世纪留存至今的最有名的地毯。现存于伦敦维多利亚和阿尔伯特博物馆。

俄国、波兰、德国、意大利和西班牙等国，与其建立了外交关系。

阿拔斯一世的另一个成就，就是营建了新都伊斯法罕城。萨非王朝建立之初，定都大不里斯，但大不里斯多次被奥斯曼军攻占，于是阿拔斯一世于1548 年迁都加兹温。1598 年，阿拔斯一世将都城又迁至伊斯法罕。伊斯法罕地处伊朗中心，是南北东西商路的交汇之处。这里土壤肥沃，水源充足，曾是布韦希人和塞尔柱人的首都。阿拔斯一世迁都伊斯法罕，是有其军事考虑的。这里远离奥斯曼帝国，可以避免其突然袭击；有利于进攻东北的乌兹别克人；也有利于收复被葡萄牙人占据的霍尔木兹岛，加强对波斯湾的控制。

阿夫沙尔王朝的短暂统治

自 17 世纪开始，伊朗封建王朝更替频繁，内外战乱持续不断，阶级矛盾和民族矛盾十分尖锐，萨非王朝日渐衰弱。1709 年，阿富汗吉尔扎伊人在坎大哈发动起义，反对萨非王朝的统治。起义队伍杀死总督，占领了坎大哈省，建立了独立的阿富汗国。自 1711 年起，萨非王朝屡次进攻坎大哈，都被阿富汗人击退。1717 年，阿富汗阿布达利人也发动起义，攻占了赫拉特，并击败前来镇压的伊朗军队。1722 年，吉尔扎伊人酋长米尔·马赫穆德率领阿富汗军

《野餐者》

这是创作于 17 世纪初期的一幅绘画，画中人物身着色彩
艳丽的服饰和头巾，悠然自得地在野外休憩、玩耍。现
存于圣彼得堡艾尔米塔什博物馆。

队大举入侵伊朗，攻陷萨非王朝首都伊斯法罕，迫使侯赛因一世（1694—1722年在位）献城投降，马赫穆德自立为伊朗国王。此后，伊朗处在阿富汗人的统治之下。

阿富汗统治时期，对伊朗人民实行残酷的镇压和掠夺，广大伊朗人民不堪压迫，纷纷起来反抗。1726年，来自伊朗呼罗珊地区的部落首领纳迪尔率兵投靠被入侵伊朗的阿富汗人废黜的萨非王朝塔赫马斯普二世，并成功驱逐了阿富汗人。紧接着，纳迪尔又先后率军收复了被奥斯曼帝国和俄罗斯帝国占领的伊朗国土，逐渐树立起威信。1732年，纳迪尔废黜塔赫马斯普二世，另立塔赫马斯普二世之子阿拔斯三世为王。1736年，纳迪尔沙被伊朗贵族拥戴为王，改称纳迪尔沙，建立阿夫沙尔王朝。

纳迪尔沙在位期间，不断对外发兵，曾先后远征阿富汗、印度、中亚等地。经过数年战争，阿夫沙尔王朝的疆域一度扩展到东至阿富汗和印度北部，西达巴格达，北接里海，南临波斯湾的广大地区。纳迪尔沙利用从战争中掠夺来的财富，大兴土木，鼓励文化发展，使得伊朗再度出现了繁荣的景象。但是纳迪尔沙采取了压制什叶派和经济压迫的政策，使得伊朗各地不断爆发起义和暴动。1747年，纳迪尔沙在呼罗珊被叛变的封建主杀死。纳迪尔沙死后，伊朗陷入混乱，各族封建主为争夺王位展开了激烈的混战。

恺加王朝

在伊朗统治阶级为争夺王位发生混乱之际，恺加人开始崛起。1785年，阿迦·穆罕默德占领了德黑兰、伊斯法罕等城市。1786年阿迦·穆罕默德在德黑兰称王，建立恺加王朝（一译卡扎尔王朝）。1794年，阿迦·穆罕默德率军攻破克尔曼，基本控制了伊朗各主要省份。1796年，阿迦·穆罕默德加冕为伊朗国王，建都德黑兰。

恺加王朝统治下的伊朗是一个多民族的封建专制国家。国王有着至高无上的权力，是最大的封建主。在国王之下，设有枢密院，其成员由宰相和大臣组成，负责处理国家日常事务。全国被划分为30个省和州，省的行政长官为总督，州则设有州长，由王室成员担任。各省的总督和州长拥有较大的军权和经济权，成为割据一方的诸侯，拥有实际的统治权。总督和州长每年向国家上缴一定的赋税，接受国王的征召，率领军队征战和镇压当地的叛乱等。而对于各省、州的内政事务，王室很少参与。各游牧民族的酋长是部落的统治者，游牧部落的酋长是本部落的统治者，他们宛如世袭的封建君主，具有更大的独立性。

伊朗封建统治的精神支柱是伊斯兰教什叶派。什叶派中的高级阿訇掌握教权，其本身即为大地主，他们按照统治阶级的利益去解释宗教经文。高级阿訇控制的教典法院，主要审理有关婚姻、财产、商品交易等民事案件。他们在审理案件的过程中往往滥用职权，对涉案人员敲诈勒索。在文化教育方面，基本上神学信条是主要教育内容，从初级到高级神学院，都处在宗教人员的控制之下。

恺加王朝沿袭了历代王朝的封建土地所有制。国王是全国土地和水源的所有者，国库的赋税收入主要用于王室、中央机构和军队的开支。国王封赐予大臣、将领的采邑，称为"俸田"。伊斯兰教寺院及宗教人员也拥有自己的领地，称为"供养田"，不需要上缴各种赋税。国王、高级阿訇和封建主几乎占有全国的土地。

广大农民对封建主保持着依附关系，每年土地收成的 4/5 都要上缴给封建贵族，包括羊毛、食油、燃料等各种实物贡赋，生活极端贫困。恺加王朝时期，除家庭手工业之外，城市手工业也有了较大发展。中世纪的行会组织中包括了手工业者组织，行会成员包括会首领导、师傅、助手和学徒。手工业者在缴纳赋税时，可以用现款或劳动产品。手工业者除受行会把头和包买商盘剥外，还要向国家缴纳重税。

18 世纪末至 19 世纪初，伊朗已经出现了比较简单的手工工场。企业主为织工提供原料和织机，织工完成织布工作后从企业主那里获得报酬。一些织工则聚集在大工场里，生产各类毛毯和布匹。恺加王朝时期生产的纺织品、毛毯等主要销往西欧和俄国等地。阿迦·穆罕默德死后，恺加王朝经历了 3 个国王。在此期间，封建统治阶级内部出现混战，伊朗国势积弱不振，为欧洲殖民国家入侵提供了可乘之机。

列强的入侵

葡萄牙是西方列强当中最早入侵伊朗的国家。早在 16 世纪初，葡萄牙就已经占据了波斯湾口的霍尔木兹等地。18 世纪中叶，荷兰人乘伊朗出现混战之际，占领了波斯湾的哈尔克岛。1763 年，英国胁迫伊朗签订了奴役性条约，在波斯湾沿岸地区布什尔等地设立商站，获得了在伊朗自由贸易、免交进口税

法塔赫·阿里沙肖像画

法塔赫·阿里沙是阿迦·穆罕默德的侄子，恺加王朝的第二位国王。法塔赫·阿里沙很喜欢自己的肖像画，在位期间让画师绘制了十余幅画像，其中这一幅被保存在圣彼得堡艾尔米塔什博物馆。

等特权。这成为伊朗沦为半殖民地的发端。

从 19 世纪开始，欧洲列强不断寻求更大的商品销售市场和原料产地，伊朗遂成为英、法、俄等国相互争夺的对象。沙皇俄国利用与伊朗毗邻的有利条件，对伊朗不断发动侵略战争。在 1804—1813 年和 1826—1828 年的两次战争中，伊朗被俄国击败，被迫与俄国签订《古利斯坦条约》和《土库曼恰伊条约》。根据《古利斯坦条约》的规定，伊朗同意将俄军占领的达尔班德、席尔万、卡拉保格、巴库和塔莱估河上游流域划归俄国版图，伊朗政府放弃对格鲁吉亚、达戈斯坦、明格里和阿伯哈基等地的主权要求；伊朗放弃在黑海保有海军的权力，伊朗在里海的航行权被剥夺，俄国独享在黑海拥有舰队的特权；俄国承认阿拔斯·米尔扎在伊朗的摄政地位，并答应在必要时帮助他登上王位。《古利斯坦条约》的签订使伊朗开始丧失独立和主权，成为伊朗半殖民地化的开端。

《土库曼恰伊条约》除了重申《古利斯坦条约》中俄国在伊朗获得的特权之外，还规定伊朗放弃在南高加索的所有权利，承认俄国占有新占领的土地；划定由奥劳劳特城堡至阿拉斯河入海口为两国边界线，即以阿拉斯河为两国的界河；伊朗向沙俄支付 2000 万卢布的赔款；俄国可以在伊朗的大城市设立领事馆，俄国臣民在伊朗发生的诉讼案件由俄国领事会审理；俄国商人有权享受各国给友善国家臣民的待遇，在伊朗拥有租赁、购置房屋和商店、仓库等权利；伊朗各州官员如不履行条约，应立即撤职。《土库曼恰伊条约》使伊朗丧失了领土主权、司法主权和海关主权，变成了俄国的附属国。

英国为了与俄国争夺伊朗，扩大其在伊朗的势力，在 1800 年至 1841 年间先后 4 次强迫伊朗签订了一系列不平等条约，获得了在伊朗购买土地、建立工厂、商品免征关税等特权。法国一直想把伊朗作为其远征印度的跳板，于是在 1808 年强迫伊朗签订通商条约，取得了领事裁判权。随后，美、奥等国也胁迫伊朗签订了类似的条约，使伊朗逐渐走上半殖民地道路。

不平等条约给伊朗人民带来了深重的灾难。西方商品尤其是英国商品大量进入伊朗。从 19 世纪 30 年代开始，西方商品几乎占到了伊朗所有进口商品总额的 90%。外国商品的倾销不仅破坏了伊朗的封建自然经济，也使处于萌芽状态的伊朗资本主义手工业工场遭到扼杀，大量中小商人和手工业者纷纷破产。外国商品的涌入加剧了封建制度的危机。由于商品经济的发展，封建地主阶级要求以货币替代实物地租，农民遭受的剥削更加沉重。国王、总督、州长、高级阿訇为了满足其奢侈生活，公开拍卖官职，并把自己的采邑卖给商人和高利贷者，以获取金钱。那些买得官职的人又拼命掠夺农民，新的地主阶层出现。

封建军事采邑制遭到破坏，导致土地私有制盛行。大量农民失去赖以生存的土地，生活困苦。

随着封建经济的解体，那些低级阿訇的生活越来越糟糕。他们原本依附于高级阿訇，但高级阿訇穷奢极欲，入不敷出，使得低级阿訇没有稳定的收入。为了维持生计，低级阿訇只得去从事商业、手工业，甚至去耕种，以维持生活。西方列强的入侵与天灾交织在一起，使伊朗人民的生活愈发悲惨。

巴布教徒起义

19 世纪中叶，在伊朗的广大地区，先后爆发了灾荒、鼠疫、霍乱，数百万伊朗人民的生命被吞噬，南阿塞拜疆地区有一半的人口死亡。广大农村赤地千里，农民为了生计背井离乡；城市萧条，经济日渐衰落，全国上下呈现出一片荒凉的景象。劳动群众无法忍受封建统治阶级卖国求荣、横征暴敛的反动统治，于是不断发起暴动，农民暴动与城市下层人民起义接连发生。那些低级阿訇也痛恨封建统治集团和高级阿訇的残暴统治，阶级矛盾和民族矛盾的发展将他们推到了斗争的最前线。他们以巴布教作为起义的旗帜，率领广大人民进行反封建压迫和殖民主义奴役的斗争。

巴布教是伊斯兰教在伊朗的新教派。赛义德·阿里·穆罕默德（1820—1850年）是巴布教的创始人。他出生在一个商人家庭，是一个低级阿訇。1844 年，他自称为"巴布"。巴布就是门的意思，意在表示"救世主"马赫迪的意志将通过"门"传达给民众。他预言，救世主即将在伊朗降临，人民应该做好准备，迎接正义王国的到来。1847 年，巴布著成《默示录》一书，此书成为巴布教的主要经典。书中宣称人类社会是发展变化的，以后的时代胜过以前的时代，各个时代都有自己的制度和法律，各时代都有自己的先知和圣经。新的制度和法律要替代旧的制度和法律，新制度和新法律则由真主派遣的先知来制定。巴布宣称自己就是真主委托的"先知"，是穆罕默德的代替者，《默示录》也将取代《古兰经》。巴布教的教义与正统的什叶派教义相违背，带有浓厚的政治意味。巴布教教义反映了中小商人的利益和要求，主张把封建统治者的财产和外国资本分配给巴布教徒，提出废除刑法和苛捐杂税、保护私有财产、保障人身自由、统一货币等要求。

巴布及其教徒原想对宫廷、大臣和地方官员宣传自己的教义，幻想着统治阶级接受自己的学说。但统治阶级却对他们进行迫害，于 1847 年将巴布本人逮捕入狱，开始镇压巴布教。巴布教遭到统治者的迫害后，将宣传目标转向广大人民群众，在巴布教徒中出现了接近劳动群众的领袖。他们提出了更为激进的纲领，号召广大人民通过武力推翻伊朗封建统治，废除封建特权和私有制，没收并均分贵族和一切权贵的财产，废除苛捐杂税和劳役，实现男女平等的权利等。这些主张反映了广大人民的愿望，深受人民的欢迎，巴布教的势力迅速壮大起来。

1848 年 9 月，伊朗国王去世，统治集团内部出现王位之争，各省、州一片混乱。巴布教徒利用这一有利时机，率先在马赞德兰省发动起义。起义队伍打败了当地封建武装，占领了伊斯兰教的圣地——塞克·塔别尔西陵墓。起义者在这里修建城堡，平分财产，实行共餐制。王室屡次派兵前去镇压，结果都被起义者击退，各地纷纷兴起巴布教运动。到 1849 年 2 月，伊朗全国的巴布教徒增加到了 10 多万人。统治者增派大军镇压，向起义据点发动猛烈进攻，也未能攻下起义队伍的据点。后来，统治者使用欺骗手段，向起义者许诺，只要剩下的 200 多名起义战士放下手中的武器，就可以保全他们的生命，并给予自由。然而当起义者放下武器时，统治者又立即背信弃义，将起义者全部杀害。

虽然马赞德兰省的起义被王室的血腥屠杀镇压了，但并没有使巴布教徒的斗争停止，起义队伍仍然在继续发展壮大。1850 年 5 月，巴布教徒相继在赞兼、尼里兹等城市发动起义。15000 多名起义者占领了赞兼城的东部地区，英勇抗击政府军的进攻，歼灭政府军数千人。同年 12 月，王军向赞兼城发动猛烈攻势，巴布教徒殊死抵抗，最后全部壮烈牺牲，起义被残酷镇压下去了。

赞兼城发动起义的同时，巴布教徒在伊朗南部尼里兹也举行了起义。狱中的巴布与起义队伍取得了联系，号召教徒为建立正义王国而斗争到底。事情泄露后，统治阶级惶恐不安。为了铲除这个心腹之患，1850 年 7 月，国王下令将巴布处死于大不里斯。巴布教徒一直坚持斗争到 1851 年，后来转入山中进行游击战。1852 年 8 月，巴布教徒谋杀国王未遂。伊朗国王下令在全国范围内大肆捕杀巴布教徒，使巴布教损失惨重，起义很快被政府镇压下去了。

巴布教徒起义是伊朗近代史上第一次在宗教外衣掩盖下的大规模反封建、反殖民主义的伟大斗争，是 19 世纪中叶亚洲人民反封建、反殖民主义革命斗争运动的重要组成部分。巴布教徒起义沉重打击了恺加王朝的封建统治，在客观上也打击了外国殖民统治者，使这次起义同时具有反抗殖民侵略、争取民族独立的性质。这次起义的主要参加者是下层劳动人民，但领导权掌握在商人和低级阿訇手中。起义领导者始终没有提出解决土地问题的纲领和口号，因此未能广泛发动农民参加；各起义者彼此间缺乏联系，各自为战，结果被统治者各个击破，起义惨遭镇压。

埃及：沦为半殖民地

16世纪初，奥斯曼帝国征服埃及，埃及成为其中的一个行省。18世纪末叶，西方列强为了扩大商品市场和争夺原料产地，加紧了对北非的争夺，打开了埃及的大门。在列强的打击下，埃及被迫签订了不平等条约，一步一步沦为列强的殖民地，民族危机日益严重。

法国入侵前的埃及

1517年，埃及被土耳其人征服，成为奥斯曼帝国的一个行省。随着奥斯曼帝国的日渐衰落，埃及旧封建主马穆鲁克集团乘机不断扩张势力。1769年，马穆鲁克集团首领阿里贝伊驱逐土耳其总督。1773年，阿里贝伊被杀害，土耳其总督恢复在埃及的统治，但是总督被软禁在撒拉丁堡垒中，空有虚名。马穆鲁克封建主集团首领掌握了埃及的实权。

当时的埃及是一个封建制国家，拥有约400万人口。国家在名义上占有所有土地，实际上土地被各个封建地主集团占有。土地占有的形式有三种，一是奥斯曼苏丹占有；二是专供宗教团体和寺院使用；三是被马穆鲁克封建主占有，最后一种为主要占有形式。

马穆鲁克封建主既是军人，也是包税人，他们称霸一方，独揽该地区的包税权。他们向政府预先缴付全部或部分"国税"，然后代表政府向农民征收"国税"。政府为了酬报他们，分给他们一块可以个人使用的土地。他们可以终身拥有这块土地，也可以向外出租。此外，他们还向农民征收"包税余额税"，

马穆鲁克军团

　　从中获利。马穆鲁克封建主实际上控制了包税领地内的所有土地。

　　马穆鲁克军团是埃及的重要武装力量，其军事实力在 17 世纪时就已经超过了土耳其驻守在埃及的奥斯曼军队。军团的首领主要担任开罗以及各地区的地方长官。马穆鲁克军团内部出现了许多派系，各自为政，称霸一方。各派系为争夺开罗以及地方各郡的职位，经常发生攻伐，结果造成埃及国内战乱不断，动荡不安。

　　埃及广大农民依附于封建地主，不能轻易离开土地，否则会被包税人强行抓捕回来。农民除了需要缴纳国税和余额税之外，还要向包税人服劳役、交纳郡县税和过路捐等。在马穆鲁克封建主的残酷剥削下，广大农民食不果腹，农业生产受到影响，社会经济停滞不前。

　　埃及原本有着较为发达的工商业，然而奥斯曼帝国征服埃及以后，为了遏制西方殖民势力渗入埃及，推行闭关政策，严禁西方商船进入吉大港和苏伊士城。这种闭关政策，给埃及社会经济造成了极大的危害。由于该政策的实施，埃及与欧洲的联系中断，对外贸易基本消失，这成为埃及衰落的重要原因之一。此外，闭关政策加剧了埃及手工业的衰落，在这一时期，埃及的许多手工业中心荡然无存，不复存在。

　　到 18 世纪时，埃及的闭关自守政策有所改变。随着奥斯曼帝国的衰弱和欧洲资产阶级的兴起和壮大，欧洲国家迫使土耳其改变在埃及的政策。1774年，英国重新打开印度到苏伊士的商路。1775 年，英国东印度公司与埃及缔结一项条约，规定苏伊士港向英国商人开放。1785 年，埃及又与法国签订了类似的条约。然而当埃及中止闭关政策，实行对外开放时，社会发展已经落后欧洲几个世纪了。

奥斯曼帝国统治下的埃及处于社会衰落时期，农业生产力普遍下降，工商业发展停滞，连年的战乱和灾荒使人口锐减。这种衰退趋势直到 18 世纪末时才有了转机。

法国三年的短暂殖民统治

埃及位于欧亚非三洲的交通要冲，是欧洲国家前往东方的重要交通枢纽，战略地位十分重要。英国重视在埃及的利益，主要是为了巩固其在印度的统治地位和在东方的贸易优势。法国对埃及觊觎已久，试图通过埃及发展与阿拉伯半岛地区的贸易，获得资本主义发展所需的原料，开辟更大的出口市场。

法国大革命后，督政府和拿破仑都希望通过打击英国在埃及的殖民势力来削弱英国，继而实现攻占印度的野心。1798 年 4 月 12 日，法国督政府发布远征埃及的命令。5 月 19 日，一支拥有 350 艘战舰和 35000 人的军队在拿破仑的率领下，从法国南部的军港土伦出发，开始远征埃及。7 月 1 日，法国战舰抵达埃及亚历山大港，经过十几天的激战，最终占领了该城。接着，法国军队继续向埃及内地进攻。7 月 21 日，法军在金字塔附近与马穆鲁克军团和开罗百姓组成的抗法队伍展开激战。结果马穆鲁克军团被法军击溃，法军进入开罗。紧接着，法军消灭了马穆鲁克军团的残余力量，占领了埃及。

拿破仑在埃及一边打着反封建的旗号，进行改革，试图笼络人民；一边又残酷镇压埃及人民的反抗，压榨埃及人民的财富。为了巩固法国在埃及的统治，拿破仑率先对旧的行政机构进行改革，建立新的行政机关。他任命以阿卜杜拉·谢尔戈维为首的 9 名伊斯兰长老组成开罗行政会议，协助法国在开罗的统治；将埃及全境划分为 16 个军区，任命一名将军为每个军区的军事长官，建立地方行政会议管理地方事务；10 月初，命各区各派 9 名代表参加全埃及国务会议。拿破仑还宣布没收所有马穆鲁克的土地，废除他们实行的赋税制度，将各种税额合并为一种单一税。从此，埃及的包税制逐渐消亡。

为了维持法军的需求，拿破仑建立了制硝厂、铸造厂、弹药厂、机械制造厂和造船厂、军服厂等。这些工厂不仅生产军需用品，同时也生产一些民用产品，制造科研仪器和水压机等机械。法军远征埃及时，100 多名法国科学家也随军出发。在拿破仑的主持下，埃及建立了研究院，研究院设有数学部、物理部、政治经济部和文学艺术部，同时还设立了图书馆、实验室和印刷所等。拿破仑将法国革命中的一些改革措施，生搬硬套到与法国社会发展水平迥异的埃及，结果收效甚微。同时，法军作为侵略者，遭到了追求民族独立的埃及人民的反抗。为了镇压埃及人民的反抗，拿破仑进行了残酷的屠杀。

1798 年 8 月 1 日，法国舰队被英军地中海舰队司令纳尔逊击败，法军与本土之间的联系被阻断，拿破仑于是加紧了对埃及人民的剥削。法军向埃及人民征收军粮，要他们缴纳实物税；手工业主领取执照，必须交纳执照税。10 月 20 日，法军又开始向私人财产、诉讼以及各类建筑物征收新的捐税。

法军的新税令成为开罗反对法国大起义的导火线。1798 年 10 月 21 日，在手工业行会和下层伊斯兰教阿訇的组织下，成千上万的开罗人民举行了大规模的反法起义。法军卫戍司令戴布被起义者击毙，起义队伍攻占了城门，攻打法军据守的高地。拿破仑获悉开罗爆发起义后急忙从外地调集军队进行镇压，屠杀起义群众。在一天之内，就有 4000 多起义群众惨遭法军杀害，起义最终失败了。

1799 年 1 月，为了打通到印度的道路，法军向叙利亚发动进攻。法军在雅法城遭到了叙利亚军民的顽强抵抗，攻陷雅法城后，拿破仑下令屠杀全城百姓。法军在攻打阿卡要塞时，守军在当地居民的支持下，坚守了两个多月，最终使法军付出了伤亡 3000 多人的代价。法军远征叙利亚以失利而告终。8 月，拿破仑将远征军的指挥权交给克莱贝尔将军，自己返回了法国。1800 年 3 月 20 日，法军在艾因舍姆斯地区与奥斯曼军队爆发冲突。开罗民众趁机发起第二次反法起义，迫使法军紧急从各地调遣军队增援开罗。埃及各地的群众纷纷开展游击战，打击法国军队。开罗的第二次起义最终被法军镇压，然而此时的法军已经陷入孤立无援的境地。

1801 年 3 月，英国根据与土耳其政府的协定，联合土耳其军队向驻扎在埃及的法军发动进攻。法军遭到内外夹攻，接连失利，被迫撤离开罗，退守到亚历山大。9 月，法军被迫撤离亚历山大，返回了法国。奥斯曼帝国又重新恢复了对埃及的名义上的统治。法国的入侵给埃及人民带来了沉重的苦难，数万人在战争中丧生，经济损失无法估量。同时，拿破仑的远征揭开了近代西方列强争夺埃及的序幕。

开罗人民武装起义

穆罕默德·阿里王朝的建立和改革

埃及人民驱逐法国侵略者后，奥斯曼帝国在英国的支持下，重新恢复了对埃及的统治。此时的马穆鲁克集团残余力量分成了几股，在埃及各地流窜。这时，埃及新兴的地主商人集团已经发展壮大起来，他们强烈要求改变当前的军事封建割据局面，反对外国的奴役，主张建立一个独立、统一的国家，穆罕默德·阿里成为这个集团的代表人物。

穆罕默德·阿里（1769—1849 年）原系阿尔巴尼亚人，出生于希腊的沿海城镇卡瓦拉。1801 年，他应征入伍，被编入土耳其军队，派往埃及与法军作战。在埃及服役期间，穆罕默德·阿里与埃及的许多新兴地主商人集团建立了密切联系。1803 年，穆罕默德·阿里率部联合马穆鲁克军团，驱逐了土耳其总督。1804 年和 1805 年，开罗先后爆发两次起义，穆罕默德·阿里率部加入到了起义队伍中，打败了马穆鲁克军团，夺取了埃及的政权。1805 年 7 月，土耳其苏丹被迫承认他为埃及总督，授予他"帕夏"爵位。从此，穆罕默德·阿里家族开始了对埃及长达 150 多年的统治。

在阿里掌握埃及的政权后，英、法对埃及仍然虎视眈眈。英国为了将埃及纳入自己的殖民势力范围，防止法国再次对埃及发动第二次进攻，于是勾结马穆鲁克于 1807 年 3 月入侵埃及，妄图乘埃及新政权立足未稳之机，将其颠覆。英军在占领亚历山大城后，又向席腊德进犯。埃及军民勠力同心，给予侵略者迎头痛击，击毙英军将领沃科普，英军伤亡 500 多人。英军不甘心失败，不断向席腊德增兵，用炮火猛烈攻击席腊德守城军民。席腊德军民誓死抵抗，坚守

穆罕默德·阿里画像

城池，埃及各地的民众也纷纷前来支援。在第二场战斗中，埃及军民一共击毙和俘虏 38 名英国军官、近 500 名士兵。英军的进攻遭遇惨败，只好逃回了亚历山大。在埃及军民的打击下，英军被迫与穆罕默德·阿里签订停战协定。9月，英军撤离亚历山大，埃及人民取得了反英斗争的胜利。

反英斗争结束后，穆罕默德·阿里收复了亚历山大城，巩固了新兴地主商人政权。1808 年，即击退英军入侵后的第二年，穆罕默德·阿里对政治、经济、军事和文化等方面进行了一系列全面的改革，这些改革对埃及历史产生了重要影响。

在击退英军以后，穆罕默德·阿里就着手进行土地改革。穆罕默德·阿里没收了那些拒不纳税的包税人的土地，1809 年，他下令取消包税人的免税权，包税人需将包税余额的一半上缴政府。这对马穆鲁克等包税人而言无疑是一个沉重的打击。1809 年和 1810 年，马穆鲁克在开罗发动两次武装叛乱。穆罕默德·阿里决心通过武力消灭马穆鲁克的势力。1811 年 3 月 1 日，穆罕默德·阿里以委任其子图松领兵出征阿拉伯半岛攻打瓦哈比人为名，借在开罗宴请马穆鲁克首领之机，将大小首领及其侍从数百人一网打尽。马穆鲁克作为一股政治势力不复存在。在消灭马穆鲁克势力后，阿里宣布废除包税制，没收了马穆鲁克的全部土地。没收的土地一部分分给了阿里的亲属和部下，一部分则分给农民耕种。农民只有使用权，不得转让、抵押和租赁，必须按时缴纳税租。政府还实行统一的田赋，根据土质优劣和灌溉条件设定税额的多少。

　　穆罕默德·阿里很重视水利建设，鼓励发展经济作物。他在位期间，加固堤坝，疏通河渠，开挖了20条新渠，修筑了近30座水坝。这些水利设施发挥了很大的效益，改善了农业生产条件，扩大了土地耕种面积，使农田由1821年的200万费丹增加到1840年的385万费丹。农作物由每年一熟变为两熟或三熟，产量随之大幅度增长。棉花、甘蔗等经济作物大幅度增长。棉花成为主要的出口商品，出口量逐年增多，从1821年的944包增加到1849年的25万多包。

　　在工业方面，穆罕默德·阿里在埃及兴办近代机器工业，建立了火药厂、造船厂、纺织厂等各类工厂。其中纺织厂有近30座，拥有纺纱机1400多台，织布机1200多台，工人3万多人。为改变技术落后的状况，阿里政府从西方购买机器设备，聘请技师，引进先进技术。阿里主张一边向西方进口，一边进行仿制，仿制成功后就减少进口数量。工厂的大多数工人是强制征发来的破产手工业者和城市平民。1809年，穆罕默德·阿里规定，由政府按价供给私人作坊主和工场主所需的原料，政府按价收购他们生产的产品。此外，政府还采取一系列措施，控制埃及的进出口贸易。在这一时期，埃及民族工业获得前所未有的发展。

　　在军队方面，穆罕默德·阿里对马穆鲁克遗留下来的旧军队进行了改编，建立了一支用新式装备武装起来的新军。到1825年时，埃及拥有陆军4万多

在亚历山大的穆罕默德·阿里

人，1839 年时增加到 20 多万人。他还仿效沙皇彼得大帝，大力发展埃及海军，以适应对外扩张和发展对外贸易的需要。除了由埃及自己的造船厂建造船只外，大多数船只从国外订购。到 1839 年时，埃及拥有战舰 32 艘，海军 15000 多人，成为地中海东部最强大的海军国家。为了建立一支强大的新军，阿里政府在 1813 年派人到欧洲的法国、意大利等国学习军事技术；于 1825 年创办军事学校，并从国外聘请教官担任军校的校长。

在文化教育方面，穆罕默德·阿里模仿欧洲的模式，建立了世俗教育制度，创办了数十所小学、中学和专科学校。专科学校主要有农业、医药、技术等学校，并从国外聘请部分校长和教师。这些学校有学生近万人，实行免费教育。政府还选拔一些有才华的学生出国留学，到法国、意大利、英国等地学习。这些学生回国后在政府部门和军队中担任要职，逐渐替代在埃及的外国技师。阿里政府还兴办语言学校，将一些外国的军事和科技著作翻译成阿拉伯文和土耳其文。1822 年，埃及建立了国家印刷厂，之后出版了第一份报纸——《埃及战役报》。

穆罕默德·阿里的改革具有重大的历史意义和深远的影响。他结束了埃及长期处于动乱、分裂、割据的局面，建立起封建的中央集权制，实现了国家的安宁和统一。他引进西方先进的科学技术，促进了埃及社会的发展，繁荣了阿拉伯文化，培养和造就了一批新型的知识分子，使埃及的工农业生产得到了迅速的发展。但穆罕默德·阿里的改革并未触动旧的生产关系，没有从根本上改变封建制度的基础，仍属于封建性质的改革。

土埃战争与列强的入侵

随着改革的不断进行，埃及开始富强起来，穆罕默德·阿里所代表的新地主阶级不断向外扩张，掠夺新的土地。1811 年至 1841 年间，穆罕默德·阿里穷兵黩武，接连对外发动侵略战争。1811 年，阿里受奥斯曼苏丹之命，出兵阿拉伯半岛，参与镇压瓦哈卜教派的起义。埃及军队经过 7 年的苦战，占领了麦加和麦地那，控制了部分阿拉伯地区。

1820 年到 1821 年，为了掠夺奴隶和金矿，穆罕默德·阿里出兵入侵苏丹。1824 年，穆罕默德·阿里出兵援助奥斯曼苏丹镇压希腊人民的起义，以换取对叙利亚和克里特等地的统治权。1825 年 2 月，埃及军队登陆摩里亚半岛，随后占领了摩里亚。埃及军队的入侵引起西方列强的不满，西方各国纷纷进行干涉。1827 年 10 月，英、法、俄联合舰队在那瓦利诺击败埃及舰队，埃军被迫撤离回国。镇压希腊人民起义失败后，穆罕默德·阿里要求奥斯曼苏丹履行之前的约定。结果奥斯曼苏丹予以拒绝。1831 年，穆罕默德·阿里以奥斯曼苏丹违约，未将叙利亚的统治权交给埃及为由，出兵叙利亚，挑起第一次土埃战争。埃军占领耶路撒冷、雅法、大马士革等地，向小亚细亚推进，占领了土耳其的部分领土，逼近伊斯坦布尔。

就在埃及军队向伊斯坦布尔进军的时候，沙俄率先出兵进行干涉，派军队在小亚细亚登陆，将埃军通往伊斯坦布尔的道路截断。沙俄军队的出现，让英法两国措手不及，英法两国急忙出面调解埃及和土耳其之间的冲突。1833 年 5 月，土埃双方签订《屈塔希亚协定》，苏丹同意恢复阿里对埃及、阿拉伯半岛、克里特岛等地的统治权，并将大马士革、阿勒颇、阿卡、贝鲁特、的黎波里等地区归其管辖；埃及则同意撤军，继续承认奥斯曼帝国苏丹的宗主权。至此，埃及不仅获得了事实上的独立，还基本建立起了一个地跨西亚北非的大国。

埃及的强大引起了欧洲一些列强的担心，它们不允许地处要冲、物产丰富的埃及通过阿里的改革成为一个独立、强大的国家。英国不想看到自己通过东方的道路上出现一个强大的埃及，影响自己在东方的扩张。为了打击埃及，英国极力唆使奥斯曼苏丹攻打埃及，以利用奥斯曼的宗主国身份，使埃及变成英国的殖民地。

1839 年 6 月，在英国的挑唆下，土埃爆发第二次战争。埃及军队再次击败土军，越过托罗斯山脉，进入土耳其本土，奥斯曼帝国岌岌可危。英国看到自己的殖民利益受到威胁，于是迅速出面阻止埃及继续进攻。

1840 年 7 月 15 日，英国联合俄、普、奥签订《伦敦条约》，对土埃冲突进行干预。条约规定：埃及军队必须从阿拉伯半岛、叙利亚南部之外的地区撤军，并约定派军队支援土军，以维持土耳其的独立和领土完整。9 月，英国舰队在俄、奥、土三国舰队的配合下封锁叙利亚海岸，炮轰贝鲁特等港口。接着，英国和土耳其军队在贝鲁特登陆，占领了黎巴嫩和巴勒斯坦的沿海城市，切断了埃及与叙利亚之间的联系。与此同时，叙利亚、黎巴嫩和阿拉伯半岛掀起了反对埃及统治的人民起义。埃及军队被迫撤离发生起义的地区。在这种情况下，穆罕默德·阿里被迫向英国妥协。11 月，埃及与英国签订《英埃协定》，承认土耳其的宗主权；埃及军队裁减为 1.8 万人；接受英国和土耳其于

1838年签订的《英土商约》，并关闭造船厂。该商约规定，英国商人可以在奥斯曼帝国境内自由贸易，并实行低关税制。《英埃协定》的签订，标志着以埃及为中心的阿拉伯帝国的瓦解，而且意味着穆罕默德·阿里的改革遭遇严重挫折。在这以后，英国在埃及的势力日益增长，埃及开始走上了半殖民地的道路。

根据《英土商约》，埃及废除了国家专卖制，西方商品开始涌入埃及市场，严重影响埃及近代工业的发展。1849年穆罕默德·阿里死后，其创办的工厂大部分已经倒闭。在取消专卖制以后，西方商人开始深入埃及农村收购各种农产品，尤其是棉花。1840年至1852年间，埃及棉花的出口总额增长了4倍多。埃及渐渐成了专门种植棉花这一单一作物的国家。与此同时，西方商人纷纷来到埃及投资，建立各类工厂，修建道路，逐渐掌握了埃及的经济命脉。1852年，英国和法国联合创办了内河航运公司；1856年，英国投资50万英镑建立了"埃及银行"；1857年，英国获得了修建开罗至亚历山大的铁路的承建权和租让权；1857年，法国在亚历山大创立面粉厂和自来水公司。

苏伊士运河的开凿影响了埃及历史的发展。1854年，法国获得了修筑苏伊士运河的租让权，之后创办了"苏伊士运河公司"。法国在修建苏伊士运河的过程中，无偿占有开凿运河所涉及的土地。1859年4月，苏伊士运河正式开工。1869年11月，运河正式竣工通航。在修建运河的过程中，埃及人民背负了沉重的劳役，有12万人被夺走了生命。这条联通欧亚非三洲的重要国际航道，是用埃及人民的血汗和尸骨换来的。然而苏伊士运河竣工开航后，埃及却因为修建运河而陷入严重的财政危机，国库空虚，逐渐成了列强争夺的对象。

改变了埃及历史的苏伊士运河

日本：因明治维新而幸免于难

18 世纪末期，德川幕府统治下的日本内外交困，导致中下级武士对幕府日益不满，农民与市民的暴动接连发生。与此同时，西方列强以坚船利炮轰开了日本的大门，内忧外患的日本濒临沦为半殖民地国家的境地，由此引发了明治维新运动，明治维新使日本走向富国强兵的资本主义道路。

明治维新之前的日本社会

17 世纪末，日本封建社会发展到鼎盛时期，社会经济、文化繁荣发展。然而在德川幕府（1603—1868 年）统治时期，封建社会的弊端不断暴露出来。控制朝政大权的幕府将军以及各地的大名铺张奢侈，挥霍无度，导致政府出现财政危机，政府只好向商人借贷。针对这种情况，第 8 代将军德川吉宗进行了一系列改革，暂时缓解了幕府出现的财政危机，然而这也没能维持多长时间。

18 世纪后期，日本出现灾荒，民不聊生，农村地区出现堕胎、杀婴的情况。走投无路的广大农民纷纷揭竿而起，各地不断发生大规模的暴动。城市中的贫民不堪高昂的米价，不断发生要求降低米价的米骚动。18 世纪末叶，为了解决这场饥馑，幕府中担任老中的松平定信再次实行改革，试图维持幕藩体制的统治。然而此时的日本封建制度已经处于瓦解的边缘，这并不是人力所能挽回的。到 19 世纪中叶，幕府封建统治已经处于严重危机之中。

日本封建自然经济趋于瓦解，出现了资本主义萌芽。幕藩体制的经济基础是以农业和家庭手工业为主的自然经济。从 18 世纪初开始，日本的手工业有了一定的发展，商品经济逐渐进入农村，影响了自给自足的自然经济。农村地

《富岳三十六景》之《甲州石班泽》
葛饰北斋创作的江户时代浮世绘。

区的阶级分化不断加剧。农民家庭手工业被新兴的商业高利贷资本以提供原料或生产工具，以及回收产品的形式所控制。一些商人出资招募农民或者手工业者，建立以分工为基础的手工工场，在纺织业中开始出现资本主义萌芽，19世纪初逐渐扩大到制糖、酿酒、造纸、采矿等行业。到1867年时，日本总共有手工工场400多家。然而手工工场的发展遭到幕府政策的抑制，发展缓慢。这表明封建生产关系已经阻碍了手工工场的发展，想要获得更大发展，势必要突破封建生产关系的束缚。

19世纪中叶，日本已经形成地主资产阶级，封建等级制度逐渐动摇。富裕农民和商业资本不断兼并土地，或是开垦新的土地，成为新兴地主阶级。19世纪中叶，日本约1/3的土地掌握在新兴地主阶级手中，但领主并没有承认他们对土地的所有权。他们手中的土地主要用于出租，获得租金，同时放高利贷，创立手工工场等，他们属于地主阶级，也是资产阶级。商业资本家、手工工场资本家和新地主成为封建领主之外新的剥削阶级。他们的政治地位很低，无法保障自己的经济活动，因此为了维护自己的利益，他们或是勾结封建领主，或是购买佩刀、称姓特权，成为武士阶层。在商品经济的刺激下，一些下级武士不顾禁令，也开始从事手工业和商业，成为工商业者。一些人则改行当教师或医生。更多人则沦为没有固定主人和职业的浪人。很多中下级武士出现了"恨主如恨敌"的情况。幕府赖以维持统治的阶级基础和等级制度，实际上已经濒临瓦解。

大盐平八郎画像

　　在这一时期，日本的阶级斗争日益尖锐，出现了各种改革思想。19世纪前半期，日本频繁发生大规模的农民起义和市民暴动。1785年至1867年间，先后爆发了1400多次农民起义，其中1837年2月在大阪爆发的起义最具代表性。下级武士大盐平八郎是这次起义的领导者，农民和城市贫民是起义的主力。起义前，大盐平八郎亲自撰写檄文，抨击幕府的黑暗统治。这次起义虽然只有几百人参加，且在一天内就被镇压了，但它鼓舞了有志之士通过武力推翻幕府的统治。受大盐起义的影响，为了维护幕府的封建统治，幕府老中水野邦忠于1841年实行改革。这次改革的目的在于加强封建领主的统治，抑制日本资本主义发展，恢复封建社会自然经济，打压改革思想，具有反动的性质，改革实行不到两年就以失败而告终。与此同时，西南地区社会生产力比较发达的萨摩、肥前、长州、土佐各藩改革派在商人的支持下，进行了藩政改革。这次改革虽然没有触及封建制度的基础，但为下级武士参与藩政、发展商品经济开辟了道路，有着重要的进步意义。这次改革逐渐改变了西南各藩与幕府之间的力量对比，他们之间的矛盾开始显现出来。总之，19世纪中叶，幕藩体制下的日本社会矛盾日益尖锐，幕府的统治处于动荡不安的境地。

西方侵略势力的入侵

　　从18世纪末叶开始，西方各国为争夺原料产地和商品市场，将侵略目标指向了日本。1792 年，对日本北方领土觊觎已久的俄国派使节前往日本，要求日本开放港口，对外通商。1794 年至 1854 年间，英、法、俄、美等国先后与日本进行了多达 50 次的接触。这些国家的主要目的是要求日本开放港口，进行商品贸易，但都遭到了幕府的拒绝。1840 年，英国向中国发动鸦片战争后，幕府感受到了西方列强的威胁。1842 年，幕府改变了打击一切外国船只的强硬政策，允许外国船只停靠日本港口补充燃料。然而幕府仍然没有放弃 17 世纪中叶制定的"锁国"政策。

美国为了在亚洲太平洋地区建立殖民扩张据点，决定使用武力迫使日本放弃"锁国"政策。1853 年 7 月，美国 4 艘军舰强行驶入东京湾的浦贺港，要求幕府接受美国总统的国书并缔结通商条约。面对美军的武力威胁，幕府惶恐不安，被迫放弃"锁国"政策，并于翌年 3 月与美国签订《神奈川条约》。条约规定：美国船只可以进入日本函馆和下田两个港口，可以在那里补充燃料和补给；幕府不能限制美国人在日本的自由，并给予一定的优待。

美国并没有因此而满足。1858 年 7 月，美国又强迫幕府签订《日美友好通商条约》。条约规定：日本开放神奈川、函馆、新潟、长崎、兵库等 5 个港口，对外通商；在开放港口设立类似租界的居留地并取得领事裁判权；进入日本的货物、产品实行协定税率；美国获得向江户派驻公使，向开放港口派驻领事等特权。英、法、荷、俄等国得知日美签订条约，纷纷前来分沾利益，迫使幕府签订类似的条约。各国先后与日本签订通商条约，取得自由贸易权、关税税率协议权、领事裁判权等特权。日本的主权和领土完整被严重破坏，丧失了贸易、关税、司法等方面的自主权。在欧美列强的压迫和不平等条约的束缚下，日本濒临沦为半殖民地的危险边缘。

失去关税自主权和开放港口给日本带来了严重的后果，日本逐渐沦为西方列强的出口市场和原料产地。1859 年至 1867 年间，日本的进出口贸易总额急剧增长。据统计，日本 1859 年的进出口贸易为 195 万美元，到 1867 年时增长到 3500 多万美元，而进口额远大于出口额。西方国家的廉价工业品涌入日本市场，使原本就脆弱的日本家庭手工业和工场手工业遭受严重打击，大量手工业破产。日本的出口商品主要是食品和原料，其中生丝占到出口的一半以上。生丝的大量出口影响到了丝织业的生存，许多地方的手工业者纷纷失业。当时的日本黄金价格低于国际市场价格，西方商人利用这个时点使用白银套购黄金，获取暴利。结果导致日本黄金大量外流，通货膨胀加剧，物价暴涨。

欧美列强打开日本国门后并没有满足，它们利用幕府的软弱不断提出各种要求，粗暴侵犯日本主权和内政。1861 年，沙俄军舰进攻对马岛，企图占领该岛，但在对马人民的殊死抵抗下，沙俄的企图没有得逞。1863 年，英法两国借口保护在日本的侨民，派军队进入横滨，然后在此设立兵营。英法两国的驻军加深了日本的民族危机，英法在横滨的驻留地一时成为列强的国中之国。1864 年，英、法、美、荷四国以前一年长州藩炮击外国船舶为借口，联合起来炮轰下关，随后胁迫幕府签订了改税协定，降低列强进口日本商品的关税。1867 年，幕府为了维持自己的统治，决定投靠法国，成为洋奴买办。西方列强的入侵以及幕府的卖国政策，使日本陷入了沦为半殖民地的危机。

明治维新的前奏：尊王攘夷运动和倒幕运动

　　幕府的腐朽统治加剧了民族危机，使得日本国内的阶级矛盾急剧升温。日本对列强开放港口后，日本人民的反对幕府统治的斗争进入了新的阶段。中国在鸦片战争后的悲惨遭遇以及迫在眉睫的民族危机，使日本的一些有识之士开始担心日本的前途命运问题。当时的日本资产阶级仍然十分软弱，因此那些较早接触西方资产阶级思想的中下级武士，尤其是西南诸藩的中下级武士，成为尊王攘夷运动和倒幕运动中的主要力量。他们认为挽救民族危机，必须严厉打击和驱逐西方列强在日本的势力，实行开国进取政策。他们借"王政复古"之名，要求对幕藩体制进行改革，废除弊政。因此，他们提出"尊王攘夷"的口号，与幕府相对抗。

　　尊王攘夷运动实质上属于资产阶级的改良运动。桥本左内、绪方洪庵、佐久间象山和吉田松阴等人是这场运动的代表人物。1854 年，在日本民族危机最严重的时刻，他们曾冲破幕府的禁令，冒着生命危险秘密越海前往美国，寻求救国的道路，但最终没能成功。他们仇恨西方入侵者，要求日本政府坚决抵抗列强的入侵。然而与封建顽固派的盲目排外不同的是，他们清楚地认识到，必须向西方人学习他们的长处，才能有力地反抗列强的入侵。

　　当然，他们的这些认识受到了中国清代学者魏源的"师夷长技以制夷"思想的影响。当时魏源的《圣武记》和《海国图志》已经传入了日本，其革新和批判精神影响了佐久间象山和吉田松阴等人。他们对旧学进行了批判，并提倡实学，号召日本知识分子学习西方先进的科学技术，向西方国家寻找救国的方策。然而他们并不想彻底摒弃旧学，而是试图将西方科学与旧学糅合起来，得

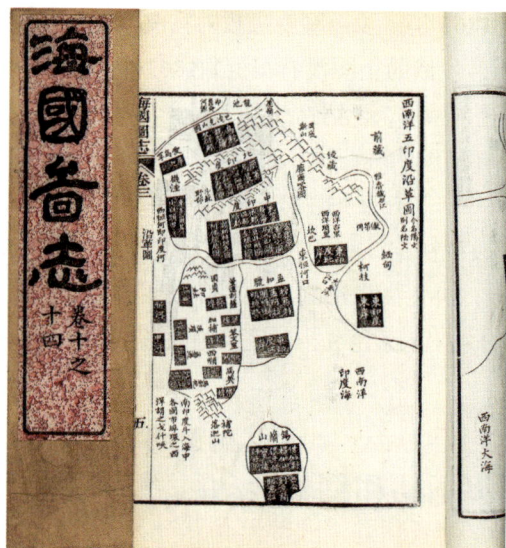

《海国图志》

出所谓的救国方案。其中佐久间象山就提出了"东洋道德西洋艺"的方案；吉田松阴对此也持相同的态度，主张在维持旧学的同时，向西方国家学习先进科学技术，关心世界局势，加强海防建设。他们的方案是在保存旧学、旧道德的前提下，利用旧学为自己的变革主张服务。

起初，以吉田松阴为代表的改革派并不想推翻幕府统治，只是希望幕府能实行治国安民的措施，领导人民驱逐入侵者。然而1858年，幕府在西方国家的胁迫下签订不平等条约，使吉田松阴开始有了倒幕的思想。此时的他已经看到幕府的腐朽统治病入膏肓，只有将其推翻，日本才能得到挽救。为此，吉田松阴与西乡隆盛等人前往京都进行倒幕运动。主持幕府政务的大老井伊直弼获悉后，于1858年10月逮捕了吉田松阴、西乡隆盛等人，并判处吉田松阴等11人死刑，将西乡隆盛流放到大岛，史称"安政大狱"。1859年11月，吉田松阴被幕府杀害，年仅29岁。幕府的高压手段并没有吓倒反对幕府的志士们，反而激起了他们的愤怒。1860年3月，水户藩士在江户樱田门刺死了井伊直弼。这起事件促进了倒幕运动的发展。

幕府对吉田松阴等人的迫害表明，幕府不仅抵制任何形式的改革，同时迫害那些反对者。1864年，西方列强炮轰港口城市下关，使人们感到攘夷和盲目排外不仅没有什么益处，反而会造成严重的损失和后果。因此，尊王攘夷派开始认识到改良主义和攘夷的策略在日本是行不通的，于是决定推翻幕府统治，取消封建割据，学习西方先进技术以实现富国强兵的目的。1865年，尊王攘夷派转变成为倒幕派，倒幕运动取代尊王攘夷运动，日本资产阶级改良运动转变为资产阶级革命运动。

倒幕运动的主要领导者为中下级武士，主要代表人物有高杉晋作、木户孝允、西乡隆盛、大久保利通等人。新地主、商业资本家以及富农集团不满幕府的封建统治，支持倒幕派的反对幕府的运动。此外，与幕府有着深刻矛盾的长州、萨摩等西南强藩也站在了倒幕派的一边。

1863年，长州藩内的倒幕派建立起了新式的武装力量。此后，一些藩也纷纷起来效仿。长州的倒幕派成为左右政局的重要力量。随着倒幕派势力的不断壮大，幕府感受到了威胁，于是开始镇压倒幕运动。1863年8月，幕府发动政变，将倒幕派赶出了京都。翌年7月，长州藩倒幕派重新聚集力量，再次向京都进兵，结果被幕府军队再次击溃。幕府看到长州藩是倒幕运动的大本营，决定派大军征讨。1864年8月，幕府派大军征伐长州藩，此时正值保守派上台掌握长州藩政，他们向幕府投降，表示恭顺，幕府军不战而胜。倒幕派一时处于困境。

在这种形势下，倒幕派决定改变斗争的策略。1865年初，长州藩倒幕派在高杉晋作的领导下通过政变夺得长州藩政权。倒幕派在掌握藩政权后励精图治，进行了一系列的政治、经济和军事方面的改革。比如，废除封建门阀制度，

高杉晋作（中）

选拔优秀人才；改革军事制度，加强军备，实行军备近代化，建立了一支以农民为主体、采用西方新式武器的武装力量，使长州藩成为倒幕运动的重要基地。此外，西南的另一个强藩萨摩藩也开始通过武力反对幕府。1866年1月，萨摩藩与长州藩结成倒幕同盟，增长了倒幕派的力量。

英、法、美、荷四国舰队炮轰下关后，西南各藩放弃了盲目排外的政策，积极与英国接近，试图得到英国的帮助打击幕府。英国这时也看到幕府大势已去，开始改变之前支持幕府的政策，转而支持倒幕派，并向倒幕派军队提供武器弹药。形势开始向着有利于倒幕同盟的方向发展。为了打击倒幕力量，幕府于1866年发动第二次征讨长州藩的战争。此时的幕府已经众叛亲离，萨摩藩拒绝出兵，过去支持幕府的大名多数也按兵不动。幕府的这次征讨长州藩的战争最终以失败而告终。

幕府第二次征讨长州藩失败后，为了挽救濒临崩溃的政权，不断向法国靠拢，希望得到法国方面的支援。1866年9月，幕府获得了法国的巨额贷款，计划从法国购买新式的武器装备。幕府又与法国建立合营公司，垄断了日本蚕丝的对外贸易。法国在日本的公使对幕府的政策发号施令。此外，幕府还任命法国军官对幕府军队进行改编。此时的法国基本上控制了日本政治、经济和军事活动。这种情况如果继续发展下去，日本将会沦为法国的殖民地。

戊辰战争

幕府与法国的勾结，使倒幕派开始担忧日本的命运。此时日本的倒幕势力在萨摩、长州两藩的影响下，逐步联合起来。为了日本的前途，倒幕派决定发动政变，推翻幕府的统治。1867年初，明治天皇即位。1867年10月，西乡隆盛、大久保利通、木户孝允等倒幕派领袖从年幼的明治天皇手中弄到了一份讨伐幕府的密诏，命令长州、萨摩两藩征伐幕府。长州、萨摩两藩的大军浩浩荡荡地进入了京都。

1867年12月，长州、萨摩两藩的倒幕派在军队的协助下发动政变，并于1868年1月以天皇的名义发布《王政复古大号令》，宣布废除幕府将军制，将政权归还给天皇。与此同时，倒幕派还成立了新的中央政府，在天皇之下设立总裁、议定和参与组成的三职政府。栖川宫担任总裁一职，议定由5个藩主和公卿担任，西乡隆盛、大久保利通、木户孝允等人则担任参与职务。三职政府

1868 年《王政复古大号令》

成为由倒幕派、藩主和公卿组成的联合政府，在这个联合政府中，反对改革的藩主和公卿拥有较大的势力。三职政府在藩主、公卿的把持下，对德川幕府将军采取了宽容的态度，默许其可以拥有兵权和土地。在这种情况下，"王政复古"变得有名无实，为了彻底推翻幕府，倒幕派坚持继续斗争。

在 1867 年 12 月举行的三职会议上，在藩主、公卿反对的情况下，大久保利通提议强制末代将军德川庆喜"辞官纳地"，交出兵权、土地和人民。这个提议在三职政府内外引起一场激烈的斗争。德川庆喜拒绝接受"辞官纳地"，表示将要为此斗争到底。德川庆喜得到了三职政府中的公卿、藩主的附和，大久保利通的提议遭到了他们的反对。至 1868 年 1 月，大久保利通在三职会议上严正声明，如果德川庆喜仍然一意孤行，拒绝"辞官纳地"的命令，倒幕派将依靠长州、萨摩两藩的武装举兵讨伐。与此同时，大久保利通、木户孝允、西乡隆盛等倒幕派领袖下令在京都的萨摩、长州等藩的军队做好进攻准备。

1868 年 1 月 2 日，德川庆喜以清除君主身边的奸人为借口，率大军从大阪出发，前往京都，企图颠覆新政府。西乡隆盛带领的以萨摩、长州两藩为主的军队在伏见、鸟羽两地与幕府军狭路相逢，爆发激烈战斗，戊辰战争由此开始。当时新政府军仅有 5000 人左右，幕府军有 1.5 万人。然而新政府军士气高昂，势不可挡，大败幕府军，德川庆喜只身逃回了江户。新政府军取得鸟羽、伏见大捷后，宣布德川庆喜为叛逆，并号召各藩派兵参与征讨德川庆喜。许多藩主纷纷表示效忠天皇，先后加入到了这场战争中。

1868 年 3 月，新政府军在西乡隆盛的率领下进逼江户。此时幕府内部有人主张投靠法国，借助其力量抵抗新政府军，然而当时的幕府军已经濒临瓦解，

明治初年日本国内新旧文化的斗争

KAIKA INUN
カイカ インジム
開化因循興廃鏡

江户人民对幕府的统治已经深恶痛绝，接连发生人民暴动，沉重打击了幕府军队。在这种形势下，德川庆喜清楚已经无法挽回败局，被迫于 1868 年 4 月投降。然而幕府的残余力量仍然负隅顽抗。至 1869 年 6 月，新政府军才消灭了盘踞在北海道的幕府的残余力量，历时一年多的日本内战结束。至此，统治日本 265 年的德川幕府终于倒台。这场战争的重要战役是在戊辰年（1868 年）进行的，因此被称为"戊辰战争"。

新政府军能够获得戊辰战争的胜利，除以西南各藩的武士为核心的志士们的努力之外，也离不开广大人民群众的支持。他们除了直接参加新政府军外，还在各地发动起义配合新政府军作战，有力地打击了幕府的封建统治力量。正是在广大人民的支持下，新政府的军队才打败了比自己强大得多的幕府军队。

明治维新改革

1868 年 4 月，日本新政府以天皇宣誓的形式，发布《五条御誓文》作为施政纲领，展开维新的宏图大业。6 月，新政府又颁布《政体书》，仿照奈良时代实行太政官制。随后，新政府宣布将江户改名为东京，确定东京为日本首

明治天皇

都。同年，天皇举行即位典礼，改年号为明治。明治政府成立后，实施了一系列改革措施，在巩固新政权的同时，把日本从一个封建国家逐渐改造为资产阶级国家。因为这次改革是在明治年间进行的，因此被称作"明治维新"。明治天皇的改革措施，主要集中在以下几个方面。

废除封建领主制，建立中央集权式的政治体制。1869 年 6 月，明治政府强制实行"奉还版籍"政策，将各大名对领地和人民的统治权上交中央政府。大名成为中央任命的藩知事，是新政府的地方官员。1871 年 8 月，明治政府又颁布了新措施——废藩置县，即打破各藩的界线，重新规划全国行政区。全国划分为 3 府 72 县，后改为 3 府 1 道 43 县，由中央政府任命府县知事进行管理。通过废藩置县，中央政府废除了各藩大名的封建领地和权力，加强了中央集权。

改革封建等级制，废除封建俸禄。从 1869 年至 1872 年，明治政府连续下诏，废除传统的士、农、工、商身份制度，废除大名、公卿等称谓，改称"华族"，将武士改称"士族"，农、工、商及贱民统称"平民"，废除非人、秽多等贱民的称呼。废除武士佩刀等特权，允许武士从事工商业活动，文武官员也可以由平民担任等。此外，中央政府为了减轻财政负担，逐步减少士族的俸禄。1876 年，政府颁布《金禄公债证书发行条例》，一次性发给士族"金禄公债"，从而废除了封建俸禄制度。

改革军队编制，建立西方式的军队。1873 年 1 月，明治政府颁布征兵令，实行征兵制，凡年满 20 岁的成年男子一律须服兵役。在实施征兵制后，大批青年被强征参军，明治政府组建了一支常备军。这支军队以西方国家军队的训练方式进行训练，效忠于天皇，贯彻武士道精神。此外，明治政府建立起了从中央到地方的中央集权的警察制度，主要由内务省统辖。

改革土地制度，实施新地税。1871 年 10 月，明治政府废除过去对种植商品作物的限制，允许自由栽培；1872 年 2 月，解除土地买卖禁令，允许土地自由买卖和土地私有；1873 年 7 月，改革地税，颁布《地税改革条例》，废除根据土地收获量定税额和交纳实物的旧税制，按照地价的 3% 向土地所有者征收货币地税，其他附加税不得超过地税的 1/3。虽然允许土地可以自由买卖等政策适应了资本主义的发展，但地税仍占到土地收获量的 1/3，对广大农民仍是一个沉重的负担。

殖产兴业，引进西方先进技术，推动资本主义工商业发展。明治政府废除了各藩设立的关卡，取消行会制度和垄断组织，建立通信邮政机构，发展铁路及海运，为发展资本主义经济创造条件。1870 年秋，明治政府在设立工部省后，聘请了大量西方专家和技师，投入大量资金引进先进技术设备和管理方法，建立了数十家包括铁路、采矿、造船、纺织等在内的具有近代特征的工厂企业。1871 年 11 月，日本考察团在右大臣岩仓具视的率领下访问欧美各国，前后历时近 2 年。通过这次考察，日本深感与欧美各国之间的差距。考察团回国后设立内务省，将发展中心放在发展工业上。内务省侧重于轻工业部门，同时保护、扶植民间资本主义企业，推动了 19 世纪 80 年代轻工领域产业的发展。

改革旧风俗习惯，提倡"文明开化"。1872 年，明治政府颁发"学制"令，规定统一的学制，建立西式的学校，普及初等教育，发展近代义务教育。政府还提倡学习西方文明，培养具有先进文化技术的人才，同时注意对民族传统的教育。此外，明治政府还选派留学生到欧美各国留学。

明治维新改革的目标是建立一个西方式的资产阶级国家。它的改革措施结合了本国特点，在尊重民族传统的前提下，使日本从一个闭关锁国的落后的封建国家迅速转变为较为强大的资本主义国家。

撒哈拉以南非洲：列强的殖民活动

非洲的撒哈拉以南部分，又称"黑非洲"。欧洲殖民活动者很早就涉足这里，不过最早都是在沿海建立殖民据点，目的是为路过的航路上的本国商船提供补给等，并没有向内陆入侵。从 15 世纪中叶，一直到 19 世纪下半叶，这里的黑人被掳走贩卖到美洲等地作为奴隶，是西方殖民者掠夺黑非洲的主要手段，这就是臭名昭著的奴隶贸易。

臭名昭著的奴隶贸易

奴隶贸易的始作俑者是葡萄牙人。1441 年，葡萄牙人贡萨尔维斯率领一艘船在非洲西海岸的摩洛哥附近海域航行，绕过布朗角以后登陆，在那里掳走了 10 名黑人，带回了里斯本，充当家庭奴隶。此后，又有不少葡萄牙船只到非洲西海岸掳掠黑人充当奴隶，这是最早的奴隶贸易，不过从 15 世纪中期到末期的 50 年间，被贩卖的奴隶数量较少，奴隶贸易还没有形成规模。

导致奴隶贸易大发展的是发现新大陆。西班牙殖民者发现美洲，试图在那里建立殖民统治，遭遇当地印第安人的激烈反抗。殖民者在征服的过程中屠杀了大量的印第安人。随后殖民者在美洲兴建种植园、开矿山等，需要大量的廉价劳动力，因此便想到了非洲的黑人。1510 年，第一船黑奴被运到西印度群岛的伊斯帕尼奥岛即海地岛，船上大约有 250 名黑人。当时西班牙政府垄断了其美洲殖民地的奴隶贸易，采取一种特许制，即向美洲贩卖奴隶的奴隶贩子，必须持有西班牙政府颁发的特许证。当时另一个殖民大国葡萄牙则垄断了西非几内亚湾一带的奴隶贸易，将奴隶源源不断地运往南美的殖民地——巴西。西班牙和葡萄牙称霸的 16 世纪，也是它们独霸奴隶贸易的时代，奴隶贸易的规模也越来越大。

奴隶贸易为西班牙、葡萄牙两国带来了巨额的利润，英国、荷兰以及法国等国都对此垂涎不已，试图用武力的手段打破这两国的垄断。1580 年，葡萄牙被西班牙兼并。1588 年，西班牙海军的无敌舰队被英国海军歼灭，这标志着西班牙霸权的衰落。趁机取而代之的是"海上马车夫"荷兰，在 16 世纪末，荷兰夺走了葡萄牙在非洲的殖民据点，随后又夺走了非洲西海岸的贸易霸权，到 17 世纪中叶，奴隶贸易基本为荷兰人所垄断。

从 17 世纪中叶到 18 世纪下半叶，这一百多年是奴隶贸易的高潮时期，因

残忍的奴隶贸易

为这种贸易是在大西洋两岸之间进行的，因此又称"大西洋奴隶贸易"。从17世纪开始，殖民者在美洲大肆兴建种植园，生产甘蔗、烟草、咖啡等经济作物，对劳动力的需求非常大，因此，英国、法国等国家纷纷成立为数众多的奴隶专卖公司，也形成组织严密、分工合作的贩卖奴隶系统。此外，殖民者还将其他产品的贸易和贩奴贸易串联在一起，这就是著名的三角贸易：贩奴船先从欧洲出发，装载着酒、军火、纺织品、装饰品等廉价的工业制成品前往非洲，用这些产品换取奴隶，或者干脆直接掳掠黑人为奴隶，装上船运往美洲，将奴隶卖给那里的白人种植园主、矿山主，换取其产出的农产品和矿产，然后再将这些运回欧洲出售。如此循环，获得惊人的利润。利润有多惊人？每次贩奴的利润率在200%左右，有时候利润率甚至可以达到1000%。如此惊人的利润自然让大批人趋之若鹜，以欧洲的利物浦为例，1709年，这里从事三角贸易的船只有一艘，到了1730年，这个数字变成了15艘，到了1771年，又陡增为105艘。从事奴隶贸易的国家也越来越多，除了西班牙、葡萄牙、荷兰等几个老牌的殖民国家以外，英国、法国、普鲁士、丹麦、瑞典以及后独立的美国、巴西等国都参与进来。在这些国家的控制下，非洲和美洲、欧洲唯一的贸易就是奴隶贸易，唯一输出的"商品"就是当地的百姓。今天西非的加纳、多哥、贝宁和尼日利亚西部的海岸地区，在殖民者那里被称为"奴隶海岸"，只因为这里向美洲输出大量的奴隶。到18世纪80年代，每年从非洲输出的奴隶多达10万人。此时已经是世界殖民霸主的英国牢牢掌握着奴隶贸易，经英国人之手运往美洲的奴隶是其他国家之和的5倍。

奴隶贸易是殖民者对非洲犯下的无耻罪行。在奴隶贸易早期，殖民者曾组

被压榨的黑人奴隶

织武装捕猎队到非洲捕人，他们袭击当地村庄，烧毁房屋，将抓住的黑人捆绑着装上贩奴船。一个安宁祥和的黑人村庄，可能在一夜之间就变成一片废墟。后来因为这样的方式"成本"较高，殖民者于是改用狡猾的手段，用一些廉价的工业品换取奴隶，或者挑拨当地的黑人部落之间的关系，让他们互相攻击，殖民者方便收购战争中被俘虏的奴隶。殖民者将黑人运往西非沿岸各港口，将其剥去衣服，任由奴隶贩子挑选，就像在牲畜市场一样。奴隶身上被烙上印记，然后被塞进贩奴船运往美洲。贩奴船的船舱狭窄低矮，奴隶贩子又想多赚钱，因此经常把贩奴船塞得满满当当，密不透风。在漫长的航程中，在这样潮湿、拥挤的环境下，经常有奴隶患上传染病，奴隶贩子就会残忍地将他们直接投入大海。如贩奴船因为遇上恶劣天气或者其他原因而导致船上的饮水、食物不够时，奴隶贩子也会将一些奴隶直接投入大海，其行径令人发指。因此，差不多超过80%的奴隶死在追捕和贩运的路上，成功到达美洲的还不到1/5。到达美洲以后，在沉重的劳动当中，有1/3的黑人活不过3年，绝大多数黑人活不到15年。黑人奴隶面对如此压榨欺凌，也开展了英勇不屈的斗争。在18世纪，见于文字记载的奴隶在英国贩奴船上举行的暴动就有18次。

从18世纪下半叶开始，奴隶贸易开始走向衰落。这其中主要的原因在于，西方资本主义国家经济的飞速发展，需要更大的原料产地和产品销售市场，非洲自然也在目标范围之内。再将非洲人运往美洲就是不划算的生意了，不如在本地建立殖民地、掠夺原料、销售商品，所获利润也要超过奴隶贸易。因此，西方的殖民者渐渐对奴隶贸易失去兴趣。同时在18世纪末，欧洲逐渐兴起废奴运动，1807年以后，英国等不少国家先后颁布禁止奴隶贸易的法令，不过奴隶贸易并没有彻底消失，美国开始成为贩奴的主力。从19世纪上半叶开始，美国南部的棉花种植园发展非常迅速，急需大量廉价劳动力，不过南北战争以后，南方的大奴隶主阶层失败，奴隶制度废除，靠奴隶劳动的种植园经济一蹶不振，因此奴隶贸易规模大为缩小。到19世纪下半叶，大规模的奴隶贸易基本结束，不过并没有彻底销声匿迹。一直到20世纪初，都有零星的贩奴活动存在。

奴隶贸易为非洲带来了毁灭性的后果。首先它使非洲损失大量的人口，其中绝大部分是精壮的劳动力。持续400多年的奴隶贸易到底使非洲损失多少人口，现在还没有一个准确的数字，不过最低的数字是1亿人口，这已经是一个骇人听闻的数字了。殖民者的入侵破坏了撒哈拉以南非洲的社会发展，大批古王国被灭亡，古文化被毁灭，经济畸形发展，奴隶竟然成为这里唯一出口的"商品"，非常可悲。同时，奴隶贸易也成为歧视黑人的种族主义产生的根源之一。

通过这样的无耻贸易行动，欧洲繁荣起来，奴隶贸易中获得的巨额利润为工业发展提供了资本，现在有不少欧美名城，比如英国的利物浦、伦敦和普利茅斯，法国的马赛、波尔多和南特，美国的纽约、查尔斯顿，葡萄牙的里斯本等，其兴盛发展，都和奴隶贸易有莫大的关系。

荷兰、英国人侵南非

撒哈拉以南非洲，即好望角附近土地是较早为殖民者侵占、建立殖民地的区域。这里扼守通往东方的航线要道，地理位置重要，同时气候良好、土地肥沃。在这里建立殖民地的是荷兰人。1652 年，荷兰东印度公司在今天的开普敦建立了一个供应站，为前往东方的商船提供补给，后来发展为开普殖民地。这里的移民大部分是荷兰人，此外还有一些法国人、德国人，他们因为人数上的劣势而被荷兰人同化。这些移民的后裔在此形成了一个民族，即"布尔人"，是荷兰语中"农民"的意思。

南非当地的原有居民是霍屯督人和布须曼人。霍屯督人自称"科伊"人，意思是"真正的人"。布须曼人又称"桑人"，这是霍屯督人对他们的称呼。因为这两个种族集团在体质特征、语言等方面都有相近的地方，因此有时也将他们合称为"科伊桑人"。荷兰殖民者凭借自身技术上的优势，大肆侵占当地居民的土地，进入 18 世纪以后，布尔人开始从事畜牧业，侵占当地土地的势头更强烈。霍屯督人和布须曼人对荷兰殖民者的反抗从荷兰殖民者登上非洲大陆的那一天就开始了。1659 年和 1670 年霍屯督人先后举行两次大规模的反荷斗争，迫使荷兰殖民者有所收敛。但是在 18 世纪初，霍屯督人部落内大肆流行天花，导致其部落瓦解，部分人被迫向北迁徙到今天纳米比亚的南部，另一部分留在开普殖民地，在布尔人的农场里被奴役。南非境内的布须曼人基本被消灭干净。

从 18 世纪 70 年代开始，布尔人继续扩张，到达菲什河流域地区。那里居住着科萨人，科萨人是班图人的一个分支。布尔人继续之前的侵略行径，霸占牧场、强抢牲畜，遭到有组织有武装的科萨人的激烈反抗。科萨人和布尔

持续近百年的卡弗尔战争

人以及后来的英国人的战争持续了近百年，史称"卡弗尔战争"（1779—1879年）。卡弗尔战争一共有9次，1779年和1789年布尔人先后发动了两次战争，不过均以失败告终，科萨人成功捍卫了自己的家园，布尔人向东的扩张也没有得逞。

1795年，英国趁法国入侵荷兰之机，出兵占领了开普殖民地，随后英国重走布尔人老路，又入侵科萨人的土地，结果发生了第三次卡弗尔战争，不过被科萨人挫败。1803年，根据协议英军撤出开普殖民地，不过1806年英军卷土重来，根据1815年维也纳会议的协定，荷兰将开普殖民地转让给英国。英国占有这里以后继续扩张，又和科萨人开展了6次卡弗尔战争，尽管科萨人英勇抵抗，最终还是失败，到1879年，科萨人所有的土地都被英国人吞并。

英国占领开普殖民地之初，将这里作为海军基地，从1819年左右开始大量移民。英国在这里推行的资本主义经济政策，和布尔人的奴隶占有制经济发生冲突。比如，英国统治者颁布法令，改善霍屯督人的仆役待遇，甚至废除奴隶制，这导致布尔人的农场一下丧失了原来的无偿劳动力。大约在1836年，布尔人决定离开开普殖民地，前往内陆地区，在那里建立自己的国家，这就是著名的布尔人大迁徙。

1837年，迁徙的布尔人发表《雷提夫声明》，说明布尔人为什么要迁徙，以及同英国统治者决裂的决心。布尔人跨过奥兰治河以后分成三路，一路向东北，越过德拉肯斯山以后进入纳塔尔；一路向北，跨过瓦尔河以后在当地建立了数个小国家，最终在1849年合并为"南非共和国"，又名"德兰士瓦"；还有一路布尔人并没有迁徙太远，而是停留在奥兰治河以北、瓦尔河以南的地区，

1844 年建立奥兰治自由邦共和国。从 1836 年起到 1848 年，迁徙的布尔人占据了奥兰治河以北、林波波河以南之间的大片土地。布尔人声称这些土地都是"无主的"，其实这些土地上生活着大量的居民，比如科伊桑人、索托人、祖鲁人、马塔贝勒人等，他们世世代代生活在这里，这里是他们的家园。布尔人大迁徙，可以说是布尔人对英国压迫统治的逃亡之旅，但是又是一次欧洲殖民者对非洲内陆的入侵，和一个多世纪以前是一样的。当地的土著居民尽管进行了英勇顽强的反抗，但是不是拥有先进武器的布尔人的对手，被迫撤往林波波河以北。

在当地人民的反抗中，纳塔尔的祖鲁人的斗争最为英勇，也最为悲壮。祖鲁人是班图人的一支，自古就居住在纳塔尔。纳塔尔东临印度洋，地理位置

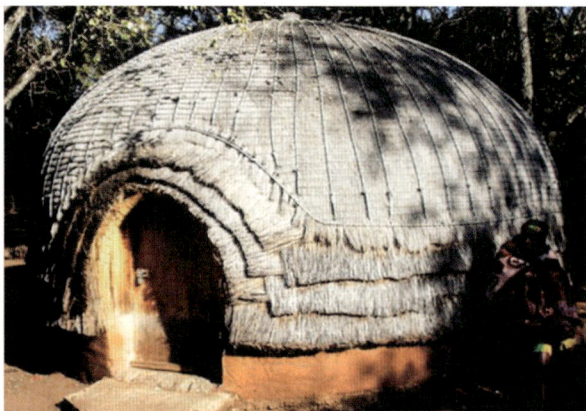

祖鲁人的房屋

非常重要。在 19 世纪初，祖鲁人在两代领袖丁吉斯瓦约、恰卡的领导下，形成了较为强大的祖鲁王国。恰卡目光深远，他深知殖民者狼子野心，早晚会对自己的王国下手，因此大力进行军事改革，提高军队战斗力。丁刚继承了恰卡的政策，甚至巧妙地利用布尔人和英国人矛盾，从英国人那里买进军火，提升军事实力。1837 年起，迁徙的布尔人开始蚕食祖鲁王国的土地，1838 年 2 月，丁刚将提出无理领土要求的布尔人首领雷提夫及其手下处死，随后又消灭了侵占纳塔尔西部土地的布尔人，这是布尔人自迁徙以来最惨重的损失。

同年 11 月，布尔人首领比勒陀利乌斯卷土重来，入侵纳塔尔，12 月 16

日，双方在恩康姆河的河套地区展开决战，装备落后的祖鲁人大败，恩康姆河都被鲜血染红，这条河因此有了一个别名——"血河"，这次战役也被称为"血河之战"。这一战奠定了祖鲁王国的悲剧命运，祖鲁王国大片土地被占，此后布尔人又利用祖鲁的内部矛盾，扶植反对丁刚的政治势力，战败的丁刚北逃斯威士兰，不久被当地头人杀害。1840 年，布尔人在纳塔尔建立了纳塔利亚共和国。不过两年后英国殖民者打着布尔人进攻英国保护下的祖鲁王国的旗号，登陆德班港，次年将纳塔利亚共和国吞并。当地的布尔人只好再次迁徙，朝西北方向进发，进入德兰士瓦地区。

就这样，英国人接管了开普殖民地，布尔人北上东进侵占当地土著的土地，陆续建立了德兰士瓦、奥兰治和纳塔利亚 3 个小国家。英国吞并了纳塔利亚以后，为了拉拢布尔人一同对付非洲当地人，在 1852 年和 1854 年承认了其他两个小国家的存在。

拉丁美洲：拉美独立战争

从墨西哥以南一直到南美洲南端，通称"拉丁美洲"，这里绝大部分土地都是西班牙和葡萄牙的殖民地，两国殖民统治者在这里已经统治了近 300 年。在 18 世纪末19 世纪初，趁两个宗主国国势衰微之际，拉美大地掀起了一场波澜壮阔的独立运动，最终摧毁了西班牙和葡萄牙的殖民统治，建立起一系列的独立国家。拉美被奴役近 300 年的历史至此结束。

西班牙、葡萄牙在拉丁美洲的残暴统治

西班牙和葡萄牙殖民者在拉丁美洲建立了封建专制的殖民统治。在西班牙

的殖民地，即辽阔的西属美洲上，殖民者划分了 4 个总督区，分别是新西班牙（今天的墨西哥和中美洲的大部分）、秘鲁（今天的秘鲁和智利）、新格林纳达（今天的哥伦比亚、巴拿马、委内瑞拉、厄瓜多尔）和拉普拉塔（今天的阿根廷、巴拉圭、乌拉圭和玻利维亚）。此外还有 5 个自治都督府，分别是从秘鲁总督区划出的智利，从新格林纳达划出的委内瑞拉，还有古巴、波多黎各和危地马拉。在总督之上的是"西印度诸地王家最高理事院"，这是西班牙处理殖民地事务的最高机构，拥有最终的决定权。

西班牙将在欧洲的教会统治也搬到了美洲，教会势力在殖民统治中扮演重要因素，比如宗教裁判所，从 1569 年以后便在各地纷纷出现了，对反抗的居民施加暴政。教会势力还掌握大量土地，在 19 世纪初，全国 1/3 的耕地、一半的不动产都掌握在教会手中。教会势力和殖民当局勾结在一起，共同压榨当地人民。

在经济上，西班牙统治者的政策可以用两个字形容，那就是"掠夺"。最初到达美洲时，西班牙殖民者坚信这里有所谓的"黄金国"，因此四处开矿山，大批印第安人被驱使到矿山上做苦工，沉重的劳动导致印第安人大量死亡。据说在墨西哥和秘鲁矿井的周围，经常可以看到很多印第安人的尸体，他们劳动的矿井为殖民者奉献了海量的财富。

殖民者为了牟取最大的利益，严格限制殖民地的生产、经营品种，可以种

科尔特斯率领西班牙征服者入侵阿兹特克帝国

植什么只能由殖民者决定，由此美洲各地形成了畸形的经济发展形态。殖民者还不满足，对印第安人征收各种苛捐杂税，想尽一切办法压榨、剥削。以秘鲁为例，法律规定每个 18 岁以上、50 岁以下的男子需要交纳 5 到 8 比索的年贡，但实际上，不是 18 岁以上、50 岁以下的男子也都要交纳，甚至残疾人、妇女都要交纳。殖民者还施展诡计，利用印第安人不识字、不会保留收据而对其重复征税，印第安人的状况苦不堪言。

　　西班牙殖民者大肆屠杀印第安人，据估计在西班牙入侵后的 12 年间，墨西哥的印第安人被屠杀的多达几百万。人口锐减导致劳动力不足，于是西班牙殖民者从非洲贩卖黑奴到美洲，在种植园、矿山等地充当无偿劳动力。西班牙殖民者对印第安人和黑人犯下可耻的罪行，他们因此而积聚的财富上沾满了印第安人和黑人的血和泪。

被残忍杀害的印第安人

　　南美大陆的巴西由葡萄牙统治，这里的情况和西属美洲情况差不多。最高统治者为总督，下边分为 13 个都督区。经济上严格限制发展方向，引入黑奴充当劳动力，殖民者因此掠夺了大量的财富。早已不是当年那个海上霸主的葡萄牙，正是有了巴西这块富庶的殖民地，才得以残喘。

从 15 世纪末地理大发现算起到 18 世纪末，拉美大地在殖民者的统治下已经约 300 年了。300 年之后，拉丁美洲已经发展成一种颇为独特的殖民地社会。

在经济上，虽然两个宗主国推行各种掠夺、限制政策，不过，到 18 世纪末，殖民地的经济仍有一定的发展，比如，墨西哥以出产白银闻名，拉普拉塔河流域的畜牧业、肉类和皮革制品是当地的主要出口产品。巴西除了采矿业和畜牧业以外，木材也是一项主要的出口商品。另外，拉美各地普遍出产咖啡、烟草、棉花和可可。

拉美殖民地的社会状况

在这 300 年间，拉丁美洲形成了极为复杂的民族构成。据估计，1800 年西属美洲的人口约为 1400 万。这 1400 万人中，从上到下大致可以分为 4 个阶层，越往上层人越少，呈金字塔形。

处在金字塔顶端的是所谓的"半岛人"，他们来自西班牙、葡萄牙国内，不到 30 万人。他们一般不会定居在殖民地，因此，从某种程度上说，他们并不是这里的定居居民。不过，殖民地的军政要职基本都由半岛人出任，他们掌握了殖民地的各项主要权力。

半岛人以下的阶层是土生白人，他们的父母通常是西班牙人，但是他们自己出生于美洲，因此用"克里奥尔人"这个称呼来将他们和从西班牙移民而来的白种人区分开。约有 300 万的克里奥尔人属于夹在中间的阶层，他们和下层的劳动人民有很大的区别，但是，他们又都为上面的半岛人所歧视。克里奥尔人一般是中下层官员，或者农村的地主。在殖民时期，克里奥尔人一般被排斥于教会和国家的高级机构之外，想跻身高官阶层是一件非常困难的事情。纵观殖民历史，一共有 754 人出任过总督和都督，这其中只有 18 人是克里奥尔人，其中 4 人是总督，14 人是都督。其余的 736 人通通是半岛人。尽管法律规定，半岛人和克里奥尔人是平等的，但处在这样尴尬境地的克里奥尔人对现状不满，尤其是政治地位，因此，有改变现状要求的他们是革命的原动力之一。

克里奥尔人以下是混血种人，这其中又分为好几种：墨斯提左人、西班牙人和印第安人的混血后裔；穆拉托人、西班牙人和黑人的混血后裔；桑保人、印第安人和黑人的后裔。他们的人口数量很庞大，约有500多万人，广大的劳动群众，如小贩、牧民、手工匠人等，基本都是混血人种。混血人种深受殖民者的压迫剥削，他们渴望推翻西班牙的暴政，因此在后来的革命中成为革命力量中的骨干。

处于社会最底层的是印第安人和黑人。尽管西班牙殖民者大肆屠杀印第安人，但是在18世纪末，西属美洲的印第安人仍有700万上下，占了总人口的一半左右。黑人的数量不多，分布西印度群岛以及中美洲、南美洲的沿海地区居多。他们所受的压迫最多，因此成为独立革命中最坚定的力量，也发挥了最大的作用。

葡萄牙的殖民地巴西的情况差不多，黑人的比重要大一些，占1/3左右，40%为混血人种。白人数量不多。

综上所述，殖民地的千万以上的人口当中，作威作福的仅是最上层的"半岛人"，他们掌握着最大的权力，大量掠夺美洲的财富。而克里奥尔人以下的各个阶层都在不同程度上承受着殖民者带来的苦难与压迫。

18世纪末，西班牙政府曾在殖民地推行经济改革，试图挽救殖民统治的危机，但是这种改革是不彻底的，它仅是促进了殖民地资本主义因素有所增长，克里奥尔人的经济实力有所增强。他们对和自身实力不匹配的政治地位更加不满，和半岛人的矛盾更加深刻。

图帕克·阿马鲁起义和米兰达的活动

18世纪下半叶，欧洲的启蒙运动思想以及美国的《独立宣言》、法国大革命的《人权宣言》等进步思想传入拉美大地，产生了深刻的影响。殖民地人民的民族意识已经产生，到18世纪末，"我们是美洲人"的观念已经大为流行。当时的两个宗主国，葡萄牙和西班牙在国际上的地位已经一落千丈，它们保有的大量殖民地是它们苟延残喘的支柱。但是，美洲人民不断掀起的斗争像潮水一样，对腐朽的殖民统治发起一波又一波的冲击。

1780年11月初，印第安人的印加帝国末代国王图帕克·阿马鲁一世的后裔孔多尔坎基以恢复印加帝国为旗号在秘鲁发动起义，自称"图帕克·阿马鲁二世"，解放奴隶，号召各地遭受压迫的印第安人团结一致，共同对抗殖民统治者，响应者众多。起义军很快就发展到6万人，其中有印第安人、黑人、穷

图帕克·阿马鲁二世

困的混血种人，还有一部分土生白人。1780 年 11 月 16 日，起义军在圣加拉拉击败来自库斯科的西班牙军，声势大振。殖民当局采取挑拨印第安部落之间的矛盾的手段，迫使围攻库斯科的图帕克·阿马鲁二世撤围而走。1781 年 2 月，殖民当局调集大军，兵分五路进攻起义军。4 月，图帕克·阿马鲁二世被叛徒出卖被俘，次月遇害。其弟迭戈坚持斗争，最后中了殖民当局的招抚阴谋，迭戈被捕遇害，轰轰烈烈的图帕克·阿马鲁起义就这样失败了。但是起义者打出的"不独立，毋宁死"的响亮口号，极大地震撼了殖民地人民的心灵。图帕克·阿马鲁一世也被奉为拉美独立运动的先驱。类似这样的起义活动此起彼伏，如 1781 年新格兰纳达爆发的抗税斗争等，都让西班牙殖民者胆战心惊。

除了武装起义以外，当时还有另外一种试图摆脱殖民统治的方式，这就是拉丁美洲独立运动先驱弗朗西斯科·米兰达（1750—1816 年）的外交活动。米兰达出生于委内瑞拉加拉加斯城的一个富裕的土生白人家庭，曾在西班牙军中服役，参加过在摩洛哥的战争，担任上校，1780 年曾参加美国独立战争。米兰达试图借助外国的力量使拉美殖民地摆脱殖民统治，1784 年底米兰达前往欧洲，曾向俄国沙皇叶卡捷琳娜二世、英国皮特内阁，以及荷兰、普鲁士、奥地利等国政府寻求援助，但是都无功而返。1792 年，米兰达参加法国大革命，后来拿破仑一世执政以后，米兰达流亡英国。米兰达在英国联合来自南美的独立运动仁人志士，组织了一个美洲大联盟。1805 年底，米兰达在美国用个人财产购买舰船，组织远征队。次年 2 月，米兰达率领 200 多人试图在委内瑞拉登陆，但是被西班牙海军发现，登陆失败。8 月，米兰达的志愿军再次在委内瑞拉登陆，这次他们成功了，占领了科罗城，不过随后因为没有当地民众的支持而被西班牙殖民当局镇压，米兰达再次逃亡英国。米兰达的行动虽然失败了，但这却宣告了一场席卷拉美的革命风暴即将到来。

拉美独立战争的序幕——海地革命

　　拉美独立战争的烽火最早在加勒比海上、西印度群岛中的海地岛燃起。海地岛是一个 7.6 万平方千米的岛屿，在西印度群岛中面积为第二大，仅次于古巴岛。印第安人世代居住在这里，"海地"就是印第安语中"多山的地方"的意思。1492 年，哥伦布发现这里，将这里称为"埃斯帕尼奥拉"，即"小西班牙"，10 年后这里沦为西班牙的殖民地。从 1630 年起，法国殖民者入侵海地岛。1697 年，根据《立兹维克条约》，法国占有了海地岛西部 1/3 的土地，称为"法属圣多明各"，东部仍为西班牙殖民地。海地岛就此形成西、法两国共同殖民的局面。

　　18 世纪末至 19 世纪初，在美国独立战争和法国大革命的影响下，海地爆发了反殖民统治、反奴隶制度的革命。革命爆发于法国统治下的殖民地，当时

海地革命
奋起反抗的海地人民组建军队
展开了轰轰烈烈的起义运动。

法国正处在波澜壮阔的大革命阶段，对海外殖民地控制力减弱，这为革命者争取独立的斗争提供了良好的条件。1790 年 10 月，穆拉托人奥热领导一部分混血种人和自由黑人在殖民地首府海地角附近发动起义，不久就被殖民当局镇压了下去，不过此次革命打响了海地革命的第一枪。

1791 年 8 月 22 日，黑人布克曼率领 200 多名奴隶在海地角附近发动起义，10 月，杜桑－卢维图尔率领千余名奴隶加入起义军。杜桑－卢维图尔（1743—1803 年）出生于一个黑人奴隶家庭，具备一定的文化程度，曾经读过法国启蒙运动的著作和欧洲的古代军事书籍。杜桑－卢维图尔加入起义军后，迅速成长为领袖，起义军声势浩大，席卷海地北部诸省，一度将首府海地角包围。起义军的声势震动了整个加勒比地区，法国殖民当局调集大军镇压。1792 年，起义军被迫退入西班牙殖民者统治下的海地岛东部地区。

当时英国和西班牙两国都想趁乱占领海地这块富庶的土地，于是以拯救当地白人为名，在 1793 年出兵进入法属海地。杜桑－卢维图尔等已经率领起义军加入西班牙军队，共同进攻法国军队，占领了海地北部大部分土地。英军入侵占据了海地西部的部分地区。起义军要求西班牙废除奴隶制度，但是被西班牙拒绝。1794 年 2 月，法国大革命当中的雅各宾派执政，宣布废除奴隶制。5 月 6 日，起义军随即同西班牙军队决裂，联合法军驱逐西班牙军队。西班牙军队

海地共和国的缔造者杜桑－卢维图尔

被逐出海地北部。9月，杜桑－卢维图尔率领起义军西进，联合当地抗英起义军，对盘踞在那里的英国侵略者发起进攻。1798年10月，英军被迫投降。同时杜桑－卢维图尔驱逐法国殖民势力，法国总督等高官被迫逃离，海地基本摆脱了法国的控制。1798年到1800年，起义军镇压了岛上爆发的种植园主的暴乱活动，巩固了革命政权。1801年1月，起义军进入西班牙殖民者控制的海地东部，攻占圣多明各城，将西班牙殖民者驱逐出海地岛，起义军至此统一了海地岛。

随后杜桑－卢维图尔领导建立了革命政权，组织恢复生产、分配土地。1801年7月1日，海地颁布第一部宪法，宣布永久废除奴隶制，居民不论种族一律平等，保护居民合法私有财产权。杜桑－卢维图尔任终身总统。

当时法国已经是拿破仑一世执政，他当时有以海地为基地侵略美洲的想法，他自然不能坐视海地的独立不理。1801年，拿破仑派出一支远征军前往美洲镇压海地的革命。这支远征军由拿破仑爱将，也是他的妹夫查理·勒克莱尔统率，由3万士兵和54艘军舰组成，浩浩荡荡开往中美洲的海地。次年2月2日，远征军到达海地角，尽管起义军英勇抵抗、给予远征军重创，但还是因为人数、武器等方面的劣势，不得不退往腹地山区等地坚持抗战。在作战不利的情况下，杜桑·卢维杜尔被迫和法军议和，但是狡猾的法国人却以和谈为幌子，在6月将杜桑－卢维图尔诱捕，随后将其押往法国，1803年4月7日杜桑－卢维图尔在狱中病逝。法国远征军无耻的行为激起了海地人民愤怒的火焰，他们愤然发动反攻，大败法国远征军。1803年11月18日，海地起义军攻陷法军最后一个据点佛悌埃斯，迫使法军投降，拿破仑武力镇压海地革命的企图破产。11月29日，海地发布《独立宣言》。

1804年1月1日，杜桑－卢维图尔的部将、起义军的新领袖让·雅克·德萨林正式宣布海地独立，并且启用印第安人对这里的传统称呼——海地。德萨林出任终身总统。

海地革命的意义重大，海地是拉丁美洲第一个获得独立的国家，也第一个从西班牙残暴的殖民统治、黑暗腐朽的奴隶制中抗争而出的国家，它为拉丁美洲还在忍受压迫的人民提供了光辉的榜样和无穷的动力。长达300年的殖民统治已经开始动摇，拉丁美洲独立战争的序幕即将拉开。

南美洲北部的独立战争

1808 年，拿破仑出兵西班牙，两年以后便占领了整个西班牙本土，扶植了一个傀儡的西班牙国王。对于拉美广大殖民地来说，宗主国遭遇入侵，自然是千载难逢的独立机会。因此，从 1810 年起，拉美大地广泛掀起了独立战争。拉美独立战争有三个中心，分别是南美北部的委内瑞拉；南美南部的拉普拉塔河地区；北美的新西班牙，即墨西哥。拉美独立战争残酷而持久，一直到 1826 年，西属美洲殖民地才基本获得了独立。

委内瑞拉是较早出现反抗西班牙殖民统治的地区之一，米兰达在 18 世纪末就曾经领导过委内瑞拉的独立运动。1810 年 4 月 19 日，西班牙被法国占领的消息传到了委内瑞拉的首府加拉加斯，当地爆发了起义，以土生白人为主要力量的独立势力驱逐殖民统治势力，成立了新政府，在军队、贸易、税收等方面进行改革，其他各省群起响应。12 月，流亡伦敦的米兰达回到委内瑞拉，成为革命的领袖之一。1811 年，米兰达领导"爱国社"的活动，争取委内瑞拉的独立。1811 年 3 月，新国民议会召开，成立临时政府。7 月 5 日，国民议会通过《独立宣言》，宣布委内瑞拉共和国成立，史称"委内瑞拉第一共和国"。新成立的政府以米兰达为首，同时制订了宪法，主张民主自由平等思想，废除一切不平等的制度。

不过，委内瑞拉第一共和国并不稳固，领导阶层内部存在意见分歧，同时群众的困难处境并没有得到实质性的改善，对此共和国政府没有采取具体的措施。而西班牙殖民势力并没有彻底灭亡，他们盘踞在沿海地区，时刻准备反扑，共和国政府却没有组织强大的武装力量。1812 年春，西班牙殖民势力勾结共和国内部的反动势力，对新生的革命政权发动了进攻，米兰达组织全国力量抵抗。3 月，加拉加斯发生地震，百姓损失惨重，人心不稳。同时，重镇卡贝略港等重要据点失守。卡贝略港是革命政府的主要军火供应地，革命政府因此陷入被动。7 月，由于遭遇连续失利，米兰达信心丧失，和西班牙殖民者谈判，签订协议，放下武器，向殖民者投降。委内瑞拉第一共和国就这样被反动殖民势力覆灭了。不久米兰达被捕，后来被押往西班牙，1816 年 7 月 14 日在狱中去世。

米兰达被捕以后，接替他成为委内瑞拉独立运动领导人的是玻利瓦尔。西蒙·玻利瓦尔（1783—1830 年）出身于加拉加斯的一个克利奥尔人家庭。他曾游历欧洲，法国大革命等各国的民族觉醒运动对他影响颇大。1807 年回国以后，玻利瓦尔立刻投身独立运动，1810 年起义爆发以后，玻利瓦尔被派

南美洲的解放者——西蒙·玻利瓦尔

往英国寻求援助，遇到正在英国的米兰达，遂邀请米兰达回国。回国后，玻利瓦尔成为共和国政府领导人之一，辅佐米兰达，同试图和殖民势力妥协的保守派做针锋相对的斗争。1812 年 7 月委内瑞拉第一共和国覆灭以后，玻利瓦尔流亡新格林纳达即哥伦比亚，在那里获得了当地独立运动人士的支持。玻利瓦尔发表《卡塔赫纳宣言》，他指出委内瑞拉是殖民势力盘踞的堡垒，号召各地的爱国独立运动人士团结起来，一致对外，推翻西班牙的殖民统治。

1813 年，玻利瓦尔率领一支几百人的队伍从新格林纳达出发，进军加拉加斯。玻利瓦尔的队伍受到了人民的欢迎，队伍不断扩大。8 月 6 日，玻利瓦尔的武装攻克加拉加斯，重建共和国，史称"委内瑞拉第二共和国"。玻利瓦尔获得"解放者"的称号，不过他没有推行彻底的社会改革，人民的热情很快转化为不满，同时，西班牙殖民者勾结共和国内部的敌对势力发动叛乱。1814 年 7 月 10 日，西班牙殖民势力卷土重来，委内瑞拉第二共和国覆灭。1815 年玻利瓦尔逃亡牙买加。

此时国际大形势也转为对革命势力不利：1814 年，拿破仑帝国在反法同盟的围攻下崩溃，西班牙国王、被拿破仑赶走的斐迪南七世趁机复位，他对内对革命者残酷镇压，对外试图恢复殖民地的统治，出动大批军队驰援拉美，镇压各地独立运动。

玻利瓦尔逃亡牙买加以后，并没有放弃独立运动，1815 年 5 月，他发表《牙

西蒙·玻利瓦尔雕像

买加来信》，重申解放祖国决心不变，号召人民不要屈服，奋勇和殖民者作斗争。1816 年，玻利瓦尔前往海地，他在那里获得了刚独立不久的海地革命政府的支持，他重新组织了武装力量。11 月，玻利瓦尔率领远征军在委内瑞拉东部的拉马加里岛登陆，和殖民势力展开新的较量。玻利瓦尔吸取之前的教训，为了获取民众的支持，他推行了一系列改善人民处境的措施和政策，比如解放奴隶、承诺胜利后分配土地等。玻利瓦尔的做法取得了立竿见影的效果，大批黑人和混血种人加入到革命队伍当中，队伍不断壮大。1817 年，在当地游击队的配合下，玻利瓦尔攻占克奥里诺科河上的重镇安戈斯图拉。次年 2 月，国民议会召开，宣布成立共和国，史称"委内瑞拉第三共和国"。1819 年初，制定新宪法。

1819 年，玻利瓦尔为彻底扫清殖民势力、解放委内瑞拉开战。当时殖民军主要盘踞在两处，一处是委内瑞拉的首府加拉加斯，另一处是新格林纳达的心脏，哥伦比亚的波哥大。玻利瓦尔声东击西，一部分兵力佯攻加拉加斯，牵制敌人主力，自己则亲率主力翻越安第斯山，奇袭哥伦比亚。8 月 7 日在博亚卡河畔的一场大战，革命队伍全歼殖民军 3000 余人，随后乘胜而进，解放波哥大城。12 月，由哥伦比亚和委内瑞拉组成的"大哥伦比亚共和国"成立，玻利瓦尔出任总统。

1820 年，西班牙国内爆发资产阶级革命，玻利瓦尔充分利用这一有利形势，出兵翻越安第斯山，进军委内瑞拉北部。1821 年 6 月 24 日，在卡拉沃沃战役中，玻利瓦尔大胜殖民军，此战奠定了革命军的胜局。7 月 27 日，玻利瓦尔重回加拉加斯。1822 年 5 月，玻利瓦尔麾下战将苏克雷进军基多（今厄瓜多尔首都），取得皮钦查战役的胜利，解放整个基多。随后基多并入大哥伦比亚共和国。南美洲北部的独立战争基本结束，西班牙殖民统治土崩瓦解。

南美洲南部的独立战争

拉普拉塔地区是南美洲南部的独立运动中心，大致包括现在的阿根廷、巴拉圭、乌拉圭、玻利维亚等地。这里的革命战争形势，和北方的以委内瑞拉为中心的地区完全不一样。北方地区的革命势力是屡败屡战，最后一举将殖民势力彻底清除。拉普拉塔地区则是开始较为顺利，最后和殖民决战时，借助了北方已经获得革命成功的力量。

拉普拉塔地区之所以开始较为顺利，是由这里的特殊情况决定的。这里是西属美洲中距离西班牙最远的地区，相对于其他地区，西班牙的殖民统治势力相对薄弱一些。同时，新兴的殖民大国英国对西班牙庞大的殖民地垂涎三尺，

拉普拉塔地区战役

在拉普拉塔地区进行各种贸易渗透和走私活动。19 世纪初更是两次武装入侵拉普拉塔。1806 年 6 月，英国海军登陆拉普拉塔河口，入侵西班牙的殖民地，西班牙殖民总督逃走，布宜诺斯艾利斯城陷落，其他殖民官员纷纷投降英国，英军也宣布侵占的土地归属英国。当地民众掀起反英斗争，土生白人等成为起义领导力量。8 月，起义军击败英军，迫使其投降，随后迫使西班牙总督将军权交给起义军领袖利涅尔斯。次年 2 月，英军卷土重来，7 月推进到布宜诺斯艾利斯城下，全城居民同仇敌忾，给予英国侵略者重创，迫使其投降。在这两次反英斗争中，西班牙殖民势力腐朽无能的本质暴露无遗，也遭受沉重打击，最终实现保家卫国的是当地民众。他们在这两次斗争中建立了自己的武装，同时土生白人势力大为增强。

1810 年 5 月，拉普拉塔地区爆发五月革命。这一年法国入侵西班牙，消息传到拉普拉塔地区以后，布宜诺斯艾利斯民众举行起义，罢黜了西班牙任命的总督，成立临时政府。此后，拉普拉塔地区其他各省，包括巴拉圭、东岸省即乌拉圭纷纷响应，夺取政权，土生白人富商、大牧场主、大地主阶级掌握了政权。1813 年 2 月，在北方军司令圣马丁的指挥下，起义军击退了殖民势力以及与其勾结的反动地主武装的反扑，巩固了革命政权。1816 年 7 月，拉普拉塔联合省宣布成立，脱离西班牙而独立，同时宣布了禁止输入黑奴、废除对印第安人的奴役等进步政策。不过因为拉普拉塔各省之间存在较大分歧，因此各省联合建立统一国家的设想没有实现。

何塞·德·圣马丁（1778—1850 年）是南美洲南部独立运动最杰出的领导人。圣马丁出生于阿根廷的一个土生白人家庭，曾求学于西班牙，后来在西班

何塞·德·圣马丁画像

解放智利后的何塞·德·圣马丁

牙军中服役，参加过在非洲同摩尔人的战斗，在西班牙抵抗拿破仑的法国入侵的战争中表现出色。圣马丁在西班牙期间和拉美独立运动人士往来，1812 年回国参加革命活动，成为独立运动的领导人之一。当时虽然起义各省建立了革命政权，但是在秘鲁还有大量的西班牙殖民军，对新生的革命政权构成严重威胁。具有远见卓识的圣马丁制定了先翻越安第斯山攻取智利，然后再进攻殖民势力的老巢的计划。为此，他辞去北方军司令，而去安第斯山麓的库约省任省长。圣马丁在库约省的门多萨建立了一个练兵基地，吸收大量黑人奴隶、黑白混血种人入伍，此外还得到了阿劳坎印第安人的支持。当地民众也对圣马丁大力支持，妇女们为军队缝制军装，农民为军队提供粮食。在两年多的时间里，圣马丁训练出一支 5000 人左右的安第斯军。1817 年初，圣马丁率安第斯军出发，翻越海拔 4000 多米的安第斯山，进军智利。2 月 12 日，查卡布科镇一战，安第斯军击败西班牙殖民军，初战告捷。随后，在智利当地奥希金斯领导的人民起义的配合下，2 月 14 日解放圣地亚哥。1818 年 2 月 12 日，智利正式宣布独立。4 月 5 日，迈普一战，西班牙在智利的残余殖民势力被一举全歼。

1820 年，圣马丁以智利军队和安第斯军为基础组建了一支"解放秘鲁军"，包括 4500 人的陆军，以及拥有 23 艘战船的海军。1820 年 8 月，圣马丁率领解放秘鲁军出海，9 月 7 日在秘鲁的皮斯科登陆，次年 7 月解放秘鲁，收复利马。同月 28 日，秘鲁宣布独立，圣马丁被拥为秘鲁"护国公"。不过，当时圣马丁的军队控制了秘鲁的西部沿海地区，而西班牙殖民军逃往东部山区，负隅顽抗。

为了集中力量消灭殖民军势力，取得独立战争的最后胜利，圣马丁决定联手南美洲北部的独立运动领袖玻利瓦尔，南北夹击西班牙殖民军的最后武装。1822年7月26日、27日，圣马丁和玻利瓦尔在厄瓜多尔的瓜亚基尔进行会谈，但是没有取得一致的意见。因为这次会谈只有他们两人，事后二人终身都对此守口如瓶，因此二人的会谈已成为千古之谜。圣马丁回到智利以后，主动辞去秘鲁政府首脑职务，彻底解放秘鲁的事业留给了玻利瓦尔。

1823年9月，玻利瓦尔率领6000人的军队来到秘鲁，和智利、阿根廷等军队会合。1824年8月，胡宁战役中玻利瓦尔大败近2万人的西班牙殖民军。12月9日，双方在阿亚库乔展开决战，玻利瓦尔部将苏克雷指挥的联军以少胜多，彻底摧毁西班牙殖民军的主力，西班牙的秘鲁总督兼总指挥拉塞尔纳以下2000多人被俘。在这次战役中，站在反对殖民势力的同一条战壕中的有委内瑞拉人、哥伦比亚人、秘鲁人、智利人以及阿根廷人等，可以说，这次战役是西属美洲人民联合起来，战胜了西班牙殖民者。1825年1月，苏克雷解放上秘鲁（西班牙殖民者对玻利维亚高原地区的称呼），25日，上秘鲁宣布独立。为了纪念玻利瓦尔，这个新生的国家将国名定为"玻利维亚"。

1826年1月，在秘鲁卡亚俄港的西班牙殖民军残部撤离，拉美独立战争在南美洲南部结束。截至1830年，西班牙原来在南美洲的殖民地已形成独立的8个国家，分别是新格林纳达、厄瓜多尔、委内瑞拉（玻利瓦尔去世以后，大哥伦比亚共和国解体，分成此3个国家）、玻利维亚、秘鲁、智利、阿根廷以及乌拉圭。乌拉圭的情况比较特殊，因为背后有葡萄牙、英国以及阿根廷等势力插手，一直到1828年，巴西和阿根廷才承认乌拉圭为独立国家。

墨西哥地区的独立战争

拉美独立战争的第三个中心——新西班牙地区的形势又是另一番情况。新西班牙即现在的墨西哥和中美洲地区，西班牙殖民者发现美洲，最早就是到达这里，最早在这里建立总督辖区。这里金银储量丰富，因此殖民势力最为强大，底层民众所承受的压迫也最为沉重。同时，土生白人没有形成足够的政治力量，新西班牙独立运动的领导人多来自贫苦农民和下层教士，他们对西班牙殖民者有着刻骨的仇恨，革命最坚决、最彻底，也可以说，这里的革命群众性最强。

　　1810 年，法国入侵西班牙事件为西属美洲争取独立提供了天赐良机，新西班牙地区也不例外。1810 年 9 月 16 日，瓜纳华托州的多洛雷斯村乡区神甫 M.伊达尔戈·伊·科斯蒂利亚发动起义，逮捕了西班牙殖民官吏，打开监狱放出被囚禁的爱国者。随后他敲响教堂的钟声，号召印第安人团结起来抗争，夺回被西班牙人夺走的土地，史称"多洛雷斯呼声"。起义爆发之后，响应者众多，印第安农牧民、手工匠人、下层教士以及一部分土生白人加入起义队伍，一个多月以后，起义队伍就扩充到 8 万人。起义军领袖们号召废除奴隶制度、夺回印第安人的土地等，在得到下层民众的广泛支持的同时，也招致殖民当局、天主教会上层分子以及亲西班牙的保守分子的极端仇恨，也引起上层土生白人的恐惧。

　　起义队伍在攻占塞拉亚、瓜那华托城等重要城市以后，在 1810 年 10 月进军墨西哥的首府墨西哥城。但是，此时起义军出现重大战略失误，没有趁城中殖民者混乱之际一举攻下墨西哥城，错过了有利战机。10 月底，伊达尔戈下令起义军撤退至瓜那华托，途中被由卡耶哈统领的殖民军击败，损失惨重。11 月底，伊达尔戈率军进驻瓜达拉哈拉，建立政权、颁布法令、整顿军队。1811 年

墨西哥独立运动领导者 M.伊达尔戈·伊·科斯蒂利亚

1月，殖民军向瓜达拉哈拉扑来，双方在瓜达拉哈拉城外展开决战，起义军被击溃。3月，因为叛徒出卖，伊达尔戈和另外几位起义军领袖在转移途中遭遇伏击，全部被俘。7月31日，伊达尔戈被殖民当局杀害。

伊达尔戈的战友、此前在墨西哥南部领导独立运动的莫雷洛斯成为新的领袖，他领导起义军和殖民军战斗，到1813年几乎控制了墨西哥整个南方地区。9月6日，莫雷洛斯在奇尔潘辛戈组织召开国民代表大会，通过"革命纲领"；11月6日，墨西哥正式宣布独立。次年10月，通过共和国宪法。这部宪法的主张非常激进，包括种族平等、废除教会和军官特权、没收富人和教会土地等内容。

1814年，西班牙国王斐迪南七世复位以后，妄图重振西班牙在美洲的雄风，因此调集大批军队驰援美洲。在墨西哥，殖民势力逐渐占据上风，一些本土白人也组织反革命武装，和殖民军狼狈为奸。1815年秋，殖民军重兵围攻起义军，在11月的一次战斗中，莫雷洛斯被俘牺牲。起义军余部转入山区坚持游击战，墨西哥的独立运动遭遇低潮期。

1820年，西班牙国内爆发资产阶级革命，消息传到墨西哥以后，殖民当局、教会以及上层土生白人都惊恐万分，他们生怕墨西哥国内的独立运动趁机再次高涨，危及他们的统治，因此他们策划了一个政治阴谋，先下手为强，自行脱离西班牙而独立。1821年初，靠镇压起义军起家的土生白人军官伊图尔维德出面，提出一个"伊瓜拉计划"，主张墨西哥独立、种族平等，但是要维护天主教会等反动阶层的利益。他的主张不仅为殖民地上层势力所支持，也骗取了一部分民众的信任，因此伊图尔维德趁机攫取了权力。9月，伊图尔维德率军进入墨西哥城，宣布墨西哥正式脱离西班牙而独立。

伊图尔维德上台以后很快就原形毕露。1822年5月，伊图尔维德称帝，号奥古斯丁一世，建立墨西哥帝国，但是他的倒行逆施招致广大人民群众的一致反对，所以伊图尔维德做皇帝还不到10个月就被赶下了台。1824年10月，墨西哥颁布宪法，正式确定墨西哥为联邦共和国。

在中美洲地区，受墨西哥独立运动的影响，西班牙殖民地原来的危地马拉都督辖区也在1821年宣布脱离西班牙而独立，1822年并入墨西哥。不过1823年就从墨西哥脱离出来，组建了一个"中美洲联合省"。1824年11月，正式成立中美洲共和国联邦，由原来殖民地时期的省份形成的5个邦组成，分别是危地马拉、萨尔瓦多、洪都拉斯、尼加拉瓜和哥斯达黎加。不过这个联邦寿命很短暂，1841年中美洲共和国联邦就解体了，分成了5个国家。

巴西的独立

在南美洲，巴西约占葡萄牙的殖民地一半的面积，在西班牙的殖民地上，独立运动如火如荼地进行之时，巴西大地上也同样是风起云涌。最终巴西同样获得了独立，但是与阿根廷、墨西哥等通过常年的战争手段获得独立不同，巴西并没有发生战争，更倾向于一种和平的手段。但是不能就此认定巴西的独立很简单平常，这同样是巴西人民艰苦斗争多年才换来的结果，一样来之不易。

18世纪末19世纪初，巴西人民和拉美其他地区人民一样，掀起了反抗殖民统治的斗争。1789年初，米纳斯的蒂拉登特斯密谋发动起义。蒂拉登特斯本名若阿金·若泽·达·席瓦尔·沙维尔，蒂拉登特斯是他的外号，意为"拔牙者"，因为他善治牙疾。蒂拉登特斯的活动只提出了起义纲领，3月15日，混入蒂拉登特斯秘密组织的白人军官叛变，整个组织即遭破坏。蒂拉登特斯也于1792年4月21日就义。"蒂拉登特斯密谋"虽然仅仅停留在"密谋"阶段，但是揭开了巴西独立运动的序幕，蒂拉登特斯也被后人尊为"巴西独立之父"。

1807年11月，因葡萄牙违反了拿破仑的大陆封锁政策而和英国保持贸易往来，法国悍然出兵葡萄牙，葡萄牙王室的摄政王若昂、女王玛丽亚一世（玛

巴西独立运动领导人蒂拉登特斯

丽亚一世有疯癫病症，因此从 1799 年起由其子若昂摄政）等都逃亡到了巴西，在里约热内卢建立了流亡政府，直接统治巴西。为了缓和葡萄牙王室和殖民地民众间的关系，摄政王若昂不得不采取一些讨好的政策，比如放宽对外贸易、采矿等工业活动的限制。1816 年，女王逝世，若昂继位，称"若昂六世"，并将国王的称号改为"葡萄牙与巴西联合王国之国王"。为了转移百姓的视线，若昂六世开始对外扩张，1816 年入侵刚独立不久的乌拉圭。不过若昂六世的处境并不乐观，当时对外贸易情况不佳，入侵乌拉圭更是耗费大量人力物力，加重人民的负担，巴西社会状况不断恶化，百姓对葡萄牙王室怨声载道。在这种情况下，1817 年初，巴西北部的伯南布哥省爆发了一场大规模的起义。

1817 年 3 月，伯南布哥省殖民当局怀疑一些军官密谋起义，下令将这些人逮捕。3 月 6 日，其中一名军官刺死殖民当局派来的殖民军少将，随后率领伯南布哥省首府累西腓的卫戍部队发动起义，当地民众群起响应，高呼着"独立万岁，自由万岁"的口号。起义军 3 天之内就控制了伯南布哥省，起义风暴也很快席卷塞阿拉、巴拉伊巴、阿拉戈斯、马拉尼昂等省份。3 月 8 日，起义者建立临时政府，宣布成立共和国，永远结束葡萄牙王室的暴政，同时还宣布了一些诸如放开自由贸易、提高士兵待遇、废除等级特权等进步措施，同时还派人到阿根廷、美国、英国等地寻求帮助。若昂六世从里约热内卢派出大军前往镇压，起义军奋勇抵抗了 76 天，5 月 20 日，累西腓城陷，起义最终失败。不过，伯南布哥起义还是极大地激发了巴西人民的独立热情，标志着巴西独立运动开始了一个新的阶段。

此后的 3 年，巴西各地尤其是北部诸省，大大小小的起义持续发生。1820 年，葡萄牙发生资产阶级革命。消息传到巴西，顿时点燃了巴西民众的独立热情，全国上下群情激昂，甚至那些反动地主、教会势力都要求脱离葡萄牙的统治。若昂六世惊恐万分，在拿破仑帝国崩溃以后，重回里斯本已被提上日程，但是若昂六世担心自己回国，巴西局面便会失控，他不想失去巴西这个富庶的殖民地。但是，权衡利弊之后，若昂六世认定还是回国控制本土局势更重要，于是在 1821 年 4 月 26 日启程回国，留其子佩德罗为巴西摄政王。据说若昂六世临行前，曾对佩德罗说："如果巴西要走自己的路，那么与其让它跟着许多的冒险家，不如让它跟着你。"

1821 年 12 月 9 日，葡萄牙议会通过决定，剥夺巴西已经取得的各项自由贸易权利，企图让巴西回到 15 年前的状态，彻底依附于葡萄牙宗主国，同时要求佩德罗回国。当时巴西掀起了一个要求佩德罗留在巴西的浪潮，1822 年 1 月 9 日，迫于形势的佩德罗表态，拒不执行葡萄牙议会的决定，同时留在巴西，不回葡萄牙。1 月 26 日，巴西成立了以自由派领袖博尼法西奥为首的新政府。6 月 3 日，政府颁布召开制宪会议的法令。这些行动都促进了巴西独立国家的形成。7 月 6 日，葡萄牙议会否决了巴西代表提出的巴西独立的要求，宣布摄政王只是临时政府首脑，其下辖大臣的任命权归里斯本政府，巴西的制宪会议非法。宗主国的这些行为彻底激怒了巴西民众。9 月 7 日，佩德罗接到葡萄牙议会的这些决议以后，在伊匹兰加河畔拔剑宣誓"不独立，毋宁死！"，史称"伊匹兰加呼声"，这一天于是被定为巴西的独立日。12 月 1 日，佩德罗加冕为皇帝，称"佩德罗一世"，巴西建立立宪制帝国。此后几年间，巴西击退了葡萄牙派来的征讨军队和巴西国土上的亲葡萄牙势力。1825 年，葡萄牙正式承认巴西独立。

佩德罗为国歌（如今的《独立颂》）谱曲

　　和拉美的其他国家相比，巴西的独立是不彻底的，甚至从某个角度上说，巴西只是更换了一个主人而已，但是，巴西毕竟结束了持续 300 多年的被葡萄牙统治的历史。从这点上说，巴西的独立还是很有历史意义的。

从海地革命算起，到 1826 年西班牙殖民残军撤离秘鲁的卡亚俄港，南美南部的独立战争结束，拉美独立战争持续 30 多年，席卷从墨西哥到阿根廷的拉美大地，范围之广、人数之多、时间之长、影响之大，都是历史上罕见的。

独立战争推翻了西班牙、葡萄牙的殖民统治，拉美大地上出现了一系列民族独立国家。同时，在独立战争过程中，资产阶级议会制的共和政体在一部分国家确立起来，天主教会的势力被严重削弱，在一定时期一定地区，奴隶制度被废除，印第安人被奴役、剥削的情况有不小的改善，这些在当时来说都是进步的，有利于新兴国家的发展，对世界来说也是有利的。

拉丁美洲独立战争参与面非常广泛，从社会身份上看，奴隶、农民、下层教士、手工匠人、城市的小资产阶级、新兴的资产阶级、知识分子等参加了进来；从种族角度看，黑人、印第安人、混血种人，还有土生白人也都积极参与。下层劳动人民是独立运动的主力军，不过，革命的领导权一般都落到了土生白人以及新兴的资产阶级手中。他们有一定的经济实力，接触先进独立思想也最早、最多，因此，他们具有获得领导权的天然优势。

也正因为革命的领导人多出自上层的克利奥尔人家庭，他们虽然上承"半岛人"的压迫，但是和底层广大的印第安人、黑人等还有很远的距离，因此，

伊匹兰加呼声

革命由他们领导成功之后，广大底层民众的处境并没有脱胎换骨的改变，在社会改革方面也没有太大的进展。同时，半封建的大庄园制等制度落后而顽固，领导阶层力量薄弱而软弱，因此大地主土地所有制在革命后继续保留，一些大地主趁机还接收了被赶走的殖民者的庄园，扩充了势力，他们的庄园中还有大批黑奴在劳动、忍受剥削。政治上，大地主阶级被保留，资产阶级不够稳定，独立战争中又产生一批军事领袖，他们的争权夺利导致独立后的拉美国家"考迪罗主义"盛行。

全球通史

—— 近代篇（中）——

❶ 日益衰落的东方诸国——中国

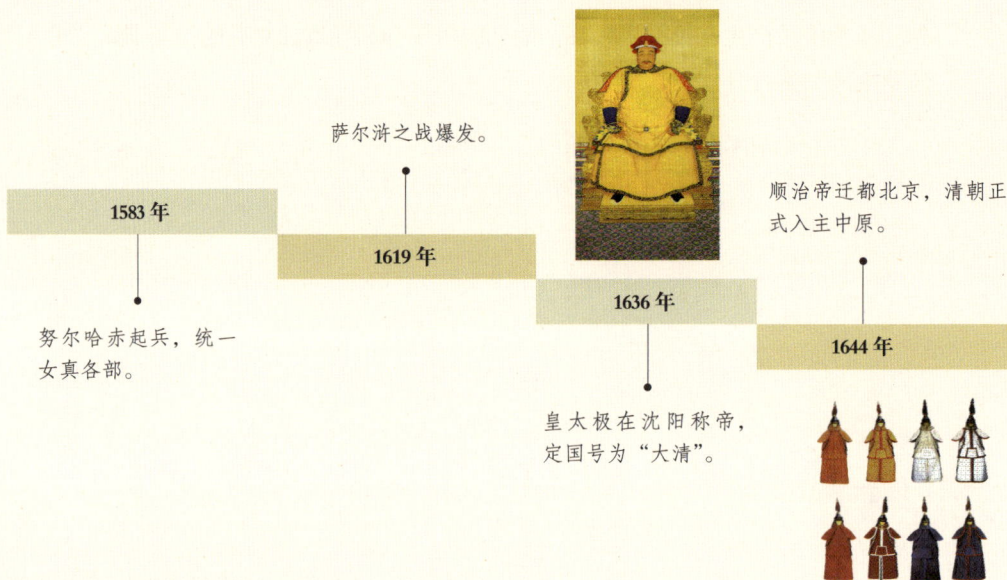

萨尔浒之战爆发。

1583 年

1619 年

顺治帝迁都北京，清朝正式入主中原。

努尔哈赤起兵，统一女真各部。

1636 年

1644 年

皇太极在沈阳称帝，定国号为"大清"。

❷ 日益衰落的东方诸国——日本

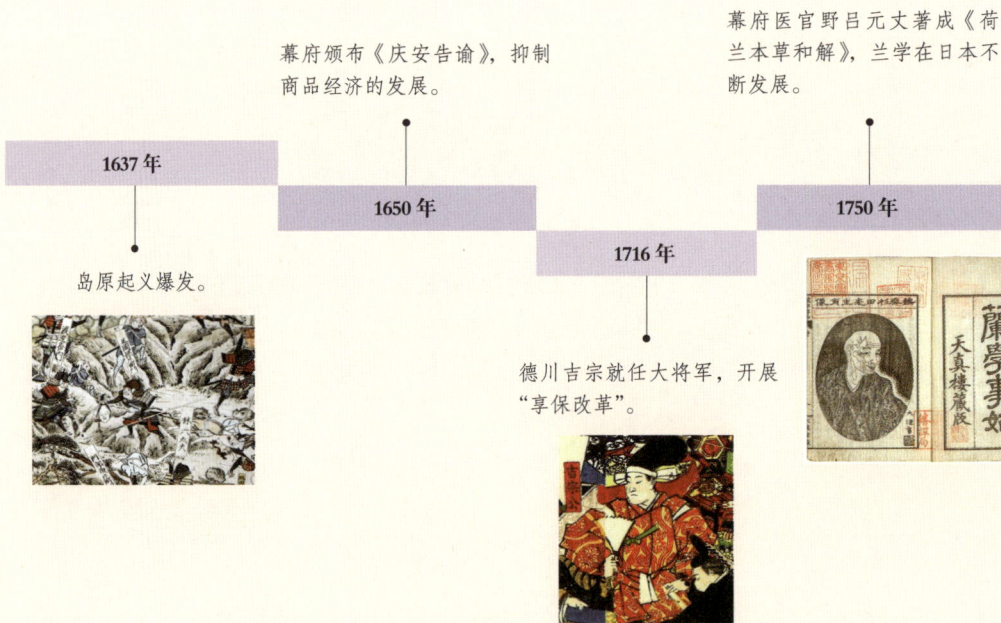

幕府颁布《庆安告谕》，抑制商品经济的发展。

幕府医官野吕元丈著成《荷兰本草和解》，兰学在日本不断发展。

1637 年

1650 年

1750 年

岛原起义爆发。

1716 年

德川吉宗就任大将军，开展"享保改革"。

历史年表

康熙下令撤三藩，随即平定三藩之乱。

清军平定准噶尔叛乱。

| 1673 年 | 1683 年 | 1697 年 | 1772 年 |

施琅率兵攻打台湾，郑克塽投降，台湾回归。

乾隆下令编撰《四库全书》。

德川吉宗开始进行"享保改革"。

日美双方签订《日美和好条约》。

| 1716 年 | 1853 年 | 1854 年 |

美国海军少将佩里率领舰队登陆日本，要求日本开放港口，史称"佩里叩关"。

❸ 日益衰落的东方诸国 —— 印度

奥朗则布去世，莫卧儿帝国
走向分裂。

奥朗则布继位。

1707 年

1665 年

1658 年

奥朗则布开始颁布不平等的
宗教政策，削弱了莫卧儿帝
国的经济实力和社会基础。

❹ 日益衰落的东方诸国 —— 奥斯曼土耳其

穆拉德四世即位，重新组
建新军，稳定国内政局，
取得了显著成就。

伊斯坦布尔爆发起义运动，
反对封建专制统治。

1730 年

1566 年

1623 年

1656 年

苏莱曼一世去世，之后的
苏丹们多碌碌无为，皇权
日益衰落。

穆罕默德·科普鲁卢出
任宰相，奥斯曼帝国进
入由科普鲁律家族掌权
时期。

米尔·卡西姆发动起义，反抗
英国殖民者，后被镇压。

1757 年

1763 年

印度逐渐沦为英国殖民地。

俄国与奥斯曼帝国签订《贝尔格
莱德和约》。之后的数次俄土战争
中，奥斯曼帝国均处于劣势。

马哈茂德二世废除军事采邑制
度，对军事、行政和文化等方
面均作出大量改革。

1739 年

1789 年

1831 年

谢里姆三世继位，颁布
改革法令，但遭到贵族
反对。

❺ 资产阶级革命不断爆发的西方——美国

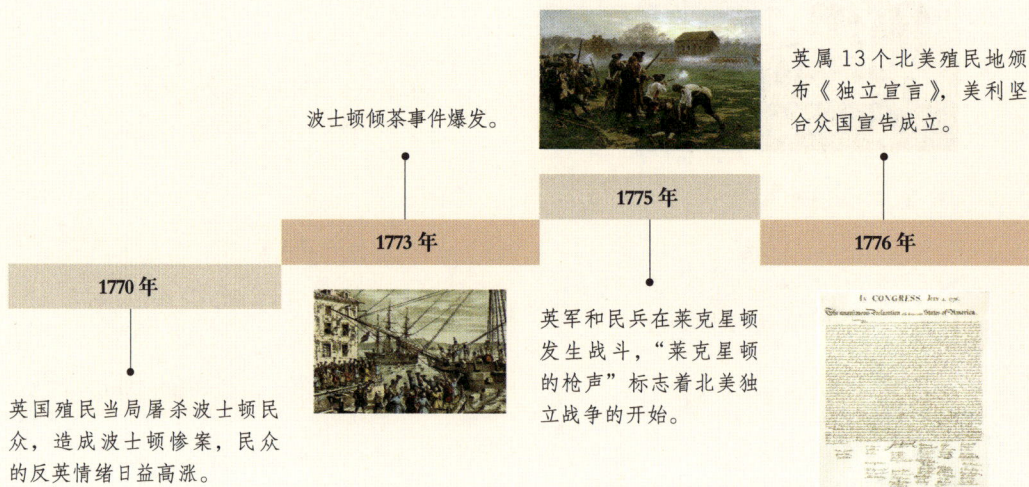

波士顿倾茶事件爆发。

英属13个北美殖民地颁布《独立宣言》，美利坚合众国宣告成立。

		1775 年		
	1773 年		**1776 年**	
1770 年				

英国殖民当局屠杀波士顿民众，造成波士顿惨案，民众的反英情绪日益高涨。

英军和民兵在莱克星顿发生战斗，"莱克星顿的枪声"标志着北美独立战争的开始。

❻ 资产阶级革命不断爆发的西方——法国1

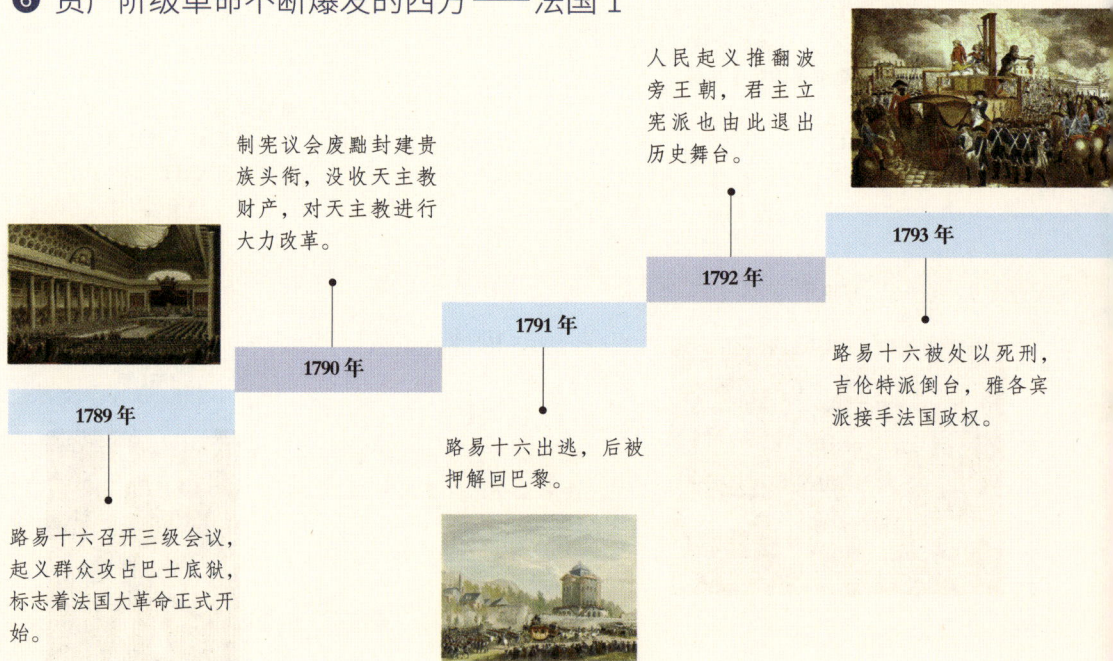

人民起义推翻波旁王朝，君主立宪派也由此退出历史舞台。

制宪议会废黜封建贵族头衔，没收天主教财产，对天主教进行大力改革。

				1793 年	
			1792 年		
		1791 年			
	1790 年				
1789 年					

路易十六被处以死刑，吉伦特派倒台，雅各宾派接手法国政权。

路易十六出逃，后被押解回巴黎。

路易十六召开三级会议，起义群众攻占巴士底狱，标志着法国大革命正式开始。

美国取得萨拉托加大捷，美国独立战争迎来转折点。

美国各州代表在费城召开制宪会议，确定宪法，史称"1787年宪法"。

1777年

1783年

1787年

1789年

英军战败，双方签订《巴黎和约》，英国正式承认美国独立。

华盛顿当选为美国第一任总统。

热月政变爆发，雅各宾派被推翻。

拿破仑与奥地利签订《坎坡福尔米奥和约》，标志着第一次反法同盟瓦解。

1794年

1795年

1797年

1799年

法国进入督政府执政时代。

雾月政变爆发，标志着拿破仑军事独裁的开始。

❻ 资产阶级革命不断爆发的西方——法国 2

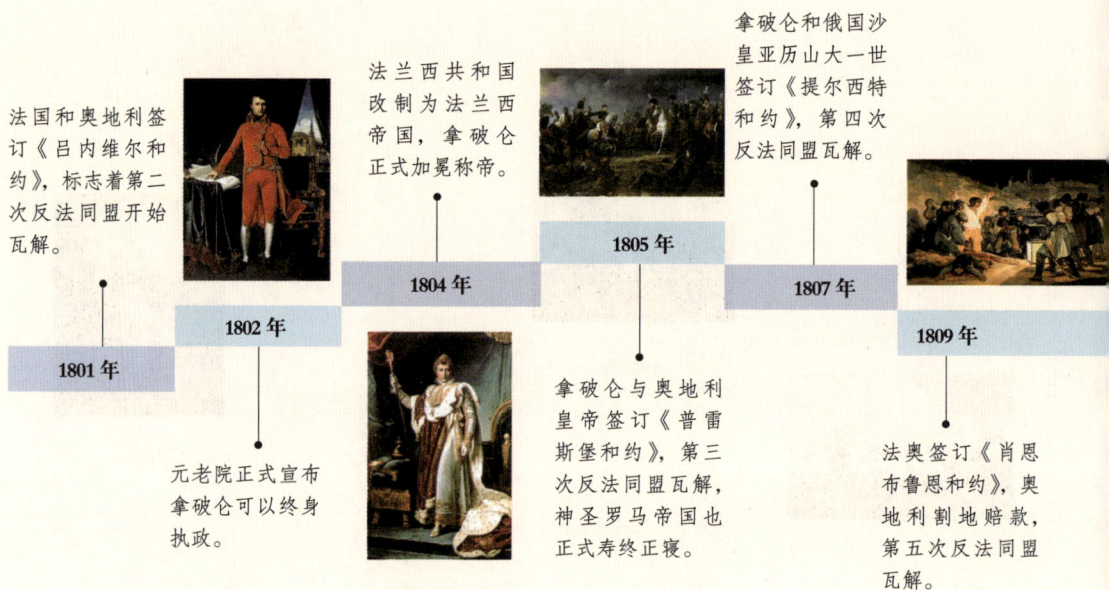

法国和奥地利签订《吕内维尔和约》，标志着第二次反法同盟开始瓦解。

法兰西共和国改制为法兰西帝国，拿破仑正式加冕称帝。

拿破仑和俄国沙皇亚历山大一世签订《提尔西特和约》，第四次反法同盟瓦解。

1805 年

1804 年

1807 年

1809 年

1802 年

1801 年

元老院正式宣布拿破仑可以终身执政。

拿破仑与奥地利皇帝签订《普雷斯堡和约》，第三次反法同盟瓦解，神圣罗马帝国也正式寿终正寝。

法奥签订《肖恩布鲁恩和约》，奥地利割地赔款，第五次反法同盟瓦解。

❼ 19 世纪上半叶的欧洲革命

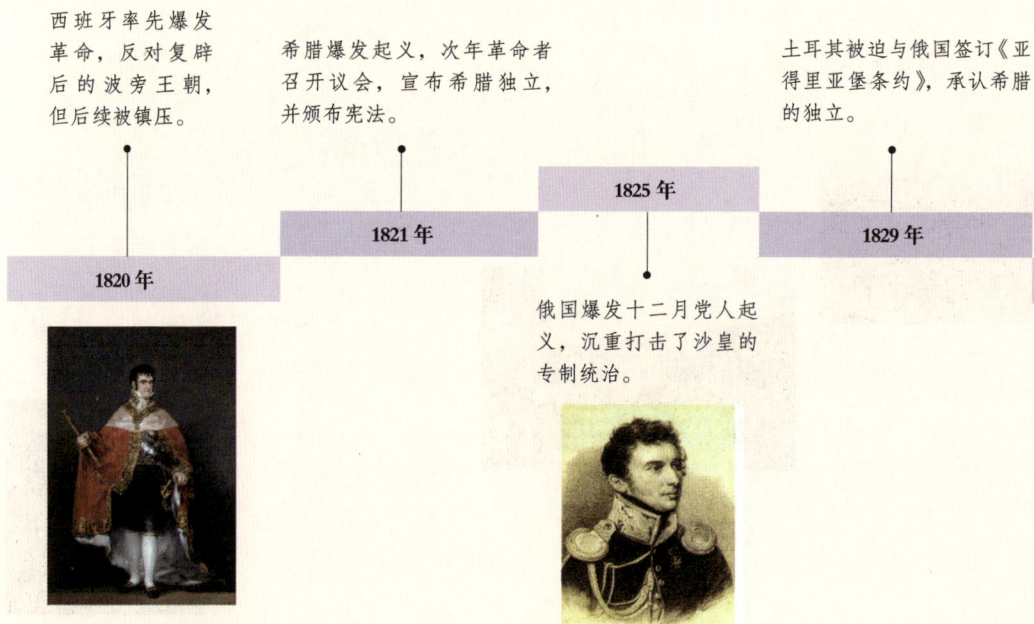

西班牙率先爆发革命，反对复辟后的波旁王朝，但后续被镇压。

希腊爆发起义，次年革命者召开议会，宣布希腊独立，并颁布宪法。

土耳其被迫与俄国签订《亚得里亚堡条约》，承认希腊的独立。

1825 年

1821 年

1829 年

1820 年

俄国爆发十二月党人起义，沉重打击了沙皇的专制统治。

拿破仑入侵俄国，结果惨遭失败。

反法联军进入巴黎，拿破仑宣布退位并被流放至厄尔巴岛。

拿破仑在圣赫勒拿岛上病逝。

1821 年

1813 年

1812 年

1815 年

1814 年

第六次反法同盟成立，并于莱比锡会战中大败法军。

拿破仑从厄尔巴岛重返巴黎，建立"百日王朝"。后第七次反法同盟成立，拿破仑兵败滑铁卢，被流放至圣赫勒拿岛。

法、德、奥、匈、捷相继爆发革命。其中法国建立了法兰西第二共和国，路易·波拿巴当选总统。

法国爆发七月革命，路易·菲利浦登上王位，建立七月王朝。

路易·波拿巴称帝，法兰西第二共和国被法兰西第二帝国取代。

1830 年

1848 年

1852 年

❽ 工业革命及工人运动的兴起

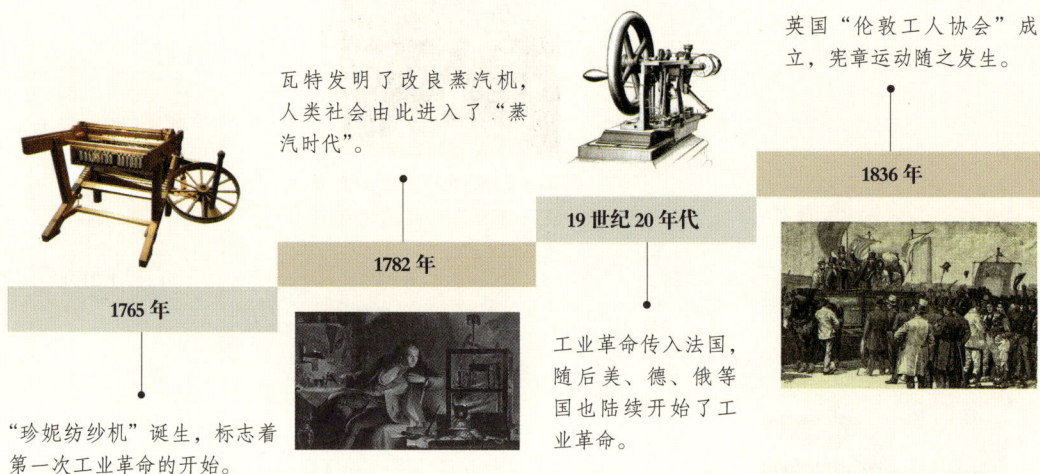

瓦特发明了改良蒸汽机，人类社会由此进入了"蒸汽时代"。

英国"伦敦工人协会"成立，宪章运动随之发生。

1836 年

19 世纪 20 年代

1782 年

1765 年

工业革命传入法国，随后美、德、俄等国也陆续开始了工业革命。

"珍妮纺纱机"诞生，标志着第一次工业革命的开始。

❾ 西方殖民侵略下的亚非拉 —— 中国

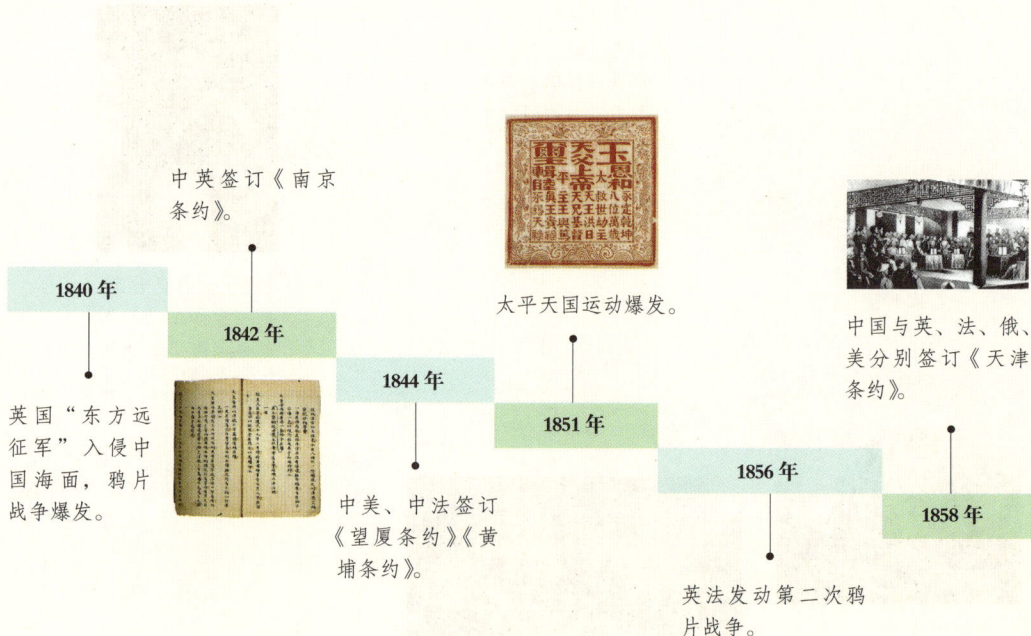

中英签订《南京条约》。

太平天国运动爆发。

中国与英、法、俄、美分别签订《天津条约》。

1840 年

1842 年

1844 年

1851 年

1856 年

1858 年

英国"东方远征军"入侵中国海面，鸦片战争爆发。

中美、中法签订《望厦条约》《黄埔条约》。

英法发动第二次鸦片战争。

马克思执笔的《共产党宣言》
问世。

《资本论》第一卷出版。

1848 年

1864 年

1867 年

1871 年

第一国际成立。

巴黎公社成立，这是人类
历史上第一次无产阶级政
权的伟大尝试。

中国与 11 国签订
《辛丑条约》，自此中
国彻底沦为半殖民地
半封建社会。

义和团运动爆发。

1901 年

1900 年

1899 年

1895 年

中日爆发甲午战争。

八国联军占领北京。

1894 年

1860 年

中日签订《马关
条约》。

中国与英、法、俄分别
签订《北京条约》。

❿ 西方殖民侵略下的亚非拉 ——印度、越南

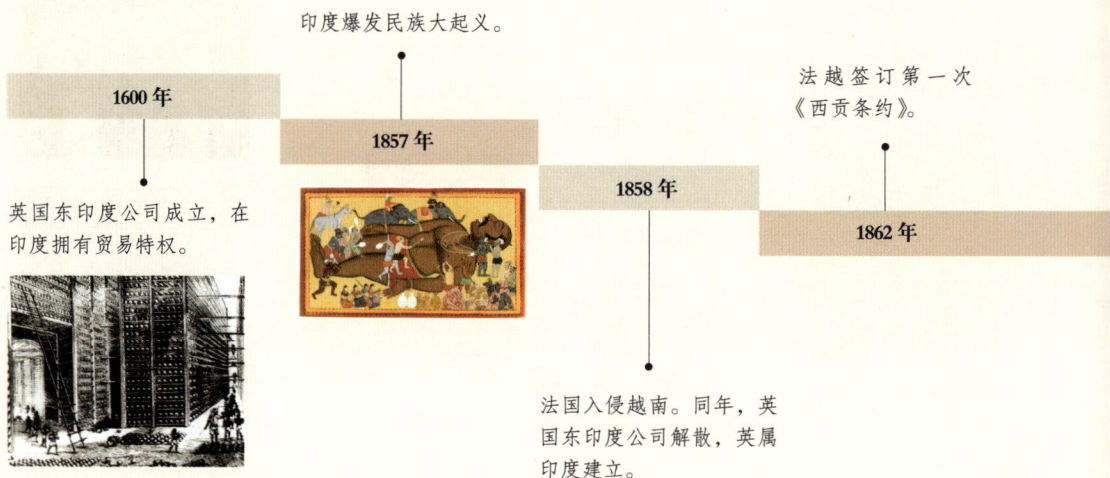

印度爆发民族大起义。

1600 年			

1857 年

英国东印度公司成立，在印度拥有贸易特权。

法越签订第一次
《西贡条约》。

1858 年

1862 年

法国入侵越南。同年，英国东印度公司解散，英属印度建立。

⓫ 西方殖民侵略下的亚非拉 ——朝鲜

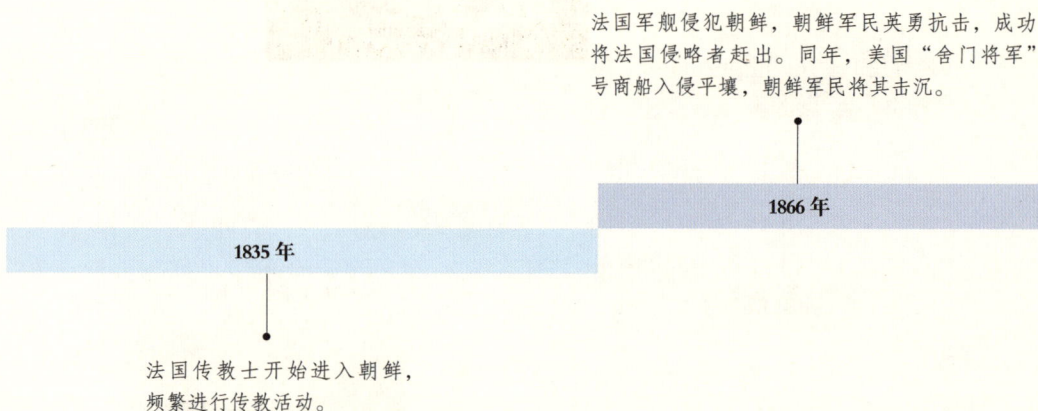

法国军舰侵犯朝鲜，朝鲜军民英勇抗击，成功将法国侵略者赶出。同年，美国"舍门将军"号商船入侵平壤，朝鲜军民将其击沉。

1866 年

1835 年

法国传教士开始进入朝鲜，频繁进行传教活动。

法国再次入侵越南，越南南
部领土全部沦陷。

法军再次占领顺化，法越
签订《顺化条约》。

1874 年		1884 年
1873 年	1883 年	

法越签订第二次
《西贡条约》。

法越签订《巴德诺条
约》，越南彻底沦为法
国的殖民地。

美军再次入侵朝鲜，经过朝
鲜军民的坚决抵抗，美军被
迫撤退。

1871 年

⑫ 西方殖民侵略下的亚非拉 ——伊朗

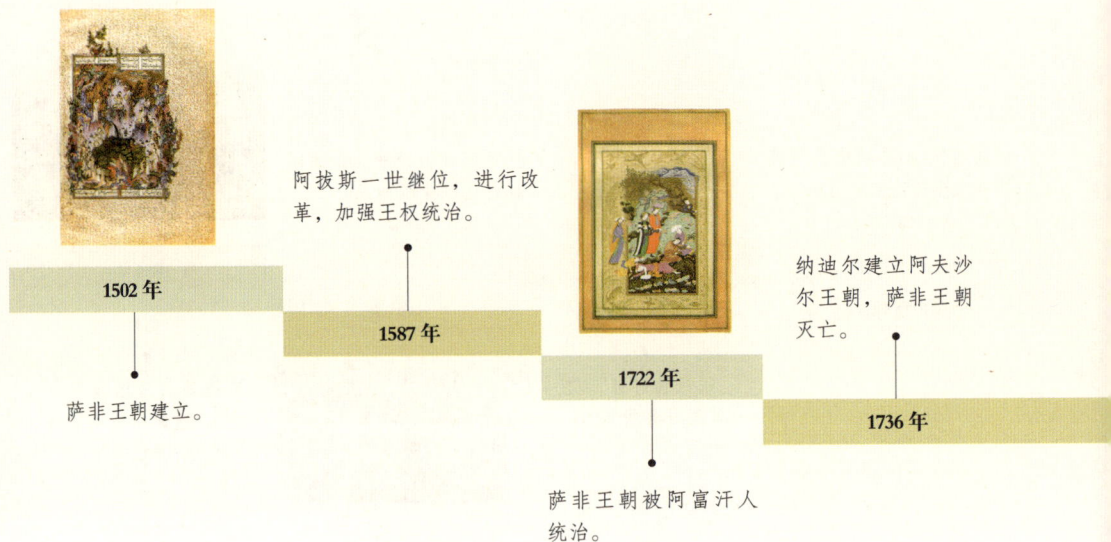

阿拔斯一世继位，进行改革，加强王权统治。

纳迪尔建立阿夫沙尔王朝，萨非王朝灭亡。

1502 年

1587 年

萨非王朝建立。

1722 年

1736 年

萨非王朝被阿富汗人统治。

⑬ 西方殖民侵略下的亚非拉 ——埃及

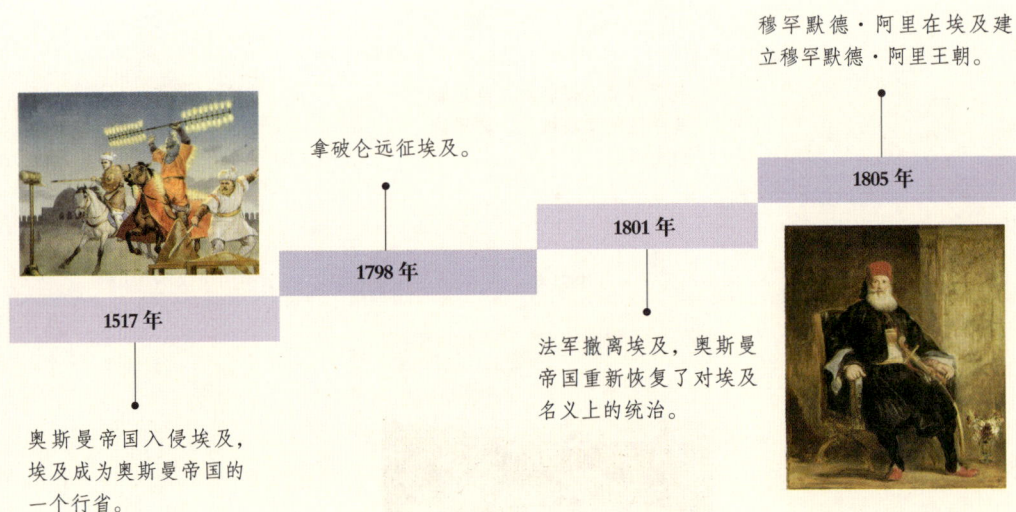

穆罕默德·阿里在埃及建立穆罕默德·阿里王朝。

拿破仑远征埃及。

1805 年

1801 年

1798 年

1517 年

奥斯曼帝国入侵埃及，埃及成为奥斯曼帝国的一个行省。

法军撤离埃及，奥斯曼帝国重新恢复了对埃及名义上的统治。

俄伊再次爆发战争，伊朗再次战败，两国签订《土库曼恰伊条约》。与此同时，英国也加大了对伊朗的殖民，英俄两国逐渐瓜分伊朗。

阿迦·穆罕默德建立恺加王朝，后定都德黑兰。

1848 年

1826 年

1804 年

1786 年

伊朗爆发巴布教徒起义，后被残酷镇压。

俄伊战争爆发，伊朗战败，两国签订《古利斯坦条约》，伊朗逐渐沦为半殖民地。

第一次土埃战争爆发，后在英法干预下，双方签订《屈塔希亚协定》。

法国获得修筑苏伊士运河的租让权，埃及逐渐成为列强争夺的对象。

1831 年

1839 年

1854 年

第二次土埃战争爆发，后在英、俄、普、奥的干预下，埃及与英国签订《英埃协定》，并接受《英土商约》。

⑭ 西方殖民侵略下的亚非拉 ——日本

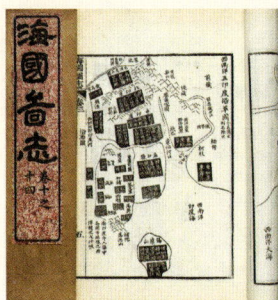

尊王攘夷运动向倒幕运动转变。

1858 年

1865 年

1866 年

美国强迫江户幕府签订《日美友好通商条约》，日本处于沦为半殖民地的危险边缘。

萨摩藩与长州藩结成倒幕同盟。

⑮ 西方殖民侵略下的亚非拉 ——撒哈拉以南的非洲国家

在英国占领开普殖民地并颁布新的经济政策后，布尔人开始向内陆地区大迁徙，并陆续建立多个小国家。

1779 年

1836 年

布尔人（荷兰殖民者后裔）和科萨人（非洲南部班图人的一个分支）之间爆发卡弗尔战争，战争前后持续近百年。

明治天皇继位。

1868 年

1867 年

明治天皇发布《王政复古大号令》，
废除幕府制度，进行明治维新。日本
开始走上资本主义发展道路。

布尔人开始入侵祖鲁王国的
土地。

1838 年

1837 年

布尔人和祖鲁人爆发血河之战。

海地革命爆发。

委内瑞拉宣布独立，委内瑞拉第一共和国成立。次年在反动殖民势力的反扑下，委内瑞拉第一共和国覆灭。

在西蒙·玻利瓦尔的领导下，委内瑞拉第三共和国成立。

1780 年

1790 年

1810 年

1811 年

1813 年

1818 年

印加帝国末代国王图帕克·阿马鲁一世的后裔在秘鲁发动起义，史称"图帕克·阿马鲁起义"。

在 M. 伊达尔戈·伊·科斯蒂利亚领导下，墨西哥爆发人民起义。

在西蒙·玻利瓦尔的领导下，委内瑞拉第二共和国成立，但次年又因反动殖民势力灭亡。

西蒙·玻利瓦尔解放上秘鲁。为了纪念玻利瓦尔，这个新生的国家取名为"玻利维亚"。同年，葡萄牙承认巴西独立。

西蒙·玻利瓦尔解放波哥大，哥伦比亚和委内瑞拉组成"大哥伦比亚共和国"。

墨西哥正式脱离西班牙宣布独立。

1820 年

1819 年

1821 年

1818 年

1822 年

1825 年

在何塞·德·圣马丁的领导下，智利宣布独立。

在何塞·德·圣马丁的领导下，秘鲁宣布独立。

西蒙·玻利瓦尔解放基多，基多并入大哥伦比亚共和国，拉美北部的独立战争基本结束。